지극히 작은 자의 기도

영적재산

안 일 권 지음

임금이 대답하여 이르시되 내가 진실로 너희에게 이르노니 너희가 여기 내 형제 중에 지극히 작은 자 하나에게 한 것이 곧 내게 한 것이니라 하시고(마 25:40)

도서출판 조은

프롤로그

세상은 너무 많이 변해 가고 있다. 물질과 권력 등 우상 앞에 무릎을 꿇는 시대가 되었다. 마귀는 사람을, 가정을, 교회를 깨트리며 무참히 망가뜨리고 있다. 우리 사회는 겉으로는 100층 이상의 빌딩이 우뚝우뚝 서 가며 아름다운 모습으로 그럴 듯하게 변해 가지만 그 뒤에는 알코올, 마약, 섹스, 도박, 게임 등 갖가지 중독과 범죄로 인생이 망가지고 가정이 깨져 가고 있다.

나는 세상적으로 살다 눈도 잃어버리고 사업에 실패하여 하루아침에 빚쟁이가 되었다. 친구의 천만 원 빚을 갚지 못해 교도소에 갔다. 볼 수 없는 나에게는 교도소 생활은 한마디로 지옥이었다. 작은 방은 밤낮 없는 욕설과 싸움터로 그들 틈에서 어려움을 겪고 사는 지긋지긋한 하루하루였다. 그러나 아무도 찾아오지 않는, 쓰레기같이 버려진 나를 예수님이 찾아왔다. 찾아오신 예수님으로부터 구원의 기쁨을 받았고 나에게 부도를 내고 미국으로 도망 간 사람도 용서하게 되었다. 또 지극히 작은 자 하나에게 한 것이 내게 한 것이라 하신 주님의 말씀을 듣게 되었다.

그러나 다 잃어버린 나였다. 빚쟁이의 마이너스 인생이며 도움 없이는 몇 발짝도 걸을 수 없는 진짜 지극히 작은 내가 어떻게 지극히 작은 자들을 위해 살 수 있겠는가. 감히 상상도 할 수 없었다. 그러나 베드로가 앉은뱅이 거지에게 은과 금은 없어도 내게 있는 나사렛 예수 이름으로 일으켜 걷게 하는 영적 재산을 가진 영적 부자임을 깨달았다. 예수님을 내 안에 모시고, 말씀을 그대로 믿고 기도와 함께 순종하며 주님의 길을 걸어왔다.

요셉은 그 형들에게 당신들이 나를 노예로 판 것은 하나님께서 가족의 생명을 살리시고자 한 일이라고 하였다. 형님들은 자신을 해하려 했지만 하나님께서는 그것을 선으로 바꾸셨다고 크게 위로하였다. 나도 비록 나의 죄 때문에 그 친구에게 끌려서 교도소에 왔지만 하나님 손에서 교도소 선교를 통하여 29년 동안 영혼 살리고 생명 살리는 일에 쓰임받게 되었다.

출소자를 만나 마약 중독과 알코올 중독, 도박, 게임 등 중독자 치유 사역을 25년 동안 하였고, 노숙인 선교와 해외 추방자 사역, 해외 동포 마약 중독자 사역을 해 왔다. 그리고 나처럼 세상 사람들에게 손가락질 받고 심지어 가족으로부터도 버려진 그들을 하나님께서 한 사람 한 사람 부르셨다. 그 부끄러운 일들을 하나님의 선으로 바꾸셨다. 우리는 세상의 물질도 학력도 인맥도 없지만 오직 믿음의 재산, 영적 재산, 영적 부유함으로 선교하는 것은 감사와 기쁨이 넘치는 일이었다. 다 잃어버린 나는 예수님을 얻음으로 다 얻게 되었고 영적 재산가가 되었다. 하나님 앞에 설 때 까지 믿음의 부유함으로 복음을 많이 나누어 주는 주의 종으로 살기를 기도한다.

이 글을 읽는 모든 분들에게 영적 재산과 믿음의 재산이 얼마나 소중한지를 강조하면서, 영원한 면류관을 바라보며 하나님 앞에서 최고의 복된 인생을 살아가기를 소원한다.

끝으로 이 책이 출판되기까지 고생한 선교회 회원들과 런던에서 한국으로 메일을 주고 받으며 수고한 박범준, 김정민 선교사 부부에게 감사를 드리고 저희 가족과 아내에게도 감사를 드린다.

2017년 5월 30일

저자 안일권

추천사

총신대학 신학대학원 교수
정 성 구

우리 인간의 삶 가운데는 참으로 풀기 어려운 수수께끼가 많다. 왜 인간은 아무 이유 없이 어느 날 갑자기 절망의 늪에서 허우적거려야 하며, 애지중지하던 모든 것을 잃어야 하는가? 인간의 힘으로는 도저히 설명할 수 없다. 다만 우리는 하나님께서 행하시는 깊은 뜻을 살필 뿐이다. 그리고 하나님께서는 우리가 보기에는 불행인 듯한 그것을 가시고 하나님의 위대한 영광을 드러내시기도 하고 그의 뜻을 이루어 가시기도 한다.

안일권! 그는 장래가 촉망되는 유능한 ROTC 장교였고, 한국 경제개발의 선두 주자로 뛰었던 무역회사의 젊고 희망찬 엘리트였다. 단란하고 행복한 가정을 이룬 멋쟁이 가장이었다. 그런 그가 어느 날 갑자기 청천벽력 같이 아무 이유도 없이 빛을 잃고 말았다. 왜 그에게 이런 불행이 닥쳐왔는가는 아무도 설명할 수 없었다. 그러나 그는 그 숱한 불행과 역경을 이기고 결국 예수 그리스도 안에서 비교할 수 없는 밝고 찬란한 빛을 얻게 되었다. 그것은 안일권의 승리이기보다 주님의 승리였다.

사실 나는 내 수업에 참여하는 맹인 안일권에 대해서 별로 아는 바도 없었고, 특별한 관심도 없었다. 그러나 그가 졸업논문을 내 지도로 쓰게 되었다고 하면서, 논문을 쓰기는 힘들고, 자기가 지나 온 과거를 정리해서 쓰면 어떻겠느냐고 묻기에 선뜻 허락했다. 물론 이것은 예외적인 것이어서 교수의 결심으로 된 일이었다. 그런데 그의 수기를 차근차근 읽으면서 나는 그의 글에 빨려 들어갔다. 그리고 진한 감동과 뜨거움을 체험하게 되었다. 소설보다 더 재미있고 시보다 더 아름다운 그의 수기는 나를 매혹했다. 그가 이것을 집필하기 위해서 쏟은 정성이 놀라왔다. 그래서 나는 그에게 이것을 출판하자고 제의하고, 많은 형제자매들이 읽으면 좋겠다고 본교 출판사에 추천했다. 이제 이 책이 세상에 나오게 되어 그가 영의 세계로 보았던 위대하고 찬란한 그리스도의 빛이 모든 독자의 가슴속에 비추이기를 소원한다. 안일권 전도사는 총신대학 신학대학원을 졸업하고 줄기차게 주님의 나라와 주의 몸 된 교회(십자가선교회)를 조직하여 장애인 선교에 정열을 쏟고 있다. 그에게 하나님의 은혜와 축복이 함께 하시기를 독자와 함께 기원하면서 몇 자 적어 추천사에 대하는 바이다.

1990. 3. 10

추천사

종신대학 신학대학원 신약학 교수
권 성 수

이 책의 저자 안일권 전도사님은 총신대학 신학대학원을 졸업하신 분이다. 필자는 이 학교에서 신약학을 가르치면서 안 전도사님을 알게 되었다. 강의실과 연구실에서 여러 차례 만나 대화를 나누면서 그가 깊은 산속 바위 틈새로 흘러나오는 맑은 물 같은 인격자라는 느낌을 받았다.

평소에 그에 대해 이런 인상을 가지고 있다가 그가 쓴 이 책을 읽게 되었다. 이 책의 원고를 읽으면서 필자는 그런 인격이 생산된 연단의 공장을 보는 느낌이 들었다. 하나님께서 시련의 용광로 속에서 불순물을 제거하시는 과정이 필자의 가슴을 뭉클하게 하고 눈시울을 뜨겁게 해 주었다. 건강하던 사람이 갑자기 앞을 보지 못하게 되는 '백주의 암흑', 그 암흑을 정복하고 꿋꿋이 사업을 하던 중에 가정과 직장과 감옥에서 맞은 '따가운 모래바람들' 그리고 그 모래바람 속에서도 기어이 터뜨리는 '야생초의 꽃봉오리' 필자는 저자의 원고 속에서 이런 것을 발견하고 큰 감명을 받았다.

독자들도 안 전도사님의 글을 읽으면서 하나님께서 허락하신 삶에 대해 감격하게 되고, 평소에 마시던 공기조차도 달다는 느낌을 받을 것이다. 독자들이 아무쪼록 이 글을 통해서 하루하루의 삶에 대해 하나님께 뜨겁게 감사하면서 사막 속에서도 꽃봉오리를 터뜨리는 신앙의 야생초들이 되기를 기원한다.

1990. 3. 16

소개하는 글

교회 안에서 노숙인, 중독자들과 함께한 지 11년이 지나갑니다. 그리고 그 전 10년을 알코올 중독으로 살았습니다.

저는 예수님을 믿었지만, 그리고 수없이 성경책을 읽으며 감격하고 눈물을 흘렸지만 술을 끊을 수는 없었습니다. 대형 교회의 제자 훈련도 받았고 매일 예배의 자리로 나가 하나님의 은혜를 경험했지만 그 은혜가 술 앞에서는 그리 오래 가지 못했습니다.

2007년, 이 세상 어디에도 갈 곳 없어 밀려 온 곳이 바로 강원도 횡성의 세계십자가선교회였습니다. 그리고 그곳에서 앞을 보지 못하는 목사님을 만났습니다. 그 분이 바로 이 책의 저자이신 안일권 목사님입니다.

세계십자가선교회는 또다른 이름으로 불려집니다. 바로 '지극히 작은 자들의 공동체'라는 이름입니다. 이 세상의 기준으로 본다면 아무도 눈길 주지 않는 소외된 사람들이 모여 사는 곳, 저주의 인생들이 모여 하나님을 만나는 곳이 바로 세계십자가선교회입니다. 환경적으로는 정말 열악하기 그지없는 그 곳에 하나님이 계셨습니다. 버려진 인생들을 향한 하나님의 은혜와 자비가 있었습니다. 그리고 아무도 거들떠보지 않는 지극히 작은 자들을 주님의 사랑으로 돌보려는 하나님 앞에 헌신된 목회자가 있었습니다.

가망 없던 알코올 중독자였던 저를 하나님께서는 안 목사님의 사역을 통해 만나 주셨고 저의 갈기갈기 찢긴 마음을 어루만져 주셨습니다. 그리고 새로운 인생으로 나갈 수 있는 기회를 열어주셨습니다. 이뿐만 아니라 영국 런던의 노숙인과 중독자들을 돌보는 선교사로 불러주셨습니다.

안일권 목사님은 저에게 너무나 고마우신 분이자, 지극히 작은 자들을 돌보는 일에 귀한 본이 되시는 스승입니다. 모두가 "안 돼"라고 외칠 때 홀로 기도의 자리에서 하나님을 찾는 분이셨고 모두가 손 놓고 자포자기 하고 있을 때, 육신의 눈이 아닌 믿음의 눈으로 앞으로 나아가셨던 분이 안 목사님이셨습니다.

이 책은 예수님을 따르려 하는 사람이라면 노숙인, 중독자와 같은 지극히 작은 자들을 주님의 사랑으로 돕고자 하는 사람이라면 꼭 읽어야 할 책입니다. 천하보다 더 귀하게 여기는 한 영혼에 대한 하나님의 애틋한 사랑과 한량없는 은혜를 경험할 수 있을 것입니다. 그리고 중독으로 고통받는 사람이라면, 또는 그들의 가족과 친구라면 치유의 소망이 이루어짐을 이 책을 통해 확신할 수 있을 것입니다. 이 책을 대하면 하나님 앞에 자랑할 육신이 아무도 없다는 것을, 그리고 하나님 앞에 절대 포기된 육신이 아무도 없다는 것을 겸손하게 받아들일 수 있게 되리라 확신합니다.

먼 곳에 있어 소통도 불편하고 재주도 없는 저희들이 목사님 간증집을 정리하고 교정할 기회를 주신 것이 주님의 큰 은혜입니다. 틈틈이 보내주시는 원고를 읽으며, 때때로 벅차게 밀려오는 뜨거운 감동을 받았습니다. 이 책을 통해 영광 받으실 하나님을 찬양합니다.

– 런던에서 박범준, 김정민 선교사 드림

목차

제1부

헛되고 헛된 인생

제 1 부

헛되고 헛된 인생

청년 시절

나는 얼마 되지 않는 논과 밭농사로 생계를 유지하며 사는 빈촌에서 태어났다. 이웃들은 보릿고개가 올 때마다 나무껍질을 벗겨 먹든지 풀뿌리를 캐어 끼니를 이었다. 그래도 우리 집은 쌀이 섞인 보리밥을 먹을 수 있는 형편이었다. 시골 사람이 넉넉하다고 해 봤자 자식 하나 대학 공부시키기 어려운 때였다. 우리는 팔 남매였다. 부모를 잃은 사촌 남매도 함께 살았다. 고등학교 졸업까지는 어려움 없는 생활을 했으나 수년간 앓고 계셨던 어머니 때문에 전답이 하나둘 없어졌고, 형님이 대학을 졸업하고 결혼하느라 전답은 줄어 갔다. 결국 먹고 사는 데 어려움이 닥쳐왔고 나는 대학 진학을 포기해야 하는 상황이었다. 그러나 부모님의 만류 속에서도 누에를 쳐서 번 돈을 가지고 무작정 상경을 했다. 아르바이트를 하며 술집 웨이터로도 일하면서 외국어 대학을 졸업했다. 졸업과 동시에 ROTC 장교로 입대하여 연대 인사 장교로 근무하다가 제대했다.

제대 전 나는 재일교포가 경영하는 전자 회사에 취직했고 그 해에 5

년간 교제해 오던 아내와 결혼했다. 국제그룹 조광무역에 입사한 나는 거듭되는 야근, 일요일도 없는 근무에 지쳐 입사한 지 3년 남짓 되던 해 과로로 쓰러졌다. 요양이 필요하여 사표를 냈다. 그러나 요양 기간 몇 달이 가기도 전에 병원비와 약값으로 퇴직금과 얼마 되지 않는 돈을 다 써 버렸다. 한가롭게 요양이나 하고 있을 형편이 아니었다.

직장 문제로 이곳저곳 분주히 뛰어 다니던 어느 날, 함께 사업을 하자고 제의해 온 이가 있었다. 영업은 내가 맡고 생산과 자금은 자기가 맡겠다고 했다. 나는 망설이다가 그의 계속되는 설득에 승낙을 했다. 그러나 사업을 시작한 지 3개월이 채 되지 않아 주문이 밀리기 시작했고 밀리는 주문을 자금과 생산이 따라가지 못했다. 설상가상으로 큰 주문 받은 것이 사고가 났다. 동업자는 심하게 좌절했고, 손해를 같이 부담하자고 했다. 손해도 손해지만 수출품을 잔뜩 받아놓고 신용을 지키지 못하게 됐으니 큰 낭패였다.

동업자는 회사를 넘기자고 했으나 인수자가 나서지 않았다. 인수자를 찾아 뛰어다니느라 지쳐 버린 어느 날, 동업자가 회사를 나보고 인수하는 것이 어떻겠냐고 했다. 나는 빈털터리였지만, 조건이 좋았다. 공장 기계와 집세, 보증금 등을 3개월 후부터 조금씩 갚기만 하면 되는 것이었다. 모험을 하기로 했다.

공장장을 유능한 사람으로 다시 채용하고 주야 교대로 공장을 완전 가동했다. 주문이 넘치고 원자재를 신용으로 공급받을 수 있었으니 성공은 오직 생산에 달려 있었다. 유능한 공장장은 생산품을 하자 없이 생산했다. 납품할 용달비가 없어 꾸러 다니기 일쑤였고, 할 수 없이 버스에 실어야 할 때에는 차장에게 면박을 받기도 했지만, 회사는 번창했다. 대지 60평에 건평이 50평 되는 집도 마련했다. 그동안 자식 노릇을 못했던 나는 가족을 이사시키고 동생들 학비와 생활비를 부담했다. 동업자의 빚도 청산하고 사업을 하는 친구들에게 돈을 빌려주기도 했다.

날로 발전하는 사업에 도취되어 가던 어느 날 아침이었다. 눈을 감은 채 머리맡에 두었던 담배와 성냥을 찾기 위해 손을 뻗었다. 손에 잡히지 않아 눈을 뜨는 순간, 눈앞에 뿌연 안개가 서렸다. 대수롭지 않게 생각한 나는 안약을 사 눈에 넣어 봤지만 소용없었다. 매일 회사 근처 안과를 다녔지만 오히려 조금씩 나빠졌다.

유명하다는 무교동의 한 안과에 갔다. 의사는 나를 안심시키며 한 달 안에라도 치료가 끝날 것 같으니 염려하지 말라고 했다. 그러나 계절이 한 번 바뀌는 동안 시력이 점점 더 떨어졌다. 나는 의사에게 고칠 수 있는지 없는지 알려 달라고 했다. 의사는 유명한 종합병원 의사를 소개해 준다며 종합 진단을 받아보라고 했다.

"사 개월 동안이나 치료하고 이제 와서 무슨 뚱딴지같은 소립니까? 진작 얘기 했어야 하는 것 아닙니까?"

흥분한 나는 나도 모르게 소리를 질렀다.

S병원에서 종합검사를 받기 시작했다. 굶기는 날이 있는가 하면 주사기로 사정없이 피를 뽑아 가기도 했다. 엑스레이를 이리저리 찍으며 갖가지 검사를 반복했다. 한 차례의 종합 진단이 지나간 후에도 원인을 찾지 못했다. 알 수 없는 약을 먹고 영양제 주사를 끊이지 않고 맞았다. 그러나 시간이 지나면 지날수록 시력은 점점 나빠졌다. 의사를 붙들고 애걸복걸하기도 하고 그들의 무능함을 신랄하게 비판하기도 하였다.

이 병원 의사에게도 내 눈을 맡길 수 없겠다고 판단한 나는 퇴원하기로 했다. 엄청난 입원비를 치르며 나는 강도에게 털린 것 같은 분노를 느꼈다. 그 후 종합병원을 이 잡듯 찾아다니기 시작했다. 그때마다 그들은 검사를 해 보자는 답변뿐이었다. 나을 수도 있다는 가능성을 암시하는 말을 믿고 으레 입원했다.

그렇게 수개월 동안 병원을 전전하면서 약을 남용하여 온몸이 솜처럼 퉁퉁 부었다. 약 중에도 부신피질제의 부작용은 나를 지옥으로 몰아넣었다. 머리가 쪼개지는 것 같은 고통이 계속되었다. 머릿속을 갈고리로 긁어내는 고통을 견디다 못해 머리통을 벽에다 짓이겼다. 머리가 깨져 피를 줄줄 흘렸다. 때로는 기절하기도 했다. 진통제와 수면제로 순간순간을 넘기면서도 유일하게 남아 있는 한줄기 빛을 놓치지 않으려고 발버둥 쳤다. 전국 각지를 돌아다니며 한약, 뱀, 지렁이, 굼벵이 등을 닥치는 대로 먹었고, 유명한 침술사를 찾아가 등골을 후벼파는 왕침도 맞았다. 몸은 지칠 대로 지쳐 몹시 수척해졌다. 점도 쳐보고 굿도 해 보는가 하면, 일본과 미국 등에서 보내온 약을 먹고, 심지어 당시 중공에서까지 약을 구해 먹었다. 키가 175cm인 내가 체중이 44kg까지 내려갔다. 이런 어려움 속에서도 사업은 철저하게 관리했다. 사업 내용을 보고받고, 하나하나 지시했다. 사업은 소중한 분신이었기 때문이다.

시력을 잃고

봄비가 청승맞게 내리던 1978년 2월 어느 날 오후 4시경, 때로는 고기비늘처럼 어른거리던 빛, 때로는 뭉게구름 사이로 아롱아롱 비치는 한 줄기 햇빛 같던 희망의 빛, 끊어졌다가 이어지고 이어졌다가는 끊어지는 실오라기 같은 빛이 영원히 사라졌다.

나는 방문을 잠갔다. 이성도, 감정도, 감각도 없는 하나의 물체가 되어 눈물을 뿜어냈다. 방문을 요란스럽게 두드리는 소리도, 목이 메어 부르는 아내의 애틋한 목소리도, 겁에 질려 울어 대는 아이들의 울음도 나와 상관없는 먼 메아리였다. 내가 눈이 멀다니, 세상에는 나보다 악한 사람이 많은데……. 나는 깊은 수렁 속을 헤매었다.

울다 지치면 잠이 들고, 깨어나면 다시 슬피 울던 며칠이 지났다.

'살아서 뭘 해.'

죽을 결심을 했다. 마음이 홀가분했다. 그런데 세상을 떠날 날짜를 잡고 계획을 세우던 중 우리 회사가 부도를 맞았다. 7천만 원이나 되었다. 감당하기 어려운 금액이었다. 죽기로 작정한 나였지만 부도 소식은 큰 충격이었다. 마침 그날은 아들 백일이었다. 손님들이 우리의 이런 사정을 모르고 밤늦게까지 놀다 간 후 나는 아내와 형에게 사실을 알렸다.

형님은 문을 닫는 것이 좋겠다고 했지만 아내는 버틸 수 있을 때까지 가는 것이 옳은 방법이 아니겠느냐고 했다. 나는 새벽에 공장으로 갔다. 기계는 돌아가지 않고 있었다. 야간 반 직원들도 소식을 듣고 기숙사에서 자고 있었다.

사무실로 들어가 생각에 잠겼다. 자살을 한다면 가족의 생계도 문제였고 많은 사람들로부터 부도 맞고 자살한 못난 놈이라는 말을 들을 것이었다.

'회사 문을 닫고 얼마라도 챙겨 가족에게 남긴 후 죽어야 하나, 아내 말대로 가는 데까지 가 야 하나?'

결단을 내리기 어려웠다.

'좋아, 보란 듯이 한번 해 보자. 이대로 죽을 순 없다. 다시 일으키고, 죽어도 그때 죽자.'

새로운 힘이 솟구치는 것을 느꼈다. 더듬더듬 사무실을 나오면서 기숙사를 향해 소리쳤다.

"일어나! 일어나라구! 작업하지 않고 뭣들 하는 거야?"

공장 직원들은 하나둘씩 나와 기계를 돌리기 시작했다. 출근 시간이 되자 사무실 직원들이 수군댔다. 나는 직원들을 모았다.

"그동안 여러분이 열심히 일해 회사를 키워 주셨는데 부도를 맞고 말았습니다. 저는 어떻게 하는 것이 현명한 일인가 생각했습니다. 어차피 우린 맨주먹으로 시작하지 않았습니까? 새 출발하는 마음으로 다시 시작합시다. 분명히 다시 일어날 수 있습니다."

여기까지 말하고 나서, 나는 앞이 보이는 사람처럼 한 사람 한 사람 쳐다보며 쭉 훑어갔다. 그리고 한 사람씩 이름을 부르기 시작했다. 사원들은 자기 이름이 불릴 때마다 큰 소리로 대답했다.

"이번 봉급날에는 현장 직원들 봉급을 10%씩 올리겠습니다. 사무실 직원은 연말에 보너스를 작년의 배로 지급하겠습니다."

웅성거리는 소리가 들렸다. 봉급을 제대로 못 주겠다는 말이 나올 줄로 짐작했을 것이었다. 사람들의 표정이 밝아지고 있음을 느꼈다. 나는 더욱 힘 있게 말했다.

"자, 우리 서로 손을 잡읍시다."

모두들 "파이팅!"을 크게 외쳤다.

공장 직원들은 혼연일체가 되었다. 며칠 후 나는 생산일보를 결재하다 깜짝 놀랐다. 공장장에게 "아니, 이게 정말입니까?" 하고 몇 번이나 되물었다. 평소 생산량의 두 배가 넘어갔다. 인간의 능력은 잴 수 없는 것이로구나. 이런 분위기가 사무실에도 확산되어 사기가 충천하였다.

회사는 1년이 지나 원상태로 회복되었다. 전 직원과 큰 잔치를 벌이기도 하고 보너스도 두둑이 주었으며 적금통장을 만들어 회사에서 월 50%씩 지원해 주었고 공장장과 사무실 공로자들에게는 상여금을 주었다.

나는 천하를 얻은 것 같았다. 집을 하나 더 구입하는가 하면 잠실에 있는 39평 아파트도 샀다. 공장을 지을 대지도 마련했고 아픈 누나에게 약을 계속 사 보냈으며, 동생들과 조카의 대학등록금도 부담했다.

친구가 전셋값이 올라 이사를 해야 하는 상황을 당했을 때 돈을 보태 주기도 했고 사업을 하는 친구나 돈이 필요한 친구들에게 군말 없이 빌려주었다. 형님은 이러한 나에게 충고했다. 친구도 좋지만 그 돈으로 땅을 좀 더 사 놓으면 큰 재산이 될 거라고 하면서 불만을 표했다. 형님의 말을 들을 때면 그 말씀이 옳다 생각하면서도 친구의 딱한 사정에 마음이 꺾이곤 했다. 뿐만 아니라 나 같은 불구자들의 아픔을 돕고자 상이군인과 장애인 단체에 때로는 돈을, 때로는 상당량의 물품을 보냈다. 그때마다 내 마음은 흡족했고 비록 앞을 보지 못하지만 사업에 성공하고 좋은 일도 하여 사람들로부터 존경받는 사람이 되리라고 다짐했다.

하나님의 찾아오심

1980년 3월 어느 날, 몸이 불편하여 일찍 아파트로 돌아와 방에 누웠다. 깜박 잠이 들었는가 싶었는데 어디선가 간절한 여자의 목소리가 들렸다.

"하나님 아버지, 안 사장님을 불쌍히 여겨 주십시오. 앞을 못 보며 사업을 하느라 고생이 많습니다. 안 사장님, 하나님 믿게 해 주시고 하나님이 살아계신 것을 증거하게 해 주십시오."

작년에도 공장 밑에서 약국을 하는 부부 약사가 사무실에 올라와 예수 믿으면 눈을 뜰 수도 있다고 했었다. 그때 나는

"나는 어릴 때 어머니한테 매를 맞으면서도 이웃 친구 집에 쌀 훔쳐다 준 사람입니다. 고등학교 땐 친구들과 어울려 고아원 아이들을 돌보기도 했습니다. 등록금이 없어 애태우는 친구를 위해 추운 겨울에 신문 배달을 해서 모은 돈을 깡그리 갖다 주기도 했어요. 자취할 때 쌀이 없어 굶으면서도 오갈 데 없는 친구와 불평 한마디 없이 밥 나눠

먹고 속옷도 같이 입고 지냈습니다. 하나님이 있다고요? 웃기지 마세요. 세상에는 악한 사람이 얼마나 많은데 나 같은 사람은 눈 멀게 하고, 악한 사람은 떵떵거리게 하는 하나님은 당신이나 믿고 그 하나님 따라 천당 가시오."

했다. 그러나 그 날 아내까지 합세하여 두 부부가 어찌나 극성을 부렸던지, 억지로 교회에 나가서 교회 의자에 누워 실컷 잠만 자고 왔다. 그런데 지금은 또 다른 여자가 와서 내 신경을 건드리는 것이다. 나는 벌떡 일어나 소리를 꽥 질렀다.

"당신 뭐요? 누가 우리 집에 와서 기도하라고 했소!"

그러나 그 여자는 계속 기도했다.

"눈이 안 보여도 사업 잘하고 좋은 일하며 잘 살고 있으니 당신들이나 잘 사시오."

아내가 내 팔을 끌어당겨 안방으로 끌고 왔다.

"정성이 지극하고 열심이시니 내버려 둡시다……."

"내가 싫다면 싫은 거지. 당장 나가라고 해요. 그리고 다시는 집에 들여놓지 말라구."

그러나 그분은 하루도 거르지 않고 계속해서 날 위해 기도했다.

6월 중순이 넘어서자 햇볕이 따갑게 내리쬐었다. 늘 분주하던 사무실 전화가 그날따라 고요했다. 침묵을 깨고 전화벨이 요란스럽게 들렸다. 아내였다.

"여보, 소원이 있어요. 꼭 들어주시면 좋겠어요."

"뭔지 알아야 들어주고 말고 할 거 아냐? 말해 봐요."

"지금 집으로 들어오세요. 유명한 목사님이 옆 동에 오시는데 당신을 만나고 싶으시대요."

나는 침묵했다. 나는 교회에 심한 거부반응을 보였지만, 아내는 종종 예배에 참석하고 때론 목사님이나 전도사님을 모시고 집에서 예배를 드리곤 했다. 어쩌다 내가 집에 있을 때 예배를 드리면 나는 방에서 이불을 뒤집어쓰고 못마땅하여 투덜댔었다.

아내의 간청을 듣고 있던 나는 왠지 모르게 이번만큼은 거부반응이 일어나지 않음을 느꼈다.

"한번 가 볼까?"

나도 모르게 말이 나왔다.

"정말 오시는 거죠? 고마워요. 아파트 정문에서 기다릴게요."

내가 실명한 후 처음 듣는 아내의 밝고 명랑한 목소리였다. 아파트 입구에 도착하자 기다리던 아내가 내 손을 잡으며 발걸음을 옮겼다. 엘리베이터 앞에서 찬송가 소리가 크게 들렸다.

"아니, 내가 왜 이러지?"

억제하기 힘든 순간이었다. 어느새 눈물이 흐르고 있었고, 왠지 모르게 몸이 붕붕 떠오르는 것 같았다. 엘리베이터 속에서도 흐르는 눈물을 주체할 수 없어 몹시 당황스러웠다. 아내와 함께 아파트 문을 들어서자 환호성이 들렸다. 박수를 치는 사람이 있는가 하면,

"아버지 감사합니다. 기도 응답해 주셔서 감사합니다. 할렐루야."

외치는 소리가 들려왔다.

시력을 잃은 후 내 성격은 변해 갔다. 사소한 일에 신경질을 부리는가 하면 성격이 난폭해져 사람들은 내게 말 거는 것도 겁을 냈다. 사사건건 시비를 하고 지나칠 수 있는 실수에 소리를 버럭 지르며 호통치는 괴팍한 성격으로 변해 갔던 것이다. 회사가 그랬으니 아내야 두말할 것도 없었다. 갑자기 눈이 멀어 버린 남편이 미치광이처럼 날뛰니 지옥 같았을 것이다. 그러니 수개월 기도해 왔던 성도들이 내가 순순히 들어오는 광경을 보고 흥분하는 것은 당연했다. 나는 설교를 듣긴 했지만 잘 이해할 수는 없었다. 다만 끝나는 시간까지 꼭지 빠진

수도처럼 눈물만 흘렸다. 예배 후에 목사님이 내게로 오시더니 머리에 손을 얹어 기도해 주시고 말씀하셨다.

"기도원에 올라가 일주일 동안 금식하며 회개하십시오. 하나님은 당신을 사랑하십니다. 놀라운 하나님의 은혜를 체험하실 것입니다."

나는 앞뒤 가릴 여유 없이 그렇게 하겠다고 대답하고 나서 목사님께 간청했다.

"목사님, 저희 집에 또 오셔서 예배를 드려 주십시오."

성도들이 기뻐했다. 집으로 돌아오는 발걸음은 소풍을 떠나는 아이와 같이 들떴다.

집에 돌아오니 친구가 와 있었다. 나는 오랜만에 명랑하게 떠들었다. 내 말을 듣고 있던 친구가 반가워하면서도 한편으론 걱정스럽다는 듯이 말했다.

"하나님을 믿게 된 건 잘된 일이야. 하지만 금식은 안 해도 되지 않겠어? 몸을 생각해야지. 잘못하면 죽을지도 몰라."

나는 픽 웃었다. 해 낼 수 있을 것 같은 용솟음으로 내 가슴이 부풀어 올랐기 때문이다.

이튿날부터 금식기도가 시작되었다. 구역장, 전도사, 목사님 등 많은 성도들이 번갈아 가며 내가 기진맥진할 때마다 격려와 기도로 일으켜 준 덕분에 일주일의 금식을 가까스로 마쳤다. 뼈만 앙상하게 되었고 걸음도 제대로 걷지 못하면서도 마음은 너무 편안하고 기쁨으로 가득 찼다. 더군다나 약물로 중독되었던 몸에서 소변과 땀으로 약물이 빠져나간 듯했다. 날이 갈수록 피부가 정상으로 되돌아오기 시작했다. 입맛도 되찾아 밥도 맛있었고 이전보다 훨씬 많은 양을 소화했다.

기도원을 다녀온 후 생활이 변하기 시작했다. 일요일이면 교회에 출석했으며 심심찮게 구역예배에 참석했다. 그리고 십일조와 감사헌금 등도 부담 없이 바쳤다. 공장에서 예배를 드리기 시작했고 첫째 주와

셋째 주에는 작업 중에 시간을 내 직원들과 교회로 가 예배를 드렸다. 회사를 방문한 거래처 직원이나 손님들에게 교회에 가게 된 이야기를 전하기도 했다. 이러한 생활 속에서 나는 깊은 생각에 잠기기도 하고 때로는 진지하게 기도하기도 했다.

금식기도를 한 후 부터, 혹시 예수님께서 눈을 다시 뜰 수 있게 기적을 베풀어 주시지 않을까 하고 은근히 기대하고 있었던 것이다. 바디메오가 눈을 뜨고 중풍병자가 침상에서 일어나며, 나병이 말끔히 낫게 되는 기적의 설교를 들으면 내 눈도 뜨게 해 달라고 목이 터져라 하나님께 부르짖었다. 그러고 나서는 손으로 눈을 비벼 보기도 하고 깜박거려 보기도 했다. 아무 반응이 없으니 가슴 깊은 곳에서 한숨이 새어 나왔다.

시련의 시작

1981년 새 정부가 들어선 후 만나는 이들마다 시국에 대해 걱정스럽게 얘기들을 하였다. 경기 흐름은 10.26 이후부터 위축되었다. 이러한 사회 분위기와는 대조적으로 우리 회사는 무리 없이 성장하고 있었을 뿐만 아니라 롤러스케이트를 수출하는 사업을 새롭게 시작했다.

1월 중순이 지난 어느 날이었다. 은행 업무를 담당하는 직원이 몹시 흥분하여 보고를 했다.

"사장님, 지난 연말 새로 부임해 온 외환 담당 차장이 사장님께서 자기한테 인사 오지 않았다고 신용장을 오픈해 주지 않는답니다. 그런 놈이 어디 있습니까?"

연말과 연초엔 업무가 제대로 돌아가지 않아 재고가 바닥이 드러나는 상황이었고 한시가 급하게 원자재를 들여와야 할 긴박한 형편이었다. 어이가 없었지만 다음날 일찍 우리는 은행으로 갔다. 그런데 차장이 아닌 대리가 다가왔다.
"차장님이 급한 일이 있으셔서 오후 두 시에나 만나자고 하십니다. 다시 오셔야겠습니다."
"잠깐이면 될 텐데요. 불편하신 몸으로 오셨는데 간단히 인사하고 다음에 저녁 식사 자리나 한번 마련하기로 하죠."
옆에 있던 직원이 민망한 듯 한마디 거들었다. 그러나 이미 차장은 자리를 뜨고 난 뒤였다. 할 수 없이 두 시에 다시 찾아갔다. 악수를 나눈 차장은 지극히 사무적으로 말을 꺼냈다.
"앞을 못 보시면 도장은 누가 찍습니까?"
"내가 결재한 후에 직원이 찍습니다."
"죄송하지만 맹인에게는 금융을 일으켜 드릴 수 없습니다."
나는 벌컥 화가 솟구쳤다.
"지금까지 5년간이나 거래해 왔는데 거래를 못하겠다구요? 말이 됩니까?"
이번엔 차장 쪽에서 목소리를 높였다.
"당신이 오리발이라도 내밀면 어쩌게요? 맹인과 어떻게 거래합니까? 사장을 당신 부인이나 형제로 바꾸기 전엔 거래할 수 없어요."
내 가장 아픈 상처를 후벼 파는 듯하여 설움과 분노가 폭발했다.
"이런 일은 최소한 한두 달 전에 통보해 줘야 되지 않소. 맹인과 거래하지 말라는 규정이 있소?"
"건강한 놈들도 픽픽 쓰러지는 판국에 눈 먼 병신이 뭔 사업을 하겠다는 거야? 어떤 놈이라도 데리고 와 봐, 내가 맹인하고 거래를 하나."

감당할 수 없는 상황이 되었다. 많은 거래처의 주문서를 되돌려 줘야 했고 더 이상 주문을 받을 수도 없었다.

인권옹호협회, YMCA 상담실, 변호사 사무실 등에 전화를 걸어 사정을 호소했다. 그러나 맹인에 대한 은행의 처사가 그러한 것은 이해해야 한다는 반응이었다. 또 최소한의 기간은 보장해 줘 수출에 지장을 주지 않아야 하겠느냐는 호소에도 불구하고, 그들은 은행에 잘 이야기해 보라는 대답으로 일관했다. 허탈감이 몰려와 사무실에 출근도 않고 끙끙 앓던 어느 날, 신문사에서 인터뷰를 요청해 왔다.

'나의 딱한 사정을 이야기하면 좋은 결과가 있을지도 몰라.'

잔뜩 기대에 차 있는데 은행 지점장으로부터 전화가 걸려 왔다.

"안 사장님, 정말 죄송하게 됐습니다. 규정을 검토해 보니 대리인을 세우시면 될 것 같습니다. 공증도 해야 하고 여러 서류가 필요하니 서둘러 주십시오."

이 일이 터졌을 때 지점장은 안타까워하면서도 차장에게 어쩔 수 없이 동조하는 것 같았다. 규정이 그렇다고 하니 해 볼 도리가 없다고 했다. 차라리 사장을 바꾸는 것이 어떻겠느냐고 은근히 나를 종용했다. 지점장이 전화로 제안해 온 차선책으로 내 이름 밑에 확인했다는 것을 증거해 줄 대리인을 세우는 제안을 받아들이기로 했다. 지점장에게 일단 직원을 보내겠으니 규정과 제반 서류를 보내 주면 검토한 후 연락하겠노라고 했다.

며칠 후 기자와 인터뷰를 했다. 기자가 나를 찾은 것이 이런 문제를 알았기 때문이라고 생각한 내 추측은 빗나갔다. 그는 먼저 내게 올해가 UN이 정한 장애인의 해라는 것을 알려 주면서 취재의 이유를 설명했다. 앞을 못 보면서도 사업을 하고 더구나 불쌍한 사람을 돕고 있다는 소문을 듣고 기사화하려고 한다는 것이었다. 나는 현재의 사정을 이야기하고 싶었지만 지점장의 전화도 있었고, 긁어 부스럼 만들 필요가 없을 것 같아 그 일에 대해서는 침묵했다.

이튿날 신문에 나의 이야기가 크게 보도되었다[1981년 1월 17일 소년동아]. 그 신문을 읽고 난 후 나는 야릇한 마음이 충동질하는 것을 느꼈다. 여론으로 하여금 은행 차장을 궁지로 몰고 가게 하고 싶다는 생각이 든 것이다.

회사 은행 담당 직원을 시켜 신문을 몇 부 사서 창구 직원들에게 슬쩍 보여 주도록 했다. 나의 새로운 이미지를 부각하여 그 차장이 지나쳤다는 여론에 불을 붙이려고 한 것이다. 지점장의 전화 내용대로 서류를 준비하여 은행에 갔던 직원은 회사로 전화를 걸어왔다.

지점장의 지시는 그 차장 선에서 이미 차단되어 있었고 우리 직원이 서류를 요구했을 때 차장은 한마디로 거절하면서 회사 대표를 다른 사람으로 교체하지 않는 한 절대로 거래할 수 없다고 했다는 것이었다. 나는 곧장 지점장실로 달려갔다.

"지점장님, 이럴 수가 있습니까? 지점장님까지 아픈 상처를 후벼 파셔야 되겠습니까?"

내 말을 들은 지점장은 화를 내며 담당 차장을 불렀다. 차장이 도착하자 지점장이 소리쳤다.

"이 업체는 우리 지점과 5년 이상 거래한 데다 안 사장 신용 점수는 90점이 넘어요. 당신이 규정을 가져와서 대리인을 세우면 된다고 보고하고서는 지금 와서 안 된다는 건 도대체 무슨 심보요?"

나는 그 자리에 그대로 있을 수 없어 나와 버렸다. 나는 거래가 힘들 것으로 판단하고 대책 마련에 고심했다. 그때 K은행 화양동 지점과 연결되었다. 담당 차장은 병원에 장기 입원 중이었으므로 담당 김 대리가 지점장에게 보고를 한 후 거래를 하기로 결정했다. 천호동 J은행에서도 그동안 예금 실적으로 보아 우리 회사와 당좌 거래를 트기로 합의를 봤다.

화양리 지점에서 감정원에 의뢰했던 것이 접수되었다고 연락이 왔다. 설정까지 마지막으로 은행에서 서명만 하면 됐다. 안도의 한숨을 내쉬며 은행에 도착했다. 서류를 준비하고 있을 때 전화벨이 울렸다. 나는 심상치 않은 느낌을 받았다. 김 대리는 처음에는 묵묵히 듣고 있다가 갑자기 화를 내며 소리를 질렀다.

"아니, 차장님, 사정을 미리 보고 드렸었는데 이제 와서 무슨 말씀하시는 겁니까? 설정도 이미 끝났고 공증까지도 마쳤는데 어떻게 하라는 말씀입니까?"

아찔했다. 김 대리는 나에게 정중하게 사과했다. 입원 중인 상사도 나를 골탕 먹였던 그 차장과 통화한 후에 결정을 번복했다는 것이었다. 김 대리는 자신이 책임을 지고 2, 3일 내로 설득하여 거래가 성사되도록 하겠노라고 장담하며 나를 안심시켰다.

그러나 한 달이 가도 연락이 없었고 그 후 얼마 되지 않아 김 대리가 외환업무에서 보통계로 자리를 옮겼다는 소식을 들었다. 나는 감정료와 설정료 등 기백만 원 손해와 심적 고통을 받은 것 등을 한데 묶어 그 지점을 고소하려고 마음먹었다. 그러나 이러한 나의 결심은 담당 대리의 간절한 사과로 누그러졌다.

그는 법정 문제로 인해 혹 자기 앞길에 좋지 않은 일이 생길까 통사정을 했다. 대리는 모든 것이 자기의 잘못으로 인한 것이니 일체 비용은 자기가 책임지겠다고 했다. 그러나 차마 그에게 그렇게 할 수 없었던 나는 결국 물질적 정신적 피해를 혼자 감수할 수밖에 없었다.

막바지 고비에서 어음이 개설되어 급한 수출품을 선적 기일에 맞추려고 서둘렀다. 갖가지 필요한 자금도 당좌수표나 어음으로 해결할 수밖에 없었다. 납기와 선적에 쫓겨 생산에 차질이 나는가 하면 사고도 잦았다. 그 후 얼마 되지 않아 거래 은행에서 다시 연락이 와 대리인을 세우고 거래를 계속하기로 합의했고 은행 거래도 재개되었다. 그러나 2개월 이상의 공백으로 회사가 타격을 입은 데다 마음의 상처 때문에 나의 성격은 난폭해져 갔다.

매스컴의 위력

일간 신문에 보도가 된 후 내 신변에는 많은 변화가 일어났다. 경제를 다루는 일간 신문으로부터 주간지, 월간지, 방송 등에서 계속 인터뷰를 요청해 왔고 처음 얼마간은 나도 부담 없이 응했다. 이러한 나의 태도는 은행으로부터 받은 멸시와 천대, 모멸감에 대한 역반응이었다.

매스컴의 위력은 대단했다. 소식이 끊겼던 동창들로부터 군대 부하, 친구, 선후배에 이르기까지 많은 사람들이 연락을 해 왔다. 때로는 맹인 등 장애인들로부터 격려 전화를 받기도 했고 그들이 도움을 요청해 오기도 했다.

그 즈음 우리나라에서도 롤러스케이트가 유행하기 시작하여 롤러스케이트 협회 간부들이 회사를 찾아와 주문을 했다. 많은 사람들이 롤러스케이트를 사기 위해 돈을 싸들고 왔다. 수요를 감당하지 못해 쩔쩔맬 정도였다. 호황을 누리고 있는 롤러스케이트 업계에 이 회사 저 회사에서 손을 대기 시작했다. 서울을 비롯하여 지방마다 롤러스케이트장이 생기기 시작했고 전국에서 주문이 쇄도했다.

이런 분위기 속에서 나는 장애인을 위해 뭔가 해 보겠다는 생각으로 친구들과 기자 등 약 20여 명을 우리 집에 초청했다. 호의적인 반응에 힘입어 장애인 단체를 조직하기로 했다. 함께 모인 사람들 중에는 몇 명의 젊은 맹인들이 녹음도서를 운영하는 케인즈클럽의 맹인도 끼어 있었다. 다음날 그는 나를 회현동 어느 허술한 2층 방으로 안내했고, 거기서 나는 케인즈클럽 회원들과 만났다. 그들은 맹인이 책을 보고 싶어도 볼 수 없는 사정을 들려주었다. 한 젊은 맹인이 내게 말했다.

"우리 맹인들은 무식합니다. 가족들이 집에 숨겨 두기 때문입니다. 많은 맹인들은 주는 밥이나 받아먹고 잠만 자다가 세상을 마칩니다.

배워서 할 수 있는 것은 안마 정도지요…….”

그들의 말을 들으며 나는 내 자신이 맹인이면서도 그 생활을 까맣게 모르고 있었다는 것을 깨달았다. 내 자신이 부끄러워졌다. 나는 그들을 집으로 초청했다. 그들은 아파트 구석구석을 돌아다니며 여기는 안방, 여기는 부엌, 여기는 화장실이라고 큰 소리로 말했다. 그러더니 그들은 어느새 아파트의 구조를 머리에 그려 넣고 자유롭게 집안을 다녔다.

이후 나는 그들의 일에 동참했다. 맹인이 자전거를 탈 수 있다는 얘기를 들은 나는 롤러스케이트도 탈 수 있다는 것을 알았다. 롤러스케이트를 맹아학교에 기증하자 곧 학교 옥상에 롤러스케이트장을 만들게 되었다. 맹아들이 롤러스케이트를 타며 즐거워한다는 소식을 들었을 때 뿌듯했다. 또한 소아마비 아이들도 큰 불편 없이 롤러스케이트를 탈 수 있다는 말에 정립회관에 롤러스케이트를 기증했다. 녹음도서에 필요한 테이프와 테이프 케이스 등도 만들어 맹인들에게 무료로 대여해 주었다. 만만치 않은 돈이 녹음도서관 경비로 나갔다. 이런 나의 행동에 아내는 불만을 표했고 그 문제로 심심치 않게 다투었다.

어느 날 늦은 저녁을 먹고 있을 때였다. 9시 TV 뉴스에 맹아들과 소아마비 아이들이 롤러스케이트를 타는 장면이 방영되었다. 아나운서의 멘트를 들으며 장애아들이 신나게 롤러스케이트를 타고 있는 모습을 머리에 그려 보면서 나는 아내의 불만과 어려움들을 떨쳐 버릴 수 있었다.

위기의 밀물

회사에는 원자재 공백으로 인한 여러 부작용이 서서히 나타났다. 약속어음과 수표가 돌아왔고 거래처의 수금 형편도 악화되어 갔다. 굵

직한 경제사건으로 많은 기업이 자금난을 겪고 있었기 때문에 더욱 어려웠다. 이러한 사회적 불황으로 쓰러져 가는 회사가 늘어났다. 약 50개 업체와 거래하던 우리 회사도 예외가 아니었다. 1년에 한두 차례씩 연중행사처럼 거래처가 도산했다.

우리 회사와 거래해 왔던 Y사는 연간 천만 불 이상을 수출하는 건실한 회사로 평판이 좋았다. 그런데 자금사정이 악화되자 Y사의 간부가 찾아왔다. 우리 회사에 지급해야 할 금액을 어음으로 받아 달라는 것이었다. 이 일이 큰 화근이 되었다. 받은 어음 2천만 원이 부도나고 수금하지 못한 돈이 천이삼백만 원이나 되었다. Y사의 도산에 이어 크고 작은 업체들이 꼬리를 물고 쓰러졌다. J사는 칠백, O사는 사백, H사는 육백, 그리고 P사는 천팔백의 부도가 났다. 직원들이 매일 거래처를 동분서주하였으나 결과는 늘 예상을 밑돌았다.

외상으로 스케이트를 가져간 후 종적을 감춰 버리는 이도 있었다. 게다가 롤러스케이트 장사를 하고 있던 롤러스케이트 협회 간부들도 대금을 지급하지 않았다. 전국 각지 롤러스케이트장에 판매한 4천만 원의 외상대금을 받지 못했다. 직원들이 수금을 하기 위해 돌아다니며 쓰는 교통비와 숙박비도 건질 수 없을 정도였다.

끊임없이 돌아오는 어음과 수표를 막기 위해 높은 이자를 주고 또다시 어음과 수표를 발행했다. 어려운 일들이 파도처럼 밀려올 때마다 교회에 가서 철야예배와 새벽기도를 드리고 목사님을 초대하여 예배를 드렸으나 밀물처럼 밀려오기 시작한 위기를 막을 수 없었다.

이때 이따금씩 들어오는 후원자들의 지원만으로 녹음도서관을 꾸려나가기에는 벅차 빚을 지고 있었던 속사정을 알게 되었다. 자금 마련을 위해 코미디언 축구팀과 축구 경기를 열어 보는 것이 어떻겠냐는 제의가 왔다. 코미디언 축구팀과 접촉 끝에 사무국장의 고향인 춘천에서 개최하기로 결정했다.

코미디언 축구팀과는 2백만 원에 계약했고 운동장 사용료, 포스터, 신문 광고, 그리고 방송 광고 등의 비용으로 기백만 원의 돈이 소요되었다. 모든 지출을 초과할 만큼 입장료 등 수익금이 넉넉하리라 믿고 어음을 발행했다. 예상은 빗나갔다. 생각 밖으로 관중도 적게 왔고, 관중으로부터 받은 입장료 수입금이 얼마인지 사무국장은 결과 보고도 하지 않고 자취를 감추었다.

또 이때 티셔츠를 수출하고 있던 중이었다. 옷을 만들어 포장까지 마치고 마지막 검사 중에 일이 터졌다. 옷의 색깔이 조금씩 변한 것이다. 공기와 함께 색이 날아가는 발염 현상이었는데, 일어난 적 없는 특이한 경우였다. 약 2천만 원 상당의 상품이었다. 블라우스였는데, 옷이 클 뿐만 아니라 앞이 너무 많이 파여 한국 여성은 입기 어려운 옷이었다. 할 수 없이 덤핑으로 150만 원을 받고 팔았다. 바이어에게도 배상을 해야 했다. 또 스페인으로 나가는 티셔츠 3만 장을 하청공장에서 잘못 만들어 8백만 원의 손해를 보는 일이 겹쳤다. 하청공장 사장으로부터 1년 이내로 갚는다는 공증을 받았지만 그 사장은 빈털터리였다. 여기서 끝나지 않았다. 프랑스로 수출하는 티셔츠를 하청공장에서 선적 기일보다 늦게 생산한 것이다. 조그마한 에이전트를 하고 있던 사장이 선적하려고 시도하다가, 작업했던 공장 사장과 짜고 물건을 팔아 버린 다음 잠적했다. 약 2천만 원의 금액이었다. 경찰서에 고발도 했고 직원들이 끈질기게 추적한 결과 그를 잡았으나, 티셔츠를 판 돈은 그의 빚을 청산하는 데 쓰인 뒤였다. 나는 고소를 취하하고 천만 원 상당의 금액을 공증받기는 했지만 갚을 능력이 없는 사람이었다. 이쯤 되자 나는 목이 서서히 조여 오는 압박감을 떨칠 수 없었다. 매일 돌아오는 어음과 수표에 몸은 지칠 대로 지쳐 내 몰골은 산송장같이 변해 갔다.

환난으로 소용돌이치는 생활 속에서도 주일이면 예배를 드렸다. 감사헌금, 십일조, 건축헌금, 갖가지 헌금을 드리면서 내가 이만큼 드렸으니까 회사가 어려움에서 헤어날 수 있으리라 생각했다. 회사가 어려우면 어려울수록 전도사님, 목사님을 집으로 모셔 예배를 드리고 기도도 부탁했다. 그러나 새벽예배, 철야예배, 그리고 금식기도에도 참석하여 회사를 구해 달라고 눈물로 기도했지만 하나님께서는 여전히 침묵하고 계셨다.

원망이 싹텄다. 회사에 와서 예배를 인도하는 전도사님이 흡족하지 않았다. 신앙을 가지고 있지 않아 예배에 참석하기 싫어하는 직원들은 노골적으로 불평했다. 답답하고 초조해진 나는 교회에 좀 더 능력 있는 전도사를 보내 줄 것을 요청했다. 그러나 능력 있는 전도사가 온 뒤에도 상황은 더 악화되었다. 다음날 돌아올 어음과 수표에 대한 걱정으로 밤을 지새웠다. 잠깐 눈을 붙여 잠을 자고 나면 온몸이 땀에 젖어 속옷을 갈아입어야 했다. 나의 속옷은 항상 누렇게 바래 있고 삶아도 누런 기가 좀처럼 빠지지 않는다고 했다. 사람에게서 진이 빠져나간다는 얘기를 어른들에게 들었던 기억이 났다.

혼신을 다해 일으킨 사업이 망한다면 그것은 끝을 의미하는 것이었다. 회사가 나 자신이었고 또 나의 분신은 회사였다. 어느 날, 내 머릿속에서 한줄기 섬광이 지나갔다. 눈이 점점 보이지 않을 때 찾아다녔던 무당이 생각난 것이다. 앞뒤 가릴 여유가 없었다.

동대문 스케이트장 옆 골목에 있는 무당을 몰래 찾아갔다. 마음에 동요가 일었다. 우상숭배를 해선 안 된다는 설교를 들은 기억이 났기 때문이었다. 난처한 표정을 지으며 무당에게 말했다.

"나는 교회에 다니고 있는데……."

무당이 소리를 꽥 질렀다.

"하나님이나 믿지 여긴 뭐 하러 왔어? 예수만 믿으면 잘 될 줄 알았지?"

무당은 비아냥거리며 말했다.

"교회에 다니니까 절은 안 해도 되고 와서 촛불이나 켜 주고 가면 다 알아서 해 주지. 돼지대가리하고 떡값 해서 50만 원. 새벽 1시까지 속옷 한 벌만 가지고 오면 돼."

어리석게도 나는 돼지대가리에다 대고 절하지 않는 것만도 다행으로 여겼다. 그 자리에서 돈을 치르고 회사로 돌아왔다. 아내와 직원들의 눈을 속여 가며 자정이 되어 속옷을 가지고 집을 빠져나올 때 양심에 가책을 느꼈다. 무당이 징을 두드리며 주문을 외우고 있었다. 머리털이 곤두서는 으스스한 소리가 새벽 공기를 갈랐다. 촛불만 붙여 주고 되돌아와 아무 일도 없었던 것처럼 잠자리에 들었다.

1983년 10월이 지나면서 사태는 더욱 악화되었다. 찬바람이 싸늘하던 어느 날 나는 아내로부터 친구 부인이 데리고 왔다는 한 부인을 소개받았다. 그 부인은 광명에서 천막교회를 하고 있는 전도사 사모로, 예언의 은사를 받은 신령한 분이라는 것이었다. 그분은 내 어깨에 손을 얹고 기도하기 시작했는데 방언도 하며 통역까지 하였다.

기도 후에 그 분이 받았다는 말인즉, 사업에 어려운 사정이 생겼으나 하나님은 나를 사랑하고 계시며 또 이 사업체를 붙들고 계시므로 안심하라고 하였다. 신기했다. 방언도 방언이었지만 어쩌면 그렇게도 나의 사정을 꿰뚫어 보듯 잘 알고 있는지. 귀가 솔깃했다.

그분과 만난 지 며칠이 지난 후 더 신기한 일이 벌어졌다. 현금을 받아야 하는 한 거래처에서 수금이 펑크 났다. 이리 뛰고 저리 뛰어도 도저히 수표를 막을 수 없었다. 마감 시간이 훨씬 지난 7시에 은행에서는 일단 1차 부도 처리를 하기로 했다. 집에 돌아오니 그 여자분이 와 있었다. 나는 그분을 보자마자 1차 부도가 났으니 틀렸다고 말했다. 그분은 무릎을 꿇더니 뭐라고 한동안 방언으로 기도했다. 그리고 나서 내게 말했다.

"걱정 마세요. 절대 부도나지 않습니다. 하나님께서 회사를 꼭 붙들고 계십니다."

나는 비웃었다. 은행 마감이 지났고 은행 담당자와도 1차 부도를 내기로 했는데! 아무리 은행 업무를 모르는 사람이라고 해도 저렇게 뻔뻔스럽게 이야기할 수 있을까 코웃음 쳤다.

그때 전화벨이 울렸다.

"사장님이세요? 부도 처리를 하려고 지점장님께 보고했더니 당좌대월로 막아 주라고 하셨습니다. 오셔서 자서를 해 주세요. 직원들이 퇴근도 못 하고 기다리니 서둘러 주십시오."

그 순간 나는 너무 신기하여 큰 소리로 외쳤다.

"정말 하나님께서 회사를 붙들고 계시나 봐. 여보, 지점장이 당좌대월로 막아 주겠다는 거야."

부도를 막은 것도 기뻤지만 그 여자분의 기도가 맞아 떨어졌다는 것이 그렇게 신통할 수가 없었다. 그 후 교회도 그쪽으로 슬그머니 옮겼다. 그렇지만 자금이 쉽게 풀린 것은 아니었다. 나는 여전히 신앙과 현실 사이를 오락가락하며 갈등했다.

파국

차디찬 북풍이 매섭던 12월 초 어느 날이었다. 회사 사정을 알고 인수하겠다고 나선 작은 건설사가 있었다. 함께 저녁식사를 하는 자리에서 건설사 사장은 자기가 J은행장과 막역한 사이라며 자기가 회사를 인수하면 곧바로 회사가 원만히 운영될 것이라고 자신만만해 했다.

어떻게 해서라도 회사는 건져야 했다. 중간에 소개한 사람이 교회 집사인데다가 같은 섬유계통 사업을 하시는 분이라 어려움 없이 합의했다. 막아야 할 금액이 너무 많았는데 돈을 빌려 줄 사람도 더 이상 없었다. 12월 20일까지 회사로 돌아오는 어음과 수표를 우리가 막기로 하고 22일부터는 건설회사 사장이 막기로 했다.

이 와중에 예언하는 여자분이 하나님께서 이 회사에 교회를 세우라고 하신다고 했다. 나는 회사에 교회를 세우면 회사가 잘 될 것이라는 말에 그 건설사 사장에게 교회를 세울 것을 제의했다. 사장은 무신론자였지만 승낙을 했다.

사장실과 창고 사이를 터 교회를 꾸몄다. 십자가도 세우고 강대상 등 갖가지 물건을 갖추면서 오는 12월 24일에 첫 예배를 드릴 수 있도록 했다. 22일이었다. 그날은 7백만 원이 돌아오는 날이었는데 큰 금액이 아니라서 우리가 막으려 하다가 사장에게 전화를 했다.

"K사장님, 약속하신 대로 오늘 돌아오는 7백만 원을 막으실 수 있겠습니까?"

"여부가 있습니까, 직접 은행에 가서 어음을 막고 지점장을 만나 모든 것을 해결하겠습니다."

그러나 그날 거래처에서 상담을 하고 있었는데 5시가 넘어 회사에서 급히 나를 찾는 전화가 걸려왔다. 은행에서 어음을 빨리 막으라는 독촉이 온다는 것이었다. 나는 깜짝 놀라 건설 회사로 전화를 했더니 직원이,

"사장님은 지금 은행 지점장실에 계시니 안심하십시오."

했다. 나는 은행에 전화를 걸었다. 그러나 어음은 아직 막아지지 않았고 K사장은 지점장실에서 얘기를 나누고 있는 중이라고 했다. K사장과 전화를 연결하여 통화했다. 그는 잘 되어 가니 걱정 말라는 말라고 했다. 그러나 서둘러 회사로 돌아온 나는 이미 1차 부도가 나 있다는 사실을 알게 됐다. K사장을 백방으로 찾아보았으나 허사였다. 다만 소개해 준 사람과 연결되었을 때 그 사람은 펄펄 뛰며 자기가 책임

지고 내일 다 해결하겠다는 대답을 했다.

건설회사 사장은 지점장에게 막아 달라고 횡설수설하다가 거절당하자 돌아갔다는 것이다. 가뜩이나 회사의 어려운 사정을 알고 있는 은행에서는 더 이상 우리 회사에 기대할 수 없다는 판단을 내리고 어음을 막아 주지 않기로 한 것이다. 분했다. 평소에 나름대로 열심히 뛰었다고 자부하던 직원이 황급히 달려왔다.

"1차 부도가 났는데 누가 돈을 빌려주겠습니까?"

"거래처에 사정 얘길 하고 최대한 수금해서 끌어 모아야지. 인수자를 소개한 사람이 자기가 책임을 지겠다고 하니."

"사장님, 답답하십니다. 인수하겠다고 왔다 갔다 하는 놈들 뭔가 이상하다 했는데 결국 이 지경으로 만들어 놓지 않았습니까? 이미 틀렸으니 저녁에 공장 기계랑 원자재를 다른 곳으로 옮기겠습니다."

"그건 안 돼. 어떻게 그런 짓을 할 수 있어? 내일 부도가 나도 그런 짓은 할 수 없어."

보름 전쯤이었다. 이 직원이 밤늦게 집으로 찾아왔다. 아슬아슬한 회사 사정을 누구보다도 잘 알고 있는 그가 한참 말없이 담배만 피우다가 결심한 듯 입을 열었다.

"어쩔 수 없습니다. 제가 공장에 불을 지르겠습니다. 화재보험에 들어있으니 보험료를 타서라도……."

나는 완강히 거부하여 그를 돌려보냈지만 마음에 파문이 일었다.

'공장에 불이라도 나면 얼마나 좋을까? 그러면 웬만큼 해결될 수도 있지 않겠는가.'

그런가 하면 해외로 도피해 버리고 싶은 충동이 일기도 했다. 며칠을 갈등하며 씨름했지만 결국 그렇게 할 수 없다고 결론을 내렸다.

부도가 나던 그날 밤은 감당하기 어려울 정도의 추운 날씨였다. 나는 예언하는 여자분을 수소문하여 찾았다. 우리 부부는 함박눈이 쏟아지는 눈길을 헤치며 광명의 천막 교회로 갔다. 찻길이 눈으로 덮여 우리는 차에서 내려 걸어갔다. 추위에 떠는 불청객의 처량한 신세였다. 우리가 문을 두드렸을 때 문을 열고 나온 천막교회 부부는 깜짝 놀라며 반겼다.

엄청난 슬픔 앞에서 나는 어리석고도 어리석었다. 그 여자는 눈물을 흘리며 기도했다. 방언이 터져 나오면서 애절한 기도를 드렸다. 기도를 끝낸 후, 조심스럽게 입을 열었다.

"믿지 않으실지 모르지만 하나님께서는 눈을 뜨게 해 주시고자 하십니다. 눈을 뜨게 하셔서 하나님이 살아 계신 것을 증거하는 주의 종으로 삼으시겠답니다."

그때 사람들이 수군거리는 소리가 귓가에 들리는 것 같았다.

'눈먼 병신 주제에 사업은 무슨. 제 앞가림도 못하는 자식이 도와주기는 누굴 도와줘.'

이런 비난의 소리와 그녀의 예언 소리가 뒤섞였다. 많은 교인 앞에서 간증하는 내 모습이 떠올랐다. 침울함이 서서히 사라졌다. 며칠 동안 그곳에 머물며 눈을 뜨게 해 달라고 기도했다. 그 여자가 안찰기도를 한다며 온몸을 때려 멍이 들었다. 돈을 바칠 것을 요구하기도 했다. 우리 부부는 가진 돈이 50만 원뿐이었기 때문에 망설였다. 그녀는 호통을 치며 말했다.

"눈을 뜨게 될 텐데 돈 오십만 원이 문제야? 자동차를 바쳐도 아깝지 않잖아."

아내는 결국 그 돈을 그 여자에게 주었다. 나중에 알게 된 일이지만 아내는 그동안 회사를 구해 준다는 말에 몇 만 원, 몇 십만 원씩 헌금을 그 여자에게 바쳐 왔었다.

다시 만난 하나님

일주일이 지나도 내 눈은 떠지지 않았고 재산행사권을 넘긴 친구와 불화까지 생겨 난감하기 그지없었다. 회사에서 상무로 지내는 한 친구와 몇몇 채권자들이 채권을 차지하려고 아귀다툼을 벌였다. 친구도, 직원도 돈 앞에서 멀어져 갔다. 다만, 박봉으로 알뜰살뜰 살아가던 공무원 친구가 세 시간 넘는 길을 찾아와 위로해 주고 20만 원을 주고 갔다. 이 친구의 20만 원은 몇 십 배 값어치 있는 것이었다. 우리는 그 돈으로 보증금 12만 원에 월세 3만 원 하는 작은 방을 얻었다. 우리 네 식구가 옆으로 누우면 꽉 차는 방이었다. 연탄불을 계속 피워도 웃풍이 세어 벽에 성에가 끼었고 숨을 쉬면 입김이 서렸다.

아이들은 풀이 죽었다. 모든 것이 하루아침에 뒤바뀌었기 때문이다. 밤이 되어 추위에 떨며 잠 못 이루는 아이들이 "엄마! 아이 추워." 하며 울먹일 때는 가슴이 찢어질듯 아팠다.

친구 집에 왔다 갔다 하며 식사를 해결했다. 나는 친구에게 미안스러워 가지 않기도 하였는데 그런 때는 그 친구가 식사를 가져다주곤 했다. 작은 라디오로 기독교 방송을 들으며 하루하루를 지냈다. 방에는 전화도 없어 하루 종일 방송만 들을 수밖에 없었다. 처음에는 일반 방송도 이것저것 잠깐씩 들었지만 내 마음의 곤고함과 불안이 해소되지 않아, 자연스럽게 기독교 방송의 설교 말씀만 듣게 되었다. 특히 '새롭게 하소서'의 간증을 들을 때마다 하나님의 은혜가 피부로 다가왔다.

간증하는 분들의 간증 속에서 하나님 음성을 들으며 참회의 눈물 콧물을 흘리며 내가 얼마나 교만하고 더럽고 추한가를 발견했다. 목사님들의 설교로 조금씩 믿음이 들어왔다. 밤낮 없이 기독교 방송만 들으면서 은혜를 받으며 추위와 정신적 공황도 잊어 갔다. 환경은 어려웠지만 오히려 하나님께 가까이 한걸음씩 다가가는 축복의 기회였다. 어느 날 친구 부인으로부터 성경 테이프를 받고부터 녹음으로 성경을 들었다. 나는 맹인으로 살아가는 데 필요한 기본적인 점자나 보행을 배우지 못해, 맹인으로서는 유치원생도 못 되었다. 성경을 녹음으로 들으면서 얼마나 감사했는지, 처음에는 익숙하지 못해 제대로 알아듣지 못하고 무슨 뜻인지도 모른 채 듣다가 잠들고 듣다가 잡념에 빠지곤 하였다. 다만 성경 듣는 것이 싫지 않았다. 한동안 계속해서 창세기를 들었다.

가까운 천막교회를 나가면서 눈물의 회개기도가 터져 나왔다. 그 교회 청년 신학생과 함께 김포의 어느 기도원에 갔다. 기도원 목사님으로부터 믿음에 대한 성경공부를 한 시간 들었다. 나의 믿음이 얼마나 잘못되었는지를 깊이 깨닫고 회개하고 눈물의 기도를 하던 중에 나도 모르게 입에서 이상한 말이 나왔다. 깜짝 놀라며 두렵기도 하여 목사님께 물었더니 방언이라며 계속하여 방언으로 기도하라고 하셨다.

기도원에서 돌아온 나는 변화하기 시작했다. 이제껏 성경을 들으면서는 하나님이 살아 계시면 가인이 아벨을 들에서 쳐 죽일 때 벼락을 쳐서라도 가인을 죽이고 아벨을 살려야 되는 것 아니냐며, 카세트를 꺼 버리곤 했던 나였다. 그러나 이제는 말씀 하나하나가 그대로 믿어졌다. 예레미야 17장 9절과 마태복음 23장 27절을 들을 때에는 누워서 듣다가 마음이 찔려 벌떡 일어나 카세트 앞에서 무릎을 꿇고 얼마나 통곡하며 울었는지 모른다. 내 마음속을 보여 주시는 성령님의 역사로, 참회의 눈물과 콧물을 흘리는 시간이 점점 늘어나 하루 5, 6시간을 넘도록 참회 기도를 했다.

만물보다 거짓되고 심히 부패한 것은 마음이라 누가 능히 이를 알리요 마는(예레미야 17:9)

화 있을진저 외식하는 서기관들과 바리새인들이여 회칠한 무덤 같으니 겉으로는 아름답게 보이나 그 안에는 죽은 사람의 뼈와 모든 더러운 것이 가득하도다(마태복음 23:27)

아내는 아이들 학교 문제 등으로 넋 나간 사람처럼 버스를 타고 다니며 일을 보았다. 나는 시간만 있으면 기도원으로 올라가 점점 하나님과 가까워졌다. 기도의 시간도 길어지고 기도의 내용도 한결 깊어졌다. 처남이 같이 다니며 직접 밥을 해 먹으면서 어렵게 기도원에 다닐 수 있는 경비를 마련했다.

아이들과 한 방에서 비좁게 생활하던 중, 학교로 찾아온 빚쟁이 때문에 어쩔 수 없이 처갓집으로 들어갔다. 장모님은 속이 상하시다며 시골로 아예 내려가 버리셨다. 아내와의 사이는 점점 나빠졌고 사사로운 일에 싸움이 잦았다. 그러다가 기도원에 올라가 회개하며 아내의 심정을 이해하고 내려와서는 내가 먼저 잘못했다고 했지만, 얼마 되지 않아 다시 아픈 상처를 건드리며 싸웠다. 어느 날 나는 너무 참기 어려워 소리치며 처갓집을 나와 계단을 내려가다 흥분한 나머지 발을 헛디뎌 계단에서 떨어져 기절했다. 깨어나 보니 고려대학병원 응급실이었다. 왼쪽 엉덩이뼈와 손목이 부러졌다. 병원비도 없을 뿐만 아니라 보증 서 줄 사람도 없어 하루 만에 시립동부병원으로 실려 가 어렵게 입원하고 수술을 받았다. 시립병원에 입원한 많은 분들은 영세민 또는 거리에 쓰러져 경찰차로 실려 온 노숙인이 많았다. 교도소에 수감 중인 병자를 교도관과 함께 치료하며 보호하고 있기도 했다.

지친 인생들의 한숨 소리, 그 적은 병원비가 마련되지 못해 야반도주하는 사람들, 수시로 난동을 부리는 수감 중인 병자. 공포의 시간을 지내며 갖가지 아픔과 눈물을 겪고 있는 이들의 현장을 같이했다. 이 분들을 위해 기도를 하면 자꾸만 눈물이 흐르곤 했다.(이 기도를 시립

동부병원 선교로 하나님께서 후에 연결해 주셨다.)

아내는 말없이 처남과 교대로 간호를 했다. 나는 때로 화를 내면서 마치 아내가 잘못하여 내가 다친 것인 양 책임을 덮어씌웠다. 아내는 눈물을 흘리며 말없이 참았다.

소식을 들은 장모님은 조용히 말씀하셨다. 내 딸이 이렇게 사는 것을 볼 수 없으니 이혼하라며 내 딸이라도 살아야 하지 않겠느냐고 하셨다. 아무 대답도 못하고 그저 '죄송합니다.' 만 되풀이했다.

아내는 퇴원할 수밖에 없다고 말했다. 병원비를 감당할 수도 없고, 간병할 힘도 없다 하여 깁스도 풀지 못하고 엉덩이뼈에 박힌 쇠도 빼지 못하고 퇴원을 했다. 좁은 방에 길게 누워 있어야 했다. 아이들에게 짜증을 내며 아내에게 전화를 하도록 시켰다. 그러나 아내는 절대 다시 오지 않겠다고 했다.

혼자 남았다. 어쩔 수 없이 금식 아닌 금식을 해야 했다. 겨우 다리를 끌고 가 수돗물을 마시면서 아내에 대해 악감정을 점점 더 갖게 되었다. 눈도 보지 못하고 팔다리를 못 쓰는 남편을 두고 가 버렸다고 이를 갈며 나쁜 생각을 했다. '한 번은 찾아오겠지. 오기만 해라 가만히 두지 않겠다.' 며 너 죽고 나 죽자는 심정으로 더듬거리며 부엌칼을 찾고 끈도 찾아 이불 밑에 감추었다. 악으로 가득 차 하나님의 은혜가 아니면 내가 살인자가 될 수도 있는 순간이었다.

마침 딸아이가 책을 가지러 왔다. 어쩌다 한 번 나가던 교회에 가서 심방을 해 달라고 딸 아이를 통해 부탁했다. 목사님과 전도사가 방문했다. 걱정하면서 기도를 해 주고 다시 오겠다고 했으나 오지 않았다. 빚쟁이가 찾아왔으나 형편없는 모습을 보며 오히려 안쓰러워하면서 건강이 속히 회복되기를 빈다며 떠났다.

열흘이 넘어가면서 인생이 서글퍼졌다. 이렇게 죽어 가는 것이 억울하였고 아내에 대한 악한 감정이 끓어올랐다. 나도 모르게 일어나 기도를 했다. 처음에는 신세타령의 기도로 왜 나를 태어나게 했느냐며 원망하다가 아내에게 잘못했던 일들이 영화 장면들처럼 지나가면서 참회의 기도로 변하였다. 하나님께서는 많은 사람들이 너와 같은 처지가 되면 남편을 버리기 일쑤인데, 그래도 네 아내는 버리지 않고 살아 준 것만도 감사한 일임을 깨닫지 못하느냐고 꾸짖는 음성을 들으면서 통곡을 했다.

"정말 잘못했습니다. 용서해 주시면 아내에게 정말 잘하겠습니다.'

그렇게 기도로 참회했는데 3시간이 훌쩍 지나갔다. 기도가 끝나고 나서 마음에 평화가 밀려오며 기분이 너무 좋아졌다. 하나님께서 내 기도를 들으시고 아내를 돌려보내 주실 것 같았다. 그렇게 잠이 들었다. 새벽에 창문을 두드리는 소리에 일어났다. 직감으로 아내가 왔음을 느꼈다.

허겁지겁 다리를 끌고 문을 열었다. 무릎을 꿇지는 못하지만 용서를 빈다며 진심한 마음으로 참회의 눈물과 함께 용서를 빌었다. 그동안 마음을 아프게 하고 잘못했던 일들을 구체적으로 말할 때 아내는 같이 울었다. 우리는 어느 사이 같이 껴안고 울고 있었고 아내는 자기가 잘못했다고 미안하다며 자기를 용서해 달라고 했다.

우리는 하나님께 감사기도를 하면서 마음이 활짝 펴지는 느낌을 받았다. 우리는 신혼 때보다 더 깊은 사랑에 빠졌다.

끝없는 회개

또다시 성경을 듣기 시작했다. 그리고 하나님께서 인간을 위하여 이 세상 만물을 창조하셨다는 사실을 알게 됐다. 에덴동산을 창조하시고 하나님과 함께 살 수 있는 특권과 모든 만물을 관리할 수 있는 권리를 주셨음을 알았다. 그러나 인간은 사탄의 꾐에 빠져 따 먹으면 정녕 죽으리라 하신 선악과를 먹어 저주를 받고 타락하고 부패하게 되었음을 또한 알았다.

나는 뱀이 인간을 유혹하는 장면에서 충격을 받았다. 선악과를 먹으면 너희도 하나님과 같이 될 것이라는 뱀의 유혹이 바로 그것이었다. 나는 이불을 박차고 일어나 무릎을 꿇었다.

"하나님 그렇습니다. 나는 가장 선한 사람이 되고 싶었습니다. 모든 사람의 존경을 받는 사람이 되고자 했습니다. 결국 하나님과 어떠한 관계도 없이 스스로 잘나고 싶었던 것입니다. 하나님처럼 되고자 하는 교만한 마음이었습니다. 선한 일을 한다고 한 것들은 진심으로 그들을 사랑하며 돕기 위해 한 것이 아니며 착한 사람이라는 칭찬을 받고자 한 위선이었습니다."

나는 엉엉 울기 시작했다.

네가 맹인을 위해 녹음도서관에 참여했다고 매스컴에 자랑하지 않았느냐? 네가 돈 몇 푼과 롤러스케이트를 기부했다고 우쭐댔지? 욕심 때문에 우상을 숭배하고 예언하는 자에게 미혹되어 나를 배반하지 않았더냐?

"화 있을진저 외식하는 서기관들과 바리새인들이여 너희가 박하와 회향과 근채의 십일조는 드리되 율법의 더 중한 바 정의와 긍휼과 믿음은 버렸도다…… 화 있을진저 외식하는 서기관들과 바리새인들이여 잔과 대접의 겉은 깨끗이 하되 그 안에는 탐욕과 방탕으로 가득하게 하는도다…… 화 있을진저 외식하는 서기관들과 바리새인들이여 회칠한 무덤 같으니 겉으로는 아름답게 보이나 그 안에는 죽은 사람의 뼈와 모든 더러운 것이 가득하도다."(마태복음 23:23~27)

"아버지, 저는 죄인입니다. 이 추한 죄인을 용서해 주옵소서. 나를 과시하려는 허세와 기만이었습니다. 내 마음은 더러운 것들로 가득 차 있었습니다."

감당할 수 없는 죄의 실상들이 폭포수처럼 쏟아져 나왔다. 영적 간음을 범한 더럽고 추악한 자였다. 무당에게 굿까지 했던 영적 간음을 했는가 하면, 마치 내가 하나님이라도 된 것처럼 회사에 예배를 인도하러 온 전도사를 마음대로 바꾸어 버렸다.

'교만은 패망의 선봉이요 거만함은 넘어짐의 앞잡이'라고 한 하나님의 말씀 그대로 내가 높아지고자 했지만 비참하게 추락한 것이다. 그러나 하나님의 사랑은 깊고도 깊어, 상한 갈대를 꺾지 아니하시고 꺼져 가는 심지도 끄지 않으시겠다는 말씀같이, 죄 때문에 죽을 수밖에 없는 내게 긍휼을 베푸셨다. 죄로 향한 모든 길을 막으시고 하나님 앞에 회개하여 하나님의 길을 가도록 인도하셨던 것이다.

"그러므로 내가 가시로 그 길을 막으며 담을 쌓아 그로 그 길을 찾지 못하게 하리니 그가 그 사랑하는 자를 따라갈지라도 미치지 못하며 그들을 찾을지라도 만나지 못할 것이라 그제야 그가 이르기를 내가 본 남편에게로 돌아가리니 그때의 내 형편이 지금보다 나았음이라 하리라" (호세아 2:6~7).

그날 나는 기도원으로 올라갔다. 어렸을 때부터 잘못했던 일이 봇물 터지듯 쏟아져 나왔다. 그 무엇보다도 나를 괴롭혔던 것은 교만의 죄였다. 이 교만의 죄에 대한 회개는 끝이 없었다. 사장이라며 부하 직원을 함부로 대했던 것, 가난한 이들을 업신여겼던 것, 하나님을 몰랐던 죄, 주님을 바로 알지 못했던 내가 너무나 큰 죄인이라는 것을 느끼게 하였다. 나는 이러한 나의 죄들을 하나하나 느끼며 회개의 눈물을 폭포수처럼 흘렸다. 방언기도가 시간가는 줄 모르고 계속되었다. 그 후로 나는 기도원을 다니며 성경읽기와 기도에 온 힘을 쏟아 부었다.

무화과나무 잎이 마르고

아이들 개학이 다가왔다. 큰딸은 당시 국민학교 5학년이었고 아들은 이제 입학해야 했다. 나는 빚쟁이들을 피해 다니는 처지였으므로 아이들이라도 방을 얻어 주어야 했는데 돈이 없었다. 간신히 몇몇 친구들이 거둬 준 100만 원으로 보증금 100만 원에 월세 5만 원 하는 월세방을 얻어 아이들을 이사시켰다.

밀린 방값을 제하고 몇 개 안 되는 이삿짐을 옮기니 빈털터리였다. 우리 부부는 하나님께 부르짖기로 하고 기도원으로 향했다.

산동네를 내려오다 낡아빠진 내 구두 뒤창이 떨어졌다. 슬그머니 집어 뒷주머니에 넣고 큰길까지 내려왔다. 그때 아내가 소리쳤다.

"저기 운동화 반액 대매출이라고 써 있어요. 천 원이나 2천 원이면 살 수 있을 거예요."

우리는 어린아이들처럼 기뻐하며 뛰어갔다. 그러나 아내가 우뚝 섰다. 반액 대매출이라는 글씨 밑에는 작게 오천 원이라는 글씨가 있었던 것이다. 7천 원 밖에 없었으니 운동화를 사고 나면 이천 원으로는 교통비와 기도원 입장비도 되지 않았다.

"몇 달 전에 오천 원은 애들 과자 값이었는데……."

아내가 울먹였다.

우리는 일주일 동안 함께 금식기도를 했다. 금식한 지 5일째 되던 날 예배를 마치고 소지품을 놓아둔 성전으로 되돌아오니 카세트가 없어졌다. 아내는 한숨을 쉬며 몹시 언짢아했다. 그러나 나의 마음은 이상할 정도로 차분해졌다. 나는 기도를 시작했다.

"하나님 아버지! 저의 마지막 소유물을 잃었습니다. 아내의 마음을 위로해 주시고 그것을 가져간 이가 누구인지 하나님께서는 아시오니 그가 다시는 남의 물건에 손을 대지 않게 해 주십시오. 하나님께서 돌봐 주시어 이런 일을 하지 않도록 하소서…….”

나는 홀가분해지며 기쁨이 솟았다.

금식을 마친 후 우리는 아이들이 세 들어 사는 화양리로 걸음을 옮겼다. 그곳도 형편없는 방이었다. 그러나 그곳에는 기쁜 소식이 우리를 기다리고 있었다. J은행에 다니고 있던 대학 동창이 내 소식을 듣고 백방으로 나를 찾다 딸이 다니는 학교로 연락을 해 왔다는 것이다. 친구는 내 전화를 받고 단숨에 달려왔다. 그리고 대학 동창 몇몇이 모은 50만 원을 내밀었다. 그때 우리에게는 단돈 천 원도 없었고, 먹을 것이 다 떨어지고 없었다. 사업이 잘될 때 식사 대접 한 번 제대로 못했던 친구들의 도움을 받는다 생각하니 부끄러웠다. 그 친구가 돌아간 후 나는 하나님께 무릎을 꿇었다.

“하나님 아버지! 당신의 살아계신 모습을 보이시니 감사드립니다. 제가 도와주었던 친구들로부터는 외면당하고, 생각지 못했던 친구들로부터 도움을 받습니다. 주님 저에게 하나님이 살아계신 것을 알게 하시니 감사합니다. 저는 아무것도 아닙니다…….”

기도원을 전전하며 금식과 기도로 시간을 보낼 때였다. 며칠씩 기도원에 있다 내려가 보면 집은 엉망이었다. 쌀이 없어 밀가루 수제비와 라면으로 끼니를 잇고 있었다. 치약이 없어 소금으로 양치질을 하는 것은 참을 수 있었지만, 아이들이 학교에 낼 돈을 못 낼 때에는 가슴이 찢어졌다.

나는 조용히 하나님 말씀을 외우며 기도했다.

“비록 무화과나무가 무성하지 못하며 포도나무에 열매가 없으며 감람나무에 소출이 없으며 밭에 먹을 것이 없으며 우리에 양이 없으며 외양간에 소가 없을지라도 나는 여호와로 말미암아 즐거워하며 나의 구원의 하나님으로 말미암아 기뻐하리로다”(하박국 3:17~18).

아내는 내 모습을 보고 혀를 찼다. 그렇지만 이때마다 상상치 못했던 시골 친구가 찾아와 30만 원을 주고 가는가 하면, 생각지 못했던 이들의 손길로 위기를 면했다. 이런 일이 있을 때마다 감사한 마음이 들어 교회에 나가고 싶었으나 혼자는 갈 수 없는 몸이라 어쩌지 못하고 있었다.

어느 때는 더듬거리며 이 사람 저 사람에게 물어 근처 교회에 찾아가 보기도 했다. 관심을 두는 목사님도 있었지만 그뿐이었고, 바로 교회 앞에서 더듬거리며 헤맬 때 도와주는 손길은 없고 자기들끼리 재잘거리며 지나쳐 갈 때는 섭섭하기 이를 데 없었다. 부도가 나기 전에 다니던 교회에 전화를 걸어 심방을 와 주기를 간청했지만, 그들의 싸늘한 목소리에 실망하고 수화기를 내려놓기 일쑤였다.

어느 날은 우리와 거래를 하던 교회 장로인 사장에게 나의 어려운 사정을 말하고 도움을 청해 봤으나 거절당한 적도 있었다. 나는 이런 일을 당할 때마다 가슴이 아팠고 그 사람들이 원망스러웠으며, 인간의 한계를 깨닫곤 했다. 나는 다시 기도했다.

"하나님 아버지! 모세의 지팡이로 홍해를 가르시고 쫓아오는 애굽 군대를 몰살하시어 안전하게 건네주신 하나님 능력을 믿습니다. 그러나 감사하던 이스라엘 민족이 몇 날이 못 되어 물이 없다고 원망했던 것을 알고 있습니다. 우리 이 모습이 광야에서 당신을 원망하고 의심했던 그 이스라엘 백성과 같습니다. 주님, 믿음을 주시어 가나안에 들어가 당신께 순종하고 믿음으로 여리고 성을 돌아 무너뜨린 그들과 같이 믿음의 승리자가 되게 하소서."

청소부, 동태장수, 경비 아저씨

연합선교회에서 윤 선생으로부터 보행훈련과 점자 교육을 받았다. 처음에는 열 평 남짓한 공간을 왔다 갔다 하며 지팡이로 실습을 했다.

가장 중요한 것은 어떠한 곳이든지 먼저 실제의 모습을 하나하나 설명 들으면서 머릿속에 그려 놓고 그 위치를 지팡이로 확인하는 것이었다. 거리를 다니는 것도 그 원리에 따라 지팡이로 하나하나 확인하며 걸어야 했다. 다섯 발자국도 다른 사람의 도움을 받지 않고 혼자서는 무서워서 걷지 못했던 내가 지팡이를 잡고 서서히 걷기 시작했다. 도로 각각의 위치를 확인하기 위하여 그곳마다 특수한 표시를 머릿속에 그려 놓는 것이 중요했다. 예를 들면 보도블록이 끝나는 부분이 어느 곳이라는 것, 어느 곳을 지날 때는 중국집 음식 냄새가 난다는 것, 전파사에서 나오는 스피커 소리, 지팡이와 발바닥의 감촉, 골목에서 불어오는 바람소리 등 모든 감각을 총동원하여 많은 표시들을 머릿속에 그려 놓는 것이다.

그러던 어느 날 거래 관계로 아는 김 사장이 쌀 한 가마니를 지고 산동네에 찾아왔다.

"내가 사무실을 내서 사업을 시작했으니 오셔서 다시 시작하십시오. 책상도 드리고 전화도 드릴 테니 부담 갖지 마시고 오셔서 재기하시기 바랍니다."

김 사장의 배려로 시작한 작은 사업을 시작했다. 보행 훈련을 덕분에 나는 혼자서 편지를 부칠 수 있었고 서투르게나마 선교회를 혼자 찾아갈 수 있었다.

나는 충분한 훈련을 받지 못한 채 총신대학 신학대학원에 야간으로 입학하였다. 때로는 맹인을 도와주는 봉사자와 네 시간 이상 버스를 타고 다녔다. 저녁에는 공부를 하고 돌아와 11시가 넘어야 밥을 먹었다. 하루에 6시간 이상 차를 타야 했고 지팡이로 더듬거리며 온 신경을 곤두세워야 했기 때문에 심신이 지쳐 갔다. 어느 날은 갑자기 소나기가 쏟아지는데, 어쩔 줄 몰라 하는 나를 도와주는 사람이 없었다.

겨우 더듬거리며 어느 상점 문을 열고 들어가려 할 때 날카로운 중

년 여자 목소리가 들렸다.

"여긴 약국이에요. 저쪽으로 돌아가면 비를 피할 수 있으니 저쪽으로 가세요."

그는 내가 열고 들어가려던 문을 탁 닫아 버렸다. 억수같이 퍼붓는 소낙비를 맞으며 다시 허둥댈 수밖에 없었는데 청소부가 와서 나를 처마 밑으로 데려다 주었다.

마포에서 학교를 가려면 숭전대 앞에서 버스를 갈아타야 했다. 버스를 갈아타기 위해 지나가는 사람에게 부탁을 하면 보통은 그냥 지나갔다. 열 명 부탁하면 한 명이 마지못해 태워 주는 정도였고 50명 중 한 명 정도가 아주 친절하게 버스를 태워 주었다. 때로는 태워 주겠노라고 하고서는 자기 차가 오면 아무 말 없이 타고 가 버려 오랫동안 기다린 때도 있었다.

그날도 오랫동안 버스를 타지 못하고 초조하게 기다리는데 숭전대 데모대가 정문으로 행해 나오고 있었다. 갑자기 차들이 질주를 하고 최루탄이 터지며, 사람들이 소리를 지르며 뛰어갔다. 코는 맵고 눈물은 나오며 얼굴은 쓰리고 돌과 최루탄이 오가고 있을 때 그 속에서 어쩔 줄 몰라 서 있었다. 그때 터덜거리는 고물 트럭이 내 앞에 서더니 운전사가 내려와 나를 태웠다. 동태 장수였다. 골목을 다니며 마이크로 생선을 팔다가 나를 발견하고 지나칠 수 없어 차를 멈춘 것이었다.

학교 정문에서 교실까지는 정상 걸음이면 3분 정도 걸렸지만 내 걸음으로는 약 15분에서 20분이 걸렸다. 어느 때는 길을 잘못 들어 엉뚱한 곳으로 갔다. 그때마다 나를 보고 달려오는 사람은 청소하는 아주머니와 경비 아저씨였다.

처가살이를 하면서 아내와의 갈등과 어려운 문제들이 계속하여 일어났다. 아내와는 아이들 교통비 등 금전 문제로 다투다가 서로 깊은 상처를 주곤 했다. 심하게 다툰 끝에 나는 딸과 함께 마포로 5만 원짜리 사글세를 얻어 나갔다. 초등학교 6학년인 딸이 마포에서 중곡동까지 통학하기를 힘들어 하여 어느 날 다시 엄마한테 들어가고, 나는 혼자서 살기가 어려워 예전에 함께 근무하던, 구룡포에서 온 형제가 나를 도와 함께 생활했다.

인생의 큰 아픔과 어려움으로 바닥까지 내려온 나에게 친구 부부가 삼각산으로 철야기도를 다닌다고 하여 따라나섰다. 야간 공부가 끝나면 원우들의 도움으로 마포 버스정류장에서 만나 밤 11시가 넘어 삼각산으로 올라갔다. 삼각산은 기도하는 사람들로 붐볐다. 이곳저곳에서 찬양과 기도소리가 터져 나왔다. 몸이 불편한 나 때문에 꼭대기까지는 올라가지 못하고 7, 8부 능선까지 올라 때로는 바위 위에서, 때로는 골짜기에서 셋이서 찬양을 하며 기도를 시작하면 새벽 5시까지 눈물과 콧물로 뒤범벅이 되어 참회의 눈물의 기도를 드리기를 매일 9월부터 11월 중순까지 하였다.

"환난 날에 나를 부르라 내가 너를 건지리니 네가 나를 영화롭게 하리로다"(시편 50:15). **"너는 내게 부르짖으라 내가 네게 응답하겠고 네가 알지 못하는 크고 은밀한 일을 네게 보이리라."**(예레미야 33:3).

비가 오는 날에는 우산을 쓰고 비옷을 입고, 추운 날에는 비닐을 덮어 쓰고 숨을 쉴 수 있도록 구멍을 뚫어 소리치며 찬양과 기도를 했다. 값진 기도의 시간들이었다. 사랑이신 하나님과의 관계를 깨달아 가면서 주님과 더 가까워졌다. 알량한 자존심도 쓰레기통에 버리고 내가 죽어야 산다는 것을 철저히 깨닫고 다시 아내에게 돌아가 무릎을 꿇고 용서를 빌었다.

교도소에 들어가기 바로 전 해인 1985년 겨울이었다.

제2부

갇힌 자가 되어

제 2 부

갇힌 자가 되어

철창 속의 밤과 낮

철창 속의 밤과 낮

"쾅 쾅 쾅!"

예사로운 노크 소리가 아니었다. 거칠게 문이 열렸다.

"안일권 씨죠?"

"그렇습니다만……."

"나, L씨의 아들입니다."

부도가 나던 해, 자금 사정이 극도로 악화되어 이곳저곳 가리지 않고 돈을 빌리기 위해 동분서주할 때였다. 친구 소개로 L씨에게 당좌수표를 발행하여 돈 거래를 시작했다. 갚았다 빌렸다 했지만 그 해 말 L씨에게 1700만 원의 빚을 졌다. L씨는 내가 돈을 빼돌린 것으로 오해하고 있었다. L씨가 단단히 벼르고 있다는 소식을 듣고 있던 터였다.

"오늘 내로 갚아. 오늘 갚지 않으면 당장 경찰서에 쳐 넣으라고 아버지가 말씀하셨어. 응?"

"죄송합니다. 여긴 내 사무실이 아닙니다. 김 사장님 배려로 몸만 와서 일하고 있는 겁니다. 나가셔서 이야기 하시지요."

다방 안은 연말 분위기답지 않게 조용했다.

"정말 지금은 갚을 돈이 없습니다. 죄송합니다. 열심히 벌어서 빨리 갚겠습니다."

"당신 처가에 집 있잖아. 그거라도 잡혀."

그렇지 않아도 처가에 빚이 있어 아내와 그 문제로 다투고 있던 터였다.

"…… 할 수 없군요. 경찰서 가기 전 사무실 일을 좀 정리하게 해 주십시오. 그리고 오늘 저녁, 학교에서 시험이 있는데 열 시쯤 끝납니다. 그때까지만이라도 시간을 주시면……."

"학교라니?"

"아버님은 알고 계시겠지만, 저는 신학을 공부하고 있습니다."

"빚이나 잔뜩 지고 있는 사람이 무슨 말라 죽을 신학이야?"

할 말이 없었다. 청년과 함께 강의실 앞까지 도착했다.

엄동설한을 교도소에서 지낼 생각을 하니 몸이 떨렸다. 시험을 엉망으로 치르고 캠퍼스를 내려가는데 누군가 내 팔을 잡아당겼다. 그 청년이었다.

자동차의 뒷좌석에는 청년의 친구와 여자 한 명이 타고 있었다. 다른 청년이 말을 걸었다.

"웬만하면 원하는 대로 해 주시죠. 이 엄동설한에 거길 가면 말도 못할 고생을 할 텐데."

"지금으로서는 해결할 능력이 없습니다. 처가를 담보로 맡기는 일은 상상도 할 수 없어요."

자동차가 한참을 달려 경찰서 마당으로 들어섰다.

형사과 안은 난로의 열기로 따뜻했다. 형사는 나를 책상 앞으로 끌고 갔다.

"당신 정말 눈이 안 보이는 거야?"

"예. 안 보입니다."

형사는 주머니와 몸을 수색하고는 철창문을 철컥 열고 내 등을 떠밀었다.

"나 원 참, 눈 먼 병신이 부도를 다 내다니."

몹시 지쳐 있던 데다 닥쳐올 일에 대한 공포가 나를 짓눌렀다. 불안과 초조와 싸우며 앉아 있으려니 마루에서 올라오는 냉기와 철장 안의 찬 공기로 더 몸이 떨려 왔다.

추위를 면하기 위해 마루로 올라가 담요를 끌어당기는 순간 그것을 뿌리쳤다. 이불보다 더 두꺼운 먼지가 덕지덕지 붙어 있었고 악취는 견딜 수 없을 정도였다. 그러나 추위 때문에 얼마 되지 않아 할 수 없이 담요를 또 끌어당겼다. 당겼다 뿌리쳤다가를 반복했다.

여기저기 몽둥이 소리, 비명소리가 들렸고 술 취한 사람이 악쓰는 소리까지 겹쳐 잠을 이룰 수 없었다. 게다가 더 이상 생리 현상을 참을 수 없었다. 자리에서 일어나 철창 가까이 다가갔다.

"화장실 좀 갈 수 없을까요?"

대꾸도 않는 형사에게 다시 부탁하기 민망해 머뭇거리다가 돌아섰다. 얼마나 지났을까, 더 이상 참을 수 없게 된 나는 다시 형사를 불렀다.

"이 새끼야, 너희 집 안방인 줄 알아? 화장실은 아침에만 갈 수 있으니 시끄럽게 굴지 마."

형사의 갑작스런 욕설에 나는 아무 소리 못 하고 참을 수 없는 고통과 씨름했다. 온몸이 뒤틀리고 아랫배가 터질 것 같고, 예리한 것에 찔리는 것 같았다.

나는 서러움이 복받쳐 올라 탄식했다.

'저주스런 인생. 눈멀고 사업까지 망하더니 이젠 교도소까지 와야 한단 말인가, 하나님 믿는다고 그렇게 발버둥 쳤건만, 하나님의 종이 되겠다고 신학을 공부했건만. 태어나지 않았더라면 좋았을 텐데. 욥의 일생에 대한 탄식이 바로 나의 탄식이구나…….'

철창문 소리가 들렸다. 누군가 내가 있는 방에 들어왔다.

"어이, 여기 들어가서 좀 쉬어, 눈이라도 붙이는 게 나을 거야."

형사는 그에게 친절히 말했다.

"장 형사님, 감사합니다. 은혜 잊지 않겠습니다."

청년이었다. 그는 울고 있는 나에게 다가왔다.

"아저씨, 마음을 굳게 먹으셔야 합니다. 이제 시작인데 벌써부터 마음 약해지면 앞으로 어떻게 하려고 그럽니까?"

그의 뜻하지 않은 호의에 눈물을 씻고 대답했다.

"고맙습니다. 너무 힘들어서 그러는데요, 저 좀 도와주시겠습니까?"

"그럼요, 말씀하세요."

"너무 오래 참아서 괴로운데, 화장실 좀 갈 수 있게 해 주세요."

그는 철장으로 가까이 가서 자기를 조사했던 형사를 불렀다.

"장 형사님, 장 형사님."

"이 사람아, 무슨 일로 그렇게 떠들어?"

"화장실 좀 가야겠습니다."

장 형사가 철장을 여는 동안 그 청년은 내게 다가와서 속삭였다.

"아저씨, 빨리 내려오세요."

나는 재빨리 마루에서 내려와 더듬더듬 구두를 찾았다.

"아저씨, 앞을 못 보시는군요?"

그는 내 신발을 찾아 가지런히 놓아 주고 나를 화장실로 안내했다.

엄청난 고통으로부터 해방되자 다시 살아난 것 같은 기분이 들었다. 우리는 금방 친한 사이가 됐다. 그는 호기심에 가득 차 이것저것 물었다.

"아저씨, 무슨 일로 오셨어요? 나쁜 자식들, 앞도 못 보는 사람을 이런 데다 가둬 놓고. 화장실은 보내 줘야 될 것 아냐?"

"회사를 경영하다가 부도가 나서 왔어요."

"네? 부도라고요? 앞도 못 보시는 분이 어떻게?"

그때 밖에서 형사가 소리쳤다.

"이 자식들아, 무슨 잡담이야? 담요나 잘 개서 정돈해 놔."

담요를 정리한 후 나는 그 청년에게 말을 건넸다.

"장 형사님은 전부터 알고 계시는 분입니까?"

"어제 처음 만났어요. 도둑놈이라고 잡아먹을 거처럼 두들겨 패고 욕지거리를 하다가도 돈만 먹으면 언제 그랬냐는 듯 누그러져 친동생이 잡혀 오기라도 한 것처럼 변하는 놈들이에요. 나는 금고털이인데 별 여섯 갭니다."

나는 섬뜩함을 느끼면서도 이 사람은 그런 일을 하지 않을 사람 같다는 생각이 들었다.

"우리는 항상 몸에 다이아 반지와 로렉스, 금딱지 등의 귀금속을 차고 다닙니다. 돈도 항상 현찰로 기백만 원씩 넣고 다니죠. 이렇게 잡혀 오면 처음에는 딱 잡아떼다 얻어터지고 물 먹고 고문당하면 한두 건 불죠. 그 담엔 돈이나 귀금속으로 거래를 하는 겁니다. 큰 건은 빠지고 사소한 것 한두 건 가지고 대충 넘어가면 5년 살 것 3년 살고, 3년 살 것 1년 살게 되는데, 받아먹는 게 있으니 나 같은 도둑놈한테도 친절한 겁니다."

아침 출근 시간이 되었나 보다. 여기저기서 출석을 부르는 소리와 대답 소리로 소란스러웠다. 잠시 후 그 청년은 장 형사에게 불려 나가더니 돌아오지 않았다.

이튿날 조사계 담당 형사는 철창문을 열더니 내 어깨 옷자락을 잡고서 질질 끌고 조사계로 데리고 갔다.

"봉사가 부도를 냈어? 이것 봐라, 1억 2천이나 되는데! 직접 낸 거야?"

"예, 제가 냈습니다."

"다른 사람하고 짜고 대신 들어온 거 아냐?"

"아닙니다. 제가 직접 회사를 운영했습니다."

형사는 내 소맷자락을 잡고 다시 끌고 가면서 조사계 직원들에게 큰소리로 외쳤다.

"이놈 좀 봐. 아, 글쎄 눈 먼 병신이 부도를 냈어. 그것도 1억 2천."

'눈 먼 병신이라고 사업 못하란 법 있소?'

인격을 모욕하고 자존심을 짓밟는 그에게 하고 싶은 말이 목구멍까지 나왔지만, 화를 꾹꾹 눌렀다.

밤이 깊어 가면서 새삼 허기를 느꼈다. 아무것도 먹지 못했다. 나중에 알게 된 일이지만 식사 때마다 식당에서 주문을 받으러 왔는데 나는 그를 단순히 면회 온 사람으로 착각하고 지나쳐 버린 것이었다. 배가 고프니 추위가 더 심했다. 먼지가 더덕더덕 쌓인 담요와 악취 속에서 갖가지 상념들로 씨름하며 또 하룻밤을 지냈다.

보호실을 거쳐 대기실에 들어온 지 사흘 째 되는 날 아침, 조사계 담당 형사가 철창문을 열었다. 어제의 비아냥거리던 태도가 싹 사라지고 다정다감한 목소리였다. 그는 내 팔을 조심스럽게 잡더니 조사계 책상으로 안내했다. 담배를 꺼내 한 개비를 내 손에 쥐여 주고 라이터를 켜며 말을 꺼냈다.

"한 대 태우면서 슬슬 시작합시다."

“감사합니다만, 저는 담배를 피우지 않습니다.”

그는 일어나 난로 위에서 끓고 있던 주전자를 가져다 컵에 물을 따르고 내 앞으로 가져왔다.

“뜨거운 물로 몸을 좀 녹이시죠.”

그리고는 친절하게도 내 손에 컵을 쥐어 주었다. 추위로 온몸이 뻣뻣해진 내 몰골이 그에게 연민을 느끼게 한 것일까? 뜨거운 물을 몇 모금 삼키자 그 따뜻한 물이 온몸으로 흘러 들어가면서 창자까지 따뜻해졌다. 형사는 내게 귓속말로 속삭이듯 말했다.

“빼돌린 거 있지? 나한테만 솔직히 말하고 나눠 먹자고, 잘 봐 줄 테니.”

어안이 벙벙했다. 이 사람이 무슨 꿍꿍이로 이런 말을 하는 걸까? 나는 단호히 말했다.

“천부당만부당한 말씀입니다. 내가 돈을 빼돌렸다면 왜 여기 옵니까?”

“그러지 말고 순순히 말해.”

때마침 아내와 친구가 들어왔다. 아내는 형사에게 친구가 몇 푼 집어 줬다고 귀띔했다. 돈 몇 푼에 사람의 모습이 백팔십도 달라지는 것이 역겨웠다. 형사는 타이프를 치며 조사를 시작했다.

“군대는 갔다 왔나요?”

“ROTC 장교로 72년도에 중위로 전역했습니다.”

“중위로 제대했다고요? 아니 그럼 중도에 실명하셨군요?”

“장교였다면 국가가 보장해 준 건강한 몸인데, 사람 팔자 알 수 없군.”

그때 갑자기 전화가 와 통화를 하던 형사는 나를 철창에 집어넣고 나가 버렸다.

갑자기 철창 밖이 소란했다.

"군부독재 물러가라. 파쇼정권 물러가라. 광주 학살 주범 전×× 물러가라……."

두 명의 남학생은 내가 있는 방으로 들어오면서 소리쳤고 한 여학생은 옆방으로 들어가면서 외쳐 댔다.

철창문을 잠그는 소리가 들렸다. 한 학생이 내게 다가왔다.

"아저씨, 어디 편찮으신 거 아닙니까?"

4일 동안 세수도 못하고 수염과 머리가 지저분하여 엉망이 되어 있고 제대로 먹지 못하여 광대뼈가 앙상한 나의 몰골을 보고 하는 말이었다.

"무슨 일로 들어 오셨기에 이렇게……?"

"사업을 하다가 잘못하여 부도를 냈습니다."

"눈이 많이 안 좋으신 모양이군요, 아저씨."

"앞을 보지 못한답니다."

학생이 깜짝 놀라면서 내게로 가까이 다가왔다. 갑자기 철창 밖에서 "아이구, 아야." 하며 얻어맞는 소리가 들렸다. 학생이 벌떡 일어나더니 큰 소리를 쳤다.

"사람을 어느 법에서 그렇게 때리라고 돼 있죠? 불법이잖아요."

"불법? 야, 이 새끼야 불법 좋아하네. 저런 도둑놈들 그대로 두면 나라 꼴 잘되겠다."

형사는 탁 쏘아 붙였다. 그 학생은 혼잣말처럼 중얼거렸다.

"총칼 들고 나라 도적질한 놈은 대통령 되고, 어쩔 수 없이 도적질한 놈은 저렇게 얻어 터지니……."

유치장 안 풍경

이튿날 나는 조사를 마치고 자정이 넘어 구속되었다. 17세 소년과 함께 유치장 간수에게 넘겨졌다. 간수는 입에 담지 못할 욕을 퍼부으면서 호통을 치더니 빈 감방으로 우리를 끌고 갔다.

"소지품 다 끄집어 내놔."

주머니를 서서히 뒤적거리며 소지품을 꺼내는 나를 보고 그는 소리를 꽥 질렀다.

"이 자식, 동작 봐라. 빨리 하지 못해? 10초 내로 옷을 다 벗어!"

우리는 재빨리 발가벗었다. 그는 우리더러 뒷걸음질을 쳐 등을 벽에다 기대라고 했다. 등을 벽에다 대는 순간 나도 모르게 "아이 추워." 하며 외마디 소리가 나왔다. 벽에는 성에가 꽉 끼어 얼음 부스러기가 떨어졌다.

"이 새끼들아, 발뒤꿈치도 벽에 붙이고 대갈통도 붙여."

우리는 간수의 위협에도 불구하고 "아이 추워, 아이 추워."를 연발했고 기침을 심하게 하면서 몸을 덜덜 떨었다. 10분이 채 못 되었지만 참기 어려운 고통스럽고 지루한 시간이었다. 소지품과 돈을 일일이 세목별로 적어 영치하고 'ㄷ' 자 모양으로 연결된 8개의 감방 중 두 번째 감방으로 들어갔다. 첩첩이 끼어 자고 있는 사람들의 몸 사이를 살금살금 기어 넘어 맨 뒤로 갔다.

뒤편 한쪽 구석에 화장실이 있었다. 화장실 문은 무릎을 가릴 정도의 가리개만 있을 뿐 온통 터져 있어 변기 밑으로부터 찬바람이 쌩쌩 불어 들어왔다.

우리는 두 장씩 받은 담요로 두 장은 깔고 두 장은 덮기로 하고 나는 변소 쪽에, 소년은 안쪽에 누웠다. 조금 전에 받았던 기합으로 온몸이 동태가 되어 버린 데다 차디찬 바람이 들어오는 변소 옆에 누워 있으려니 몸이 오들오들 떨렸다. 몸을 잔뜩 쪼그려 보기도 하고 엎치락뒤치락하며 담요를 둘둘 말아 보기도 했지만 쌩쌩 불어오는 바람은 어쩔 수가 없었다.

소년도 추위를 참지 못해 "아이 추워, 아이 추워." 하면서 흐느꼈다. 남달리 추위를 참지 못하는 나는 아무리 참으려고 이를 악물어 봐도 이만 딱딱 마주칠 뿐이었다. 청승맞은 수돗물 소리와 소년의 훌쩍거리는 소리에 서글퍼지면서 기구한 나의 운명에 울분이 솟았다.

유치장 안에서는 이따금 기침 소리가 들리는가 하면 얻어맞은 사람들의 신음소리가 들리기도 했다. 구운 오징어처럼 바싹 웅크리고 벌벌 떠는 내 몸을 가끔 변소에 가는 사람들이 발로 걷어차거나 밟고 지나갔다. 악몽의 긴 밤이 지난 후에 새벽이 왔다. 열을 지어 앉아 점호를 했다.

나는 내 번호에서 머뭇거렸다. 갑작스런 환경의 변화에 방향 감각도 제대로 못 잡고 있는 데다 밤새 추위로 입술이 얼어붙은 것만 같았다. 간수의 호통과 욕설이 날아왔다. 점호가 끝난 뒤 대기실에서 만났던 대학생이 다가와 아는 체를 했다.

"아저씨, 제가 옆에서 도와드릴 테니 너무 걱정 마세요."

그 학생의 한마디로 천군만마를 얻은 것같이 든든해졌다. 지금 내 머릿속에는 내 주위가 살인, 강도 등 무시무시한 사람들로 생각되어 불안했기 때문이었다. 조금 후 간수는 칫솔을 한 움큼 가져왔다. 이름을 부르기 시작했다. 면회 올 때 넣어 준 칫솔로 양치질과 세수를 했다. 나는 5일 만에 겨우 양치질을 할 수 있었다. 기름기로 떡이 된 머리를 감을 때는 물이 너무 차가워 머리가 얼어붙는 것 같았다.

식사가 왔다. 밥 한 그릇에 단무지 세 쪽을 받았다. 나무젓가락으로 밥을 입에 넣는 순간 나는 이맛살을 찌푸렸다. 밥이 아니라 모래 같았다. 아무리 꽁보리밥이지만, 씹기 어려울 정도로 거친 것이 모래를 씹는 것 같았다. 중국집 단무지 세 쪽으로 도대체 어떻게 밥 한 그릇을 다 먹으란 말인가, 해도 너무 하는구나 생각하며 이번에는 단무지를 입에 넣었다. 반찬이 아니라 소금덩어리였다. 단무지 세 쪽은 밥 한 그릇을 비우고도 남을 만한 것이었다. 처음으로 대하는 밥이었지만 얼마 먹지 못하고 젓가락을 놓았다.

식사 후 정면을 향해 열을 지어 앉아 있는 것이 하루 일과였다. 이따금씩 면회를 하러 나갔다 들어오는 사람을 제외하곤 두셋씩 짝을 지어 잡담을 했다. 영웅이라도 된 것처럼 이곳에 들어오게 된 사건을 떠벌이는 사람도 있었다.

대학생은 내 옆에 앉아 다정한 목소리로 말했다.

"아저씨, 이야기 좀 해 주세요."

내 손을 잡은 그의 손이 부드럽고 연약하게 느껴졌다.

'이렇게 연약한 친구가 어디서 힘이 솟구쳐 두려움도 없이 큰소리를 친단 말인가?'

그의 용기에 새삼 감탄하며 나는 하나님을 만난 후 목사님의 권함으로 기도원에서 일주일을 금식했다는 이야기를 했다.

그때 감방 안이 조용해졌다. 20대 후반의 청년과 소년이 들어온 것이다. 청년이 공포에 질린 신음 소리를 냈다. 한 사내가 청년을 향해 퉁명스레 물었다.

"얻어맞은 모양인데 무슨 건으로 왔소?"

청년은 안간힘을 쓰면서 떠듬떠듬 말했다.

"택시 강도로 들어왔습니다."

그는 서울에 취직을 하려고 올라왔다고 했다. 돈이 떨어져 며칠을 헤매던 그가 생각해 낸 건 택시 운전사를 위협하여 돈을 빼앗아 여비를 마련하는 방법이었다. 서울 지리도 잘 모르는 그가 택시를 뚝섬 근처까지 끌고 가는 데는 성공을 했다. 으슥한 골목에서 차를 멈추게 한 그는 준비해 간 과도를 운전사에게 들이대고 돈을 내라고 위협했다. 그러나 운전사는 택시 강도의 칼을 든 손이 부들부들 떨고 있는 것을

보고 돈을 꺼내는 척하며 눈치를 살폈다. 그리고 차를 쏜살같이 몰아 30미터도 안 되는 골목을 빠져나와 마침 교통정리를 하고 있던 순경 옆에 차를 세우고 "강도야!"를 외치며 차에서 뛰쳐나왔다. 청년은 삽시간에 체포되었고 형사들은 택시강도 사건 중 미결된 것들을 뒤집어 씌우려고 몽둥이로 때리고 발로 차고 짓밟는 등 고문을 했다.

그 사내는 어처구니가 없다는 듯 혀를 찼다.

"이 친구야, 강도짓 아무나 하는 줄 알아? 미리 지리도 알아 놓지 않고 무슨 강도짓을 하겠다는 거야?"

여기저기서 한마디씩 던졌다. 나도 처음엔 택시 강도라고 해서 무시무시한 사람인 줄 알았으나 얘기를 듣고 나니 이상스럽게 분위기에 빨려 들어갔다. 그때 학생이 내 귀에 대고 말했다.

"제 마음이 왜 이렇죠? 택시강도가 잘 잡혀 왔다고 생각을 해야 하는데, 저 친구가 왜 바보같이 잡혀 왔을까 하고 생각하고 있으니 말입니다."

나도 그렇게 느끼고 있던 참이었다.

"야, 꼬마. 넌 왜 왔어?"

그 사내는 큰 소리로 겁에 질린 꼬마에게 물었다.

"넌 도대체 몇 살이냐?"

사내가 소리를 질렀다. 어린애한테 너무 지나친 게 아니냐고 한마디 하고 싶었지만 감히 말을 꺼내지 못했다. 꼬마는 울면서도 떠듬떠듬 대답했다.

"14살이에요"

중학교 1학년 학생인 것이다.

그 아이는 충북 단양에서 친구 다섯 명과 함께, 크리스마스에 쓸 유

홍비를 마련하기 위해 서울에 왔다. 신문 사회면에서 읽어 본 날치기 수법대로 자기들도 한탕하려고 한 것이다. 그들은 젊은 여자의 핸드백을 날치기했고 4명의 친구는 달아났으나 꼬마는 행인들에게 잡혔다.

"바보 같은 자식들, 나한테 다시 배워!"

그 사내는 마치 영웅이라도 된 것처럼 자기가 전과 7범이라는 것과, 자기의 범행을 스릴 있고 재미있게 얘기했다. 모두 그 사나이의 얘기를 흥미진진하게 들었다. 사나이의 얘기가 끝나자 나와 함께 구속되었던 17세 소년이 그 사나이에게 말을 걸었다.

"형님, 한 수 가르쳐 주십시오."

누군가가,

"야, 그럼 안 돼. 어쩌다 잘못해서 이곳에 왔지만 두 번 다시 오지는 말아야지."

"뭔데 참견이에요? 아저씨 일이나 걱정하세요."

나는 마음이 아팠다. 마치 독사에게 물린 사람의 몸에 점점 독이 퍼져 나가는 것같이 방 안의 추악한 악이 소년들에게 퍼지는 것 같았다.

'감수성 예민한 이 아이들을 이런 곳으로 들여보내는 것은 더 커다란 악으로 가게 하는 함정이 아닐까……."

면회를 다녀온 한 사람이 다른 사내와 속닥거렸다.

"이거 한 개비에 만 원짜리 담배야. 들키지 않게 뺑기통(화장실)에 들어가서 해치워."

"어떻게 된 거야?"

"영치금에서 십만 원 빼 가기로 합의했지. 자식들이 따뜻한 물을 줘서 머리도 감았어. 담배 떨어질 때 신호만 보내면 다섯 개비 더 주기로 했어."

간수들이 종종 운동을 시킨다는 명목으로 우리 모두를 뒤돌아 앉게 하고 우리들 등 뒤에서 담배를 주고받는 암거래가 감방마다 성행했다. 간수와 결탁된 사람은 수시로 나가 따뜻한 물로 머리도 감고 담배도 피우고 심지어 집에서 가져온 불고기도 먹었다고 자랑하였다. 이런 불의가 음흉하게 진행되고 있는 모습을 본 대학생이 분노를 터뜨렸다.

"이럴 수가 있어요? 법을 지키지 않았다고 사람들을 가두는 사람들이 이렇게 불법행위를 하다니……."

유치장이라는 폐쇄된 곳에서 그들은 자기들이 휘두를 수 있는 칼을 휘두르면서 미끼를 던지고 있었던 것이다. 그 미끼는 때로는 갇힌 자의 욕망을 채워 주는 것이기도 했고, 때로는 다른 사람들이 누릴 수 없는 편의를 제공해 주는 것이기도 했다.

학생의 노골적인 불평을 듣고 있던 사내는 흥분된 어조로 학생을 향해 소리 질렀다.

"이봐, 독립투사 양반. 배웠다는 놈들은 끼리끼리 다 해먹고 있어. 피차 마찬가지 아니겠어?"

그는 목소리를 조금 낮추고 이야기를 이어갔다. 그 사내의 사연은 대충 이랬다.

어느 날 공장 일을 마치고 여자 친구와 함께 극장에 갔다. 신성일과 엄앵란 주연인 영화가 인기를 끌던 때라 극장 앞은 장사진을 이루고 매표소에서부터 까마득하게 줄이 늘어져 있었다. 몇 시간을 지루하게 기다렸으나 2회, 3회, 4회 공연이 지나도록 끝내 표를 구하지 못하고 돌아서야 했다. 많은 사람들이 암표를 사서 들어가는가 하면 얌체같이 새치기를 하여 들어가는 사람도 있었다. 그렇지만 그 사나이는 기

다리다 지쳐 화가 난 여자 친구를 겨우 달래어 다음날 다시 오기로 약속을 하고 돌아섰다.

어깨가 건장하고 주먹깨나 쓰는 자들이 설치고 있는 모습과, 얌체처럼 새치기하여 들어가는 모습이 눈에 띌 때마다 화가 치밀었지만, 자기 차례까지는 표를 살 수 있을 것 같아 못 본 척한 것이 분했다. 이튿날 그들은 좀 더 일찍 극장 앞에 나왔으나 이미 어제와 마찬가지 상황이 벌어져 있었다.

두 시간이나 기다리던 사나이는 저만큼 앞쪽에서 새치기하는 젊은 청년을 보자 참을 수 없어 그에게로 달려갔다. 그의 손을 잡고 줄에서 나가 달라고 큰 소리로 외쳤다. 그러자 젊은 청년은 사나이의 말이 떨어지기도 전에 다짜고짜 네가 뭔데 나서냐고 오히려 더 큰소리를 쳤다. 게다가 사나이는 실컷 얻어맞고서도 극장 옆 파출소로 끌려가야 했다. 상대방에서 그를 파출소에 집어넣고 전치 2주의 진단서를 첨부하여 고발했던 것이다. 실컷 두들겨 맞아 분통이 터지는 데다 고발까지 당하자 사나이도 인근 병원에서 3주짜리 진단서를 떼어다 맞고소를 했다. 합의가 이뤄지지 않아 사나이는 구속됐고 상대방은 구속되지 않았다.

사나이는 재판을 받을 때에 수의를 입고 수갑을 찬 채 판사 앞에 섰으나 불구속된 상대방은 양복차림으로 재판정에 섰다. 경찰서에서 첨부되었던 사나이의 진단서는 3주였고 상대는 2주였었는데 상대방의 진단서가 5주로 바꿔치기 되었다. 사나이는 진단서의 부당성과 그때의 상황을 설명하며 판사에게 억울함을 호소하였지만, 결국 판결은 상대에게는 벌금형이었고 사나이에게는 징역 1년이 선고되었다. 경찰이나 검찰은 그렇다 할지라도 판사만큼은 공정하게 해결해 줄 것으로 기대했다가 막상 1년 징역 판결을 받고 보니 사회에 대한 불신이 활활 타올랐다.

1년 동안 감방에서 썩고 사회에 나가니 세상은 완전히 변해 있었다. 함께 영화 구경 갔었던 여자 친구는 다른 놈팡이와 짝짜꿍이 되어 버렸고 3년간 하루도 빠짐없이 다녔던 직장은 그를 잊었다. 친구들도 겉으로는 웃으며 반가워하는 척했으나 그를 슬슬 피했다. 전과자로 낙인 찍혔으니 마땅한 일자리도 구할 수 없었다. 하는 일 없이 빈둥거리며 지내는 것이 몇 개월간 계속되자 심장이 뒤틀리는 울분이 차곡차곡 쌓여 갔다. 사나이는 결국 교도소에서 어깨너머로 배운 도둑질을 선택할 수밖에 없었고 한두 번 성공하다 보니 그 일에 재미가 붙어 결국 이런 곳을 안방 드나들 듯 하는 도둑이 되어 버린 것이다.

갑자기 밖이 소란스러웠다. 교회에서 온 사람들이 함께 빵을 철창 안으로 넣어 주고 있었다. 돌아온 탕자에 대한 설교가 있은 후 결심카드가 돌려졌고, 많은 사람들이 그 카드를 작성했다. 그때였다. 구석 감방으로부터 한 여자의 맑고 고운 찬송 소리가 흘러나왔다. 그 소리는 점점 감동적으로 울려 퍼지더니 어느새 묵직한 힘으로 감방 분위기를 압도했다.

"어느 민족 누구에게나 결단할 때 있나니 참과 거짓 싸울 때에 어느 편에 설 건가. 주가 주신 새 목표가 우리 앞에 보이니 빛과 어둠 사이에서 선택하며 살리라(찬송가 586장)."

찬송 소리의 주인공은 여대생이었다. 다른 방에 있던 대학생들도 합세를 했다. 찬송이 끝나자마자 그들은 구호를 외쳐 댔다.

"독재정권 물러가라. 군부독재 물러가라."

당황한 간수가 이방 저방 다니며 그들을 진정시키느라 정신이 없었지만 학생들은 구호를 계속 외쳤다. 급기야 수사과 간부가 뛰어와 큰 소리로 호통을 쳤다. 그 간부는 간수에게 욕설을 퍼붓고 나갔다.

잠시 후 내 손을 잡아 주었던 대학생이 내게 이야기를 시작했다.

넉넉지 못한 가정에서 태어난 학생은 어렵게 공과대학에 다니고 있었다. 그가 일류 대학 인기 학과에 입학했을 때만 해도 온순한 성격에 공부만 열심히 하는 학생이었다. 과외가 법적으로 금지되어 있었지만 학생들 중에는 몰래바이트로 학비를 마련하는 사람이 적지 않았다. 학생은 정부 고관 집에서 국민학교 5학년짜리를 맡아 달라는 제의를 받았다. 처음에는 경계심을 가지고 대했다. 상대가 과외를 하면 처벌을 하겠다고 서슬이 퍼렇게 외쳐 대는 정부 고관이었기 때문이다. 그러나 그 댁 사모님을 만난 자리에서 그러한 경계심은 말끔히 씻겨 나갔다.

"우리 애 잘 부탁해요. 서로 믿고 비밀을 지켜요. 일주일에 두 번, 올 때마다 두 시간씩 월 오십만 원 드리겠어요."

학생은 고관집에서 몰래바이트를 하며 어려움 없이 학업을 계속하던 중, 한 여대생을 알게 되었다. 유치장에 함께 붙잡혀 온 그 여대생이다. 그녀는 대학생들끼리 광명의 달동네에 작은 공부방을 차렸다. 쓰러져 가는 천막과 판잣집에서 공부할 곳이 없는 어린 학생들에게 교과서와 성경을 가르치고 있었다.

그녀를 따라 처음 공부방에 들어섰을 때였다. 추운 겨울인데도 고사리 같은 손으로 공부를 하고 있던 아이들 중에는 제대로 따뜻한 옷을 입고 있는 아이가 한 명도 없었다. 학생은 이들의 삶에 동참하면서부터 하루 벌어 생계를 이어 가는 사람들의 고달픈 생활과 올림픽이니 선진국이니 하며 떠들어 대는 매스컴과의 모순을 피부로 느꼈다.

과외를 끝내고 나오던 어느 날이었다. 큰 선물 꾸러미가 들어오고 있었다. 학생은 그 꾸러미를, 그 당시에는 가정부라고 불리던 도우미와 함께 창고로 운반했다. 지하 창고에는 갖가지 선물이 차고 넘쳤다. 학생의 놀라는 모습을 보고 가정부가 손가락으로 가리키는 한쪽 구석 커다란 상자는 고기, 생선, 과일 등등이 난잡하게 흩어져 있었다.

"이런 것 버리기 아깝지? 그냥 쓰레기통에 버린다구."

"왜 버려요? 없는 사람들에게 좀 나눠 주면 되잖아요."

"순진하기도 하지. 이런 걸 나눠 줬다고 소문나 봐. 잘못하다간 모가지라구. 그리고 이런 사람들이 이까짓 것 안중에나 있겠어? 수천만 원, 수억 원이 들어오는데……."

학생은 분노가 치밀었다. 세상은 불공평했다. 그는 힘없이 광명의 공부방으로 걸음을 옮겼다. 3학년 사내아이가 3일째 공부방에 나오지 않았다. 그는 걱정하며 찾아갔다. 그리고 그의 집 차디찬 방바닥 위에 작고 싸늘한 시신을 발견했다. 그 아이었다.

아이의 아버지는 3년 전 갑자기 쓰러졌으나 돈이 없어 병원 문도 제대로 두드려 보지 못하고 돌아가셨고 그 후에 어머니는 닥치는 대로 밑바닥 일을 해 왔다. 거리에서 생선 몇 마리를 놓고 팔다가 단속에 걸려 구류 처분을 받았다. 이를 모르고 어머니를 손꼽아 기다리던 아이가 혼자 앓아누워 변을 당하고 만 것이다.

그 뒤로 한동안 학생의 머릿속에는 자기가 가르치는 고관집 5학년 학생의 모습이 떠올랐다. 그 부류의 아이들은 과외 선생이 적게는 세 명에서, 많은 사람은 6, 7명이나 됐다. 중학교에서 배울 수학 과목 선생이 있는가 하면 영어 선생도 있고 그 밖에 피아노, 바이올린, 첼로 등의 음악과 미술 과목의 지도비로 나가는 돈만 해도 한 달에 5백만 원에서 천만 원을 육박하였다. 게다가 예능 과외는 집에 와서 가르치는 선생과 한 달에 한두 번 찾아가 레슨을 받는 일류 교수가 따로 있었다.

어디 그뿐인가! 아이들 씀씀이도 이루 말할 수 없을 정도였다. 가방, 학용품, 옷 등 모든 것들은 웬만한 집 살림살이보다 더 값이 나갔다. 스키를 몇 개씩 가지고 있었으며 생일이 돌아오면 코미디언과 밴드를 부르는 데에 기백만 원씩 거침없이 썼다. 서울이라는 조그마한 땅덩

어리 안에서 엄청난 모순이 벌어지고 있다는 것을 체험한 것이다.

공부는 무엇을 위해 하는가, 대학은 뭐고 돈이란 대체 무엇인가! 그가 심각한 갈등에 빠져 혼자 열병을 앓던 어느 날, 새로운 결단을 내렸다. 학생은 자신의 비열한 행동을 후회했다. 과외 금지조치를 어기는 자는 엄벌에 처하겠다고 호통 치던 장본인들은 정작 뒷전에서 남몰래 불법을 자행하고 있는데 몇 푼의 돈 때문에 그들과 야합했던 자신이 저주스러웠다. 부도덕한 정권을 몰아내야 한다고 결심을 굳히게 되면서 각종 데모에 앞장섰다.

"아저씨, 저는 대학을 졸업하지 못해도, 먹고 살 직장이 없다 해도, 감방에서 죽는다 해도 저는 후회하지 않아요."

취침 시간은 밤 8시였다. 어제와 달리 모든 사람들이 담요를 4장씩 두툼하게 깔고 3장씩을 덮고 잠자리로 들어갔다. 그런대로 훈훈했다. 내가 기도하는 모습을 보고 내 왼편에 누워 있던 택시강도가 신음 소리를 내며 내 쪽으로 돌아눕더니 내 무릎을 흔들었다.

"아저씨, 저 위해 기도 좀 해 주세요. 무섭고 떨려 죽겠습니다."

절박한 목소리였다. 나는 기도하기 시작했다.

"주님, 우리가 세상을 살다 잘못하여 이곳까지 왔습니다. 삶에 찌들어 헤매다 죄를 짓고 말았습니다. 지금 우리는 두려움으로 떨고 있습니다. 우리 죄를 위해서 그리스도께서 십자가에서 피 흘려 돌아가셨음을 믿습니다. 그 피로 우리 죄를 씻어 주옵소서. 여기 한 형제를 위해 간절히 기도드립니다. 순간적으로 잘못을 저질렀사오니 용서하여 주옵소서. 하나님 아버지께서 이 형제의 모든 일을 다 알고 계심을 믿사오니 잘못을 불쌍히 여기시고 용서하여 주옵소서. 이 형제가 다시는 죄에 빠지지 않게 붙들어 주옵소서. 불안과 초조 속에서 떨고 있는 이 형제에게 평강을 주옵소서. 이곳에서 어려움을 당할 때 감당할 힘을 주시고 합당한 죄의 대가를 받도록 은혜 내려 주옵소서. 사회에 돌아가서 새 삶을 살게 하옵소서."

그는 예배를 드릴 때 찬송과 말씀이 자기의 마음을 녹였다고 고백했다. 하나님께서 그를 긍휼히 여기셨음에 틀림없었다. 바울은 씨를 뿌리고 아볼로는 물을 주었으나 기르시는 이는 하나님이라고 하셨던 것처럼, 목사님과 성도들이 말씀으로 씨를 뿌리고 찬양으로 물을 주었더니 하나님께서 연약한 택시 강도에게 믿음의 싹을 움트게 하고 계셨던 것이다.

'고마우신 하나님, 아버지의 긍휼은 정말 크고도 크오니 홀로 영광 받으옵소서.'

담요 속에 깊숙이 몸을 넣고 가족과 회사 생각으로 걱정하고 있는데 대학생이 또 말을 걸어왔다. 못마땅한 목소리였다.

"하나님이 계시다고요? 세상은 불의가 판을 치고 있지 않습니까? 더럽고 추한 방법으로 돈을 끌어 모아 부자가 되고 사람 목숨을 죽이면서 권력을 잡는 놈들이 있는데 하나님은 도대체 무슨 하나님입니까? 일제 앞잡이였던 놈들이 해방 후엔 이승만 정권에 붙었다가 정권이 바뀔 때마다 온갖 부와 권력을 누렸지 않습니까? 또 그 후손들은 호의호식하고 있습니다. 근데 정직하게 살아온 국민들은 밑바닥 생활을 하는가 하면 빈부 차이는 하늘과 땅만큼 벌어졌는데, 하나님이 계시다면 부도덕하고 정의롭지 못한 사회를 왜 그대로 두십니까? 아저씨도 말씀하셨죠. 왜 악한 사람들은 세상에서 건강하고 떵떵거리며 사는데 하필이면 아저씨가 눈이 안 보여야 되냐고 말입니다. 아저씨가 금식을 한 것도, 옆에 있는 저 친구가 우는 것도 다 자신의 처한 상황이 비참해서 누군가에게 의지하지 않고는 견딜 수 없어 맹목적으로 하나님을 찾는 거란 말입니다. 하나님이 있다면 왜 아저씨를 망하도록 버려 두고 이런 곳에 오게 하나요?"

나는 학생의 손을 꼭 쥐었다.

"나도 한 때 학생과 똑같은 생각을 했지. 좀 더 내 얘기를 들어 보지 않겠나? 가끔 나는 개미를 생각해 본다네. 어렸을 때 동네 개구쟁이들과 뒷동산에 올라가 개미싸움을 하곤 했지. 개미가 기어 나오지 못할 만큼 깊은 구덩이를 파고 구덩이와 구덩이 사이를 나뭇가지를 연결하는 거야. 각각 자기 구덩이에 개미들을 잡아넣고 서로 자기편 개미를 응원하지. 개미들은 나무줄기를 타고 올라가 서로 물고 뜯으며 싸우는데 크고 검은 개미가 붉은 개미의 머리를 잘라 버리는가 하면, 붉은 개미가 검은 개미의 허리를 물어 두 동강이 난 검은 개미가 땅바닥으로 떨어지기도 하지.

그 당시에는 후퇴하지 못한 공산당이 덕유산에 진을 치고 있다 밤만 되면 마을에 내려와 전투경찰과 맞붙었는데, 그때 내가 생각한 건 전쟁도 개미 싸움과 다를 바 없다는 거였어. 전쟁이 지나가고 갖가지 문화가 꽃 피었지만 나는 그 문화를 개미와 비교해 생각해 보곤 했지. 개미들의 세계 속에서 만약 인간들의 세계를 얘기할 수 있는 개미가 있다면 과연 다른 개미들이 믿을 수 있을까. 텔레비전을 보고 비행기를 타고 달나라를 가는 사람들의 삶과, 그 사람들이 살고 있는 지구의 크기, 우주에는 셀 수도 없을 만큼의 별이 있다는 사실을 이야기하는 개미가 있다고 해도 다른 개미가 이해할 수 있을까. 개미가 인간을 감히 헤아릴 수 없듯 인간이 어찌 신을 헤아릴 수 있겠어. 이런 맥락에서 나는 대자연의 섭리에 비해 인간이 얼마나 미미한가를 생각해 봤지. 하지만 이런 생각들도 나의 상념일 뿐이야. 기독교는 체험의 종교라고들 하지. 나 역시 동감해. 나도 직접 체험했으니까. 하나님에 대해 말로만 듣고 머리로만 생각해 왔던 이론과 지식에서 벗어나, 실제적이고도 경험적으로 나에게 오신 하나님을 접했지. 나도 학생과 똑같이 하나님의 존재 자체를 부인했던 사람 중 하나였다구."

학생은 호기심에 가득 차 이야기를 듣고 있다가 한마디 내뱉었다.

"아저씨, 아주 푹 빠지셨군요."

"그럼 푹 빠졌지. 학생도 이번 기회에 한번 푹 빠져 보라구."

이때 유치장으로 몇 사람이 들어왔다. 우리는 숨을 죽이고 철창 밖의 상황에 귀를 기울였다. 그들도 우리가 당한 과정을 그대로 당한 후 우리 방으로 두 사람이 들어왔다. 그들이 가져온 4장의 담요를 더 덮으니 어젯밤과 오늘밤은 천국과 지옥만큼 차이가 있었다.

유치장에서 구치소로

사람들은 하나둘 잠자리에서 일어나 새삼스레 깊은 한숨을 내쉬었다. 밤을 지새운 우리도 일어날 수밖에 없었다. 학생은 아침식사를 마치자 다른 사람들과 함께 송치되어 갔나.

"아저씨! 건강하세요. 언젠가 다시 만나 아저씨 얘기 더 듣고 싶어요."

"학생, 그동안 도와줘서 고마웠어. 학생에게 내가 만난 하나님을 보여 주지 못해 정말 아쉬워. 부디 몸조심하고 성경을 꼭 읽어 보도록 해요. 놀라운 사실들을 발견하게 될 거예요."

"아저씨가 그렇게 권하시니 한 번 읽어 보겠어요. 그럼 안녕히 계세요."

그 학생은 사람들에게 몇 번이나 나를 신신당부하면서 떠났다. 나는 백년지객을 잃어버린 듯 섭섭하고 허전했다.

유치장으로 넘어온 지 일주일 되는 날, 나도 송치자 명단에 끼었다. 수갑이 채워지고 밧줄에 묶인 채 호송차에 올라탔다. 호송차가 법원에 도착하자 우리는 비둘기장이라고 불리는 방에 분산되었다. 다른 경찰서로부터 온 사람들이 속속 들어와 소란스러웠다. 방 안은 차가운 마룻바닥으로, 벽 꼭대기에 창문이 뚫려 있고 그곳으로 싸늘한 바람이 들어왔다. 자리를 잡고 앉으려 했으나 바닥이 너무 차가워 웃옷을 벗어 발을 감싸기도 하고 얼굴을 덮기도 했다. 몸이 얼어붙는 것 같았다.

사람들은 검사실에 한 사람씩 불려 나가 어떤 이는 20분 만에, 어떤 이는 한 시간 넘게 조사를 받고 돌아왔다. 내 차례가 왔다. 방에 들어오기 전에 풀렸던 수갑이 다시 채워졌다. 밧줄에 묶인 채 검사실로 향했다.

계단을 넘어질 듯 걸어올라 겨우 검사실에 도착했다. 검사 서기는 싸늘한 음성으로 경찰 조사에서와 같은 내용을 물었다. 묻는 말을 다 시인하였기 때문에 조사는 간단히 끝났다. 검사와 검사 서기는 그저 업무적으로 조사를 끝냈을 뿐 맹인이라는 것에 호기심을 갖지 않아 오히려 편했다.

조사가 모두 끝나자 나는 구치소로 호송되었다. 구치소는 신병훈련소와 같이 우리가 차에서 내리자마자 한 사람을 골라 본때를 보여 주듯 사정없이 때리며 겁을 주었다. 그리고 계속 쭈그려 앉혀 놓고선 엉거주춤하면 욕설을 퍼부으며 발길질을 하였다. 소지품과 옷가지를 영치하고 일사천리로 수의로 갈아입었다. 색깔 있는 속옷이 허락되지 않아 수의만 걸쳐 입은 나는 온몸이 추위로 바들거렸다. 백여 명의 미결수를 모아 놓고 교도관은 연설을 시작했다.

"지금부터 여러분은 자유를 박탈당합니다. 이름도 박탈당하고 인격도 박탈당합니다. 방금 나누어 준 번호가 여러분 이름을 대신할 것이며 교도관의 지시에 불응하거나 반항할 땐 거기에 상응하는 벌로 다스릴 겁니다. 한두 가지 예를 들면 꽁꽁 묶인 채로 독방에 갇혀 개처럼 밥그릇을 핥아 먹는 경우가 있으며 아가리를 지퍼로 채워 입을 열지 못하게 하는 등, 수십 가지 벌칙이 있으니 명심하기 바랍니다. 혹시 만에 하나 탈출하려고 담을 넘기라도 한다면 담을 오르기도 전에 M16 소총으로 뱃대지가 벌집처럼 빵꾸날 것입니다."

우리들은 각기 감방으로 배정받았다. 나는 유치장에서 함께 있었던 한 사람과 함께 2층의 구석진 8동 上9방에 배정되었다. 그 과정을 거치는 동안 자정을 넘겼다. 교도관이 철커덩 소리를 내며 문을 열었다. 그곳에는 미결수들이 잠을 자고 있었다. 나를 포함한 네 명이 주춤하고 있을 때 한 사람이 나직이, 위협적인 목소리로 말했다.

"우리 형님 신경이 예민하셔. 조용히 알아서 적당히 자. 바스락거리는 소리라도 나면 내일 아침에 골로 가는 줄 알고."

숨도 제대로 쉬지 못하고 머뭇거리며 담요를 덮고 누웠다. 반듯이 누워 자기에 비좁아 옆으로 누웠는데도 꼭 끼어 숨이 막혔다. 누군가 답답했는지 바스락거리며 일어나 앉았다.

"어떤 새끼야! 죽고 싶어 환장했어? 꼼짝 말고 자라고 했잖아!"

나는 몸을 움츠린 채 부들부들 떨면서 숨을 죽이고 하룻밤을 보냈다.

수감 병동

이튿날 아침 식사를 하는 둥 마는 둥 추위에 떨고 있는데 전방자 명단에 내가 끼어 있었다. 나는 장애인들이 갇혀 있는 병동 上2방으로 옮겨졌다. 병동의 1층은 복도를 경계로 한쪽은 치료실이 있었고 한쪽은 일반 환자들이 수감되는 네 개의 방과, 정신이상자들이 수감되는 두 개의 방, 그리고 의사와 교도관이 쓰는 사무실이 있었다. 2층은 모두 아홉 개의 방이 있는데 세1방은 고령자 방으로서 나이든 이들이 수감되어 있었고 제2, 제3, 제4방은 장애인 방이었고 5방은 피부병 환자들이 있는 방이었다.

나는 악몽과 같은 기소 대기방을 벗어나 장애인 방으로 옮겨 가는 것이 홀가분했다. 장애인들과 함께 있게 되는 것이 안도감을 갖게 했다. 같은 장애인들이니 나를 도와주지 않겠는가? 병동 2층에 인도되어 교도관 책상 앞에 섰다. 교도관 책상 옆에 난로가 놓여 있었다. 나는 너무 추워 나도 모르게 난로 가까이로 몸을 움직였다. 그때 옆에서 누군가 소리를 질렀다.

"이 새끼 봐라. 신입이 겁대가리가 없군. 이리와……."

그는 얄밉게도 난로 반대 방향으로 나를 끌고 가 앉혔다. 바람이 쌩쌩 온몸을 사정없이 파고들었다. 나는 몸을 움츠리며 부들부들 떨었다. 교도관은 간단히 죄명을 묻고는 2방 철창문을 따면서 방 쪽을 향해 소리를 질렀다.

"어이 2방! 짐짝 받아라."

떠들썩하던 방이 조용해지더니 내가 방으로 더듬거리며 들어서자 날카롭게 쏘아붙이는 소리가 내 귀를 때렸다.

"눈먼 장님을 우리 방으로 보내면 어떡해?"

부풀었던 나의 기대는 무너졌다. 엉거주춤 서 있는 나를 보고 봉사원(감방장)이 낮은 소리로 말했다.

"이봐! 오 씨! 이 사람 저 변소 옆, 정 씨 옆에 앉혀!"

오 씨는 내 손을 끌고 맨 구석 변소 옆에 데려가 앉혔다. 창자가 뒤틀리는 냄새가 확 풍겼다. 게다가 바깥 영하 22℃의 한파와 함께 불어오는 찬바람을 홑껍데기 수의복만으로는 감당할 수 없었다.
추위에 오들오들 떨고 있는 내게 한 청년이 다가와 말을 건넸다.

"아저씨! 이름이나 압시다."

"안일권입니다."

"나이는 얼마나 됐습니까?"

"사십입니다."

"나는 김XX입니다. 나이는 27세고요. 나는 배식반장입니다. 원래 나이에서 20살 내리세요. 이제부터 아저씨 나이는 20세입니다. 그리고 지금부터는 안 씨라고 부르겠습니다. 안 씨한테 반말을 해도 내가 일곱 살이나 위니까 상관없겠지요. 안 씨 알았지?"

나는 공손히 알겠노라고 대답했다. 이 무지한 녀석이 아차하면 무슨 짓을 할지 모른다고 생각하며 쩔쩔맸다.

"오가야! 구석에 있는 두 번째 빽에서 내복 한 벌 꺼내 안 씨 입혀라! 불쌍해서 못 보겠다."

오 씨는 내게 내복을 내밀면서 한쪽 구석에서 갈아입도록 했다. 수의를 벗고 내의를 입으려는 나에게 오 씨가 소곤거렸다.

"아저씨! 방금 그놈 조심하세요. 악질 중에서도 악질입니다."

나는 그 말에 놀라면서 그러고도 남을 것 같다는 생각이 들었다. 내의를 껴입자 비록 헌 내의였지만 한결 따스함이 느껴지며 고마운 마음이 들었다.

"배식반장님이라고 하셨죠. 정말 고맙습니다."

그는 인사치레를 하는 내 말을 되받았다.

"고마울 것 없어. 접견 오면 몇 배로 갚으면 돼! 인간은 은혜를 아는 동물이니까 안 씨도 은혜를 갚도록 해!"

나는 내 자신이 생각해도 비위가 상할 정도로 아첨 섞인 목소리로 대답했다.

"네. 꼭 은혜를 갚겠습니다."

추위에 벌벌 떨다가 뜻밖의 호의를 받으니 한결 마음이 편안해졌다. 옆에 앉아 있는 정 씨에게 가벼운 마음으로 말을 걸었다.

"아저씨, 우리 인사나 하지요."

"이봐 안 씨! 누가 당신더러 말 걸라고 했어. 신고하기 전까지 찍소리도 하지 마!"

저편에서 배식반장이 소리를 꽥 질렀다. 초조하고 불안한 마음이 더해 왔다. 나는 정좌를 한 후 두 손을 모으고 기도를 시작했다. 예상한 대로 여기저기서 비웃음과 조롱을 해 댔다.

"기도 집어쳐! 신입 신고도 하지 않은 자식이 제멋대로야."

나는 어느새 슬그머니 두 손을 내려놓고 말았다. 그저 몸을 똑바로 한 채 앉아 있으려니 허리가 쑤시고 다리가 저렸다.

나는 밤이 돼서야 신고를 했다. 방 안의 사람들을 빙 둘러앉히고 공포 분위기를 조성하면서 나를 가운데로 앉혔다. 배식반장이 신고 요령을 간단히 설명했다.

"본적, 현주소, 이름, 생년월일, 가족 관계, 학력, 죄명, 들어오게 된 동기들을 차례로 순서가 틀리지 않게 대답해! 더듬거리거나 순서 틀리면 각오하라고……."

나는 차분하게 차례차례 신고를 시작하여 죄명이 부정수표이며 부도가 나서 들어오게 됐다고 했다. 자기들끼리 쑥덕거리기 시작했다.

"부도가 얼마나 났소?"

"당좌만 1억 2천입니다."

"내가 7천만 원 사기로 들어왔는데, 나보다 더 액수가 많아?"

자기가 가장 큰 액수의 범죄를 했다고 자랑해 왔던 배식반장은 고깝다는 듯 말했다. 그때까지 말이 없던, 사십이 넘은 봉사원이 입을 열었다.

"면회 올 사람은 있겠지?"

"예. 있습니다."

"누구누구지?"

"아내가 올 것이고, 형제들과 친구들이 올 겁니다."

"그래! 안 씨, 내 말 잘 들어. 이 방 식구는 스물한 명이야. 여기는 안 씨처럼 앞을 보지 못하는 사람부터 갖가지 병신들이 모여 있어."

그는 제법 그럴듯하게 장황한 설명을 했다.

"그래서 말야, 감방 안에는 규율이 필요하고 각자 맡은 책임이 있어. 좋든 싫든 떠날 때까지는 동고동락하면서 살림을 꾸려야 해. 스물한 명이 있지만 이 방 사람들 대부분 개털이야. 면회 오는 사람들이 다섯 명도 안 돼. 사람들은 많고 필요한 것은 많은데 말야. 치약, 비누, 휴지 등 생필품으로부터 수시로 먹는 간식까지 많은 것이 필요해. 특히 안 씨는 앞을 못 보기 때문에 우리들 중 좀 성한 사람 하나를 붙여 줘야 하는데, 이 방을 위해 협조를 해 줘야겠어."

나는 두말할 나위 없이 그러겠노라고 했다.

"야! 우리 방도 오랜만에 범털 하나 들어와 좀 형편이 피겠구나."

깡패처럼 굴던 배식반장도 수그러지면서 내 자리를 두 자리나 격상시켜 주려고 했다. 나는 진심으로 사양했으나 그는 이곳의 법을 따라야 한다며 좀 더 편한 곳으로 자리를 옮겨 주었다.

그러나 며칠이 지나도 애타게 기다리던 접견은 오지 않았다. 차디찬 냉소와 함께 또 다시 변소 옆자리로 쫓겨났다. 그 자리는 바람이 새어 들어와 몹시 추웠으며 악취로 고통스러웠다. 또한 매우 비좁아 옆으로 누워 칼잠을 자야 했다. 우리와는 대조적으로 봉사원과 배식반장의 잠자리는 바다처럼 넓었다. 나는 옆으로 누워 기도했다. 가족들이 몹시 걱정스러웠다.

참을 수 없는 추위 속에 접견을 고대하며 며칠을 초조하게 보냈다. 그러나 열흘이 지나도 아무도 면회 오지 않았다. 나는 옆의 정 씨와 말을 주고받기 시작했다.

우리 방의 조직과 일상

아침에 일어나면 순서대로 양치질과 세면을 했고 점호를 받았다. 그리고 아침식사가 올 때까지 스피커에서는 간단한 정부 홍보용 뉴스와 음악이 흘러나왔다. 모두들 우두커니 앉아 식사를 기다리며 잡담을 했다. 나는 식사가 오기 전 약 1시간 정도를 기도 시간으로 작정하고 기도했다. 내가 다시 기도를 시작하자 약간 소란이 있었지만, 기도하는 것까지 간섭해서야 되겠느냐고 누군가 역성을 들어 주어 자연스럽게 기도를 계속할 수 있었다.

이 방의 조직은 이러했다. 한 명의 봉사원이 우두머리였고 그 밑에 배식반장이 있었다. 이 배식반장은 다섯 명의 배식원을 거느리고 있었다. 배식원들이 하는 일은 식사를 하기 전 플라스틱 식기들을 깨끗이 닦아 배식반장이 공급하는 음식을 받아 준비를 하는 것이다. 식기는 행주로 한번 닦은 뒤 각각 다른 통의 물로 헹구고 다시 마른행주질을 했다. 이곳에서는 철저한 위생 관리를 강조했기 때문이었다. 밥은 기계로 찍어낸 가다밥으로, 콩밥이었으며 국과 서너 가지 반찬이 함께 나왔다.

이 모두는 유치장에 있을 때보다 훨씬 좋았다. 식사는 마루 위에 비닐을 깔고 앉아서 먹었는데 주로 세 그룹 또는 네 그룹으로 무리를 지어 먹었다. 배식 그룹은 자기들끼리 좋은 음식을 다 가져가고, 소위 개털그룹은 부스러진 밥과 맹물, 남은 국, 반찬찌꺼기로 식사를 해야 했다. 식사가 끝나면 배식원들이 식기를 거두어 갔다. 한 사람은 음식찌꺼기를 닦고 또 한 사람이 받아 세제로 닦으면 다음 사람은 물로 헹궈 넘겨주고, 또 그것을 받아 물로 헹궈 건네면 마지막으로 마른행주질을 하면 끝이 난다.

그날그날 재판을 받거나 검사에게 나가 조사를 받는 사람들이 한둘 있었다. 나머지는 정해 준 자리에 앉아 잡담을 하는 것이 전부였다. 그리고 식사가 끝나면 접견 시 들여보내 주었거나 영치금으로 산 사탕을 두 개씩 나누어 주었다. 그것도 배식원이 나누어 주었는데 사탕

종류 때문에 다투기 일쑤였다. 11시쯤 되면 빵이나 건빵이 간식으로 나왔다.

위생에 대해서는 철저하여서 러닝과 팬티는 3일에 한 번, 내복은 일주일에 한 번씩 갈아입어야 했다. 매일 변소에서 빨래를 했고 이틀에 한 번씩 머리를 감아야 했다. 철장 밖에서 일하는 소지들에게 상납을 하면 따뜻하고 많은 양의 물을 주었으며 밥도 음식도 마찬가지였다. 이러한 까닭으로 봉사원과 배식반장은 속칭 '정치'를 잘해야 했다.

방 안에 있는 한 사람 한 사람의 신상을 파악하여 범털과 개털을 구별해 내고, 때로 위협하고 때로 호소하면서 이 '장애자 공화국'을 이끌어 가는 것이다. 소지를 통해 간단한 음료수나 우루사 또는 우황청심환 등을 교도관에게 상납하는 감방은 좀 길게 누워 있을 수도 있고, 좋은 음식과 따뜻한 물 등의 혜택을 받을 수 있었다. 이런 방은 감방생활 속에서도 나름대로 좀 더 나은 생활을 하는 것이다.

가끔 우리 방 봉사원과 배식반장은 큰소리를 쳤다.

"다른 방들은 배가 고파 난리들이다. 우리 방에 배고픈 사람 있으면 말해 봐! 그래도 우리가 이 정도 하니까 너희가 배곯지 않고 따뜻한 물로 세수하고 머리도 감는 거야. 다른 방에 물어봐라. 배고픈 것은 말할 것도 없고 찬물로 머리 감고 세수하고 있어."

그들은 모든 것이 좋은 것처럼 말했지만, 사실상 접견 시 들어온 버터와 고추장 등은 모두 자기들이 차지했다. 더욱이 내 옆에 있는 정 씨에게는 다 나누어 주는 사탕과 빵 등의 간식도 주지 않았다. 이유인즉 저쪽 지방 출신인 데다가 개털이었고, 잠을 자는데 쭈그리고 자서 옆 사람들에게 불편을 주며, 양말을 신고 자니 비위생적이라는 것이었다. 그는 53세였는데 열일곱 된 세파란 아이가 정 씨에게 반말을 하기도 하고 때론 사정없이 욕을 했다.

정 씨는 한쪽 눈만 보지 못하기 때문에 생활에 큰 불편이 없었으나,

빨래할 때나 옷을 갈아입을 때 구박을 받았다. 정 씨는 나처럼 몹시 추위를 탔다. 너무 추워 양말을 신지 않으면 잠을 이룰 수 없었다. 정 씨의 고통은 짐작하고도 남았다. 나는 슬그머니 빵을 정 씨에게 건넸다. 그러나 곧 불호령이 떨어졌다.

"안 씨! 여기가 당신 안방인줄 알아? 징역 사는 곳이야 징역 사는 곳! 당신 마음대로 할 수 있는 곳이 아니야! 먹기 싫으면 배식반장에게 반납할 것이지 왜 줘? 계속 그러면 안 씨도 배급을 중단시키겠어!"

나는 빵을 잽싸게 돌려받았다. 그들의 행동에 분개했지만 어쩔 수 없었다.

기구한 사연들

크리스마스가 지나고 아내가 접견을 왔다. 나는 원망스러운 마음으로 아내를 만났다. 아내는 나를 보자마자 울음을 터뜨렸다.

복도 지지리 없는 사람, 하필 나 같은 놈을 만나 별 고생을 당하고 사는구나 생각하니 가련하기 짝이 없었다. 대학 시절 친구 애인의 소개로 만나 자존심 많고 콧대 높은 그 오만함을 꺾어 버리겠노라며 만나다 사랑에 빠졌고, 우리는 김포와 최전방을 오가며 사랑의 꽃을 피웠다. 눈길에 미끄러져 뒹굴었던 일, 애타게 기다리던 러브레터, 이 핑크빛 편지들은 우리의 마음을 묶어 주었고 제대하자마자 곧 결혼을 했다.

접견 시간은 3분이었다. 아내의 울음소리에 멍하니 서 있던 나는 감방을 나올 때 내 뒤통수를 향해 주문했던 것들이 떠올랐다.

"저……."

입이 떨어지지 않았다. 그러나 말하지 않을 수도 없었다.

"여보, 여기선 사탕을 먹어야 해. 휴지도 필요하고. 빠다와 고추장이 있어야 밥을 먹을 수 있어. 영치금도 넣어 주면 좋겠어."

"더 필요한 것 없어요?"

"점자 성경을 좀……."

시간이 끝났음을 알리는 벨이 울렸고 나는 아쉬움을 간직한 채 뒤돌아섰다.

아내가 다녀간 후 방 분위기는 확 달라졌다.

"마누라가 면회 올 거라고 큰소리치더니 오긴 누가 와! 신발 거꾸로 신고 달아난 모양이지."

"1억 2천 부도가 나? 부도는 무슨 부도. 눈 병신 주제에 사업은 무슨 사업을 했겠어?"

한마디씩 툭툭 던졌던 뼈아픈 말들은 사라졌다. 그럴 때면 나는 한구석에 풀이 죽어 말없이 기도만 하지 않았던가. 아내가 밍크담요와 솜옷을 넣어 주어 그날부터 추위에서 해방된 기쁨을 만끽했다. 이튿날 여동생과 학교 반 대표가 다녀가, 우리 감방에는 사탕, 빵, 고추장, 버터가 쌓였고, 과일과 삶은 계란 등을 사 먹기도 했다. 나를 조롱했던 사람들이 부드럽게 대해 주면서 후한 대접을 받았다. 나는 이런 분위기를 틈타 용기를 내어 정 씨에게도 음식을 공평히 나누어 줄 것을 제의했다.

"먹을 거 가지고 사람 차별해서야 되겠습니까? 정 씨도 똑같이 먹도록 해 줍시다."

봉사원은 지난번과 달리 부드럽게 말했다.

"안 씨! 그동안 정 씨가 한 짓 알죠? 위생을 철저히 지키도록 되어 있는데, 몇 번이나 주의를 주어도 양말을 신고 자잖아요? 빨래도 제때 하지 않고."

여기저기에서 찬성과 반대하는 소리가 엇갈렸다. 전과가 많은 이들로 구성된 배식반원들이 주로 반대하면서 규칙대로 해야 한다고 주장했다.

“정 씨는 굶겨야 하는데 많이 봐주는 거야. 저런 치들 그냥 놔두면 방을 엉망으로 만들 거야.”

나는 조심스럽게 말했다.

“지금까지 여러 날 벌칙을 받았으니 봐 주시죠. 나도 정 씨 옆에서 잠을 자 보니 발이 시려 잘 수 없더라구요. 이제 밍크담요가 들어왔으니 양말을 벗고 자도 될 겁니다.”

봉사원과 배식반장이 속닥거리더니 결론을 내렸다.

“우리 방에 많은 음식을 공급하는 안 씨가 간청하니 이번만 받아들이기로 결정 봤소. 그 대신 안 씨는 접견 올 때마다 알아서 잘하구려.”

그날부터 나는 정 씨와 친해졌다. 저녁 식사가 끝난 뒤 나는 정 씨에게 슬며시 말을 건넸다.

“정 씨 아저씨, 교회에 나가 본 적 있어요?”

“교회요? 어렸을 때 시골 살면서 크리스마스 때 친구들 따라 몇 번 가 본 게 전부입니다.”

“이 사람들이 아저씨를 멸시하지만 하나님께서는 그렇지 않으십니다. 하나님 믿는 사람은 다 사랑해 주시고 모든 일을 해결해 주십니다. 아저씨, 나하고 오늘 밤부터 예배드리지 않겠어요?”

정씨는 머뭇머뭇하면서 말했다.

“안 씨, 예배 보다가 저놈들한테 무슨 봉변을 당하려고 그래요? 생각도 마세요.”

나는 일부러 오 씨를 크게 부르며 성경책을 가져다 달라고 부탁했다. 오 씨가 성경책을 가져다주면서 한마디 툭 던졌다.

"나한테 읽어 달라곤 하지 않겠죠?"

"오늘부터 정 씨 아저씨와 함께 예배를 드리기로 했어요."

내 말을 듣고 곁에 있던 몇몇 사람들이 비아냥거렸다.

"정 씨가 예배를 보는 것은 안 씨가 잘해 주니까 할 수 없이 하는 거야."

그랬다. 며칠 동안 보여 준 나의 호의 때문에 내 간청을 들어주게 된 것이다. 나는 간절하게 기도했다.

"하나님 아버지, 이곳에서 처음으로 예배를 드립니다. 초라하고 보잘것없지만 기쁨으로 받아 주시고, 이 방의 모든 사람들이 주님께 돌아올 수 있게 하소서. 많은 사람들로부터 멸시를 받으며 외롭게 추위에 떨고 있던 우리 정 씨 아저씨를 불쌍히 여기셔서 방 안의 모든 사람들과 화목하게 하시고 어려운 생활 속에서도 주님을 만날 수 있는 귀한 시간 되게 하옵소서."

내 목소리가 퍼져나가자 잡담으로 떠들썩하던 방 안이 조용해졌다. 그때 60세가량의 두 다리를 못 쓰는 한 사람이 비웃으며 말했다.

"예수 믿는 새끼들 다 위선자야!"

그는 자기가 당한 일들을 이야기하였다.

교통사고로 두 다리를 못 쓰게 되어 죽고 싶은 심정으로 매일매일 술로 보내고 있는데, 하루는 교회에서 전도사가 왔다. 천사 같은 얼굴로 교인들이 찾아와 교회에 나가기로 했다. 집사와 장로가 차를 가져와 손수 업어 차에 태우고 교회로 데리고 갔다. 교회가 2층에 있었는데 땀을 뻘뻘 흘리며 셔츠를 구기면서까지 업어 교회 의자에 앉혀 줄 때에는 고마워 눈물도 흘렸다. 찾아오던 친구들과 친척들도 시간이 지나면서 끊어지고 외로움으로 세월을 보내고 있을 때였기 때문이다. 교인들이 찾아와 기도하고 찬송을 해 줄 때, 새로운 삶을 사는 것처럼

기쁘고 좋았다. 그러나 그렇게 열성적이던 사람들도 무더운 여름이 오자 슬슬 피하기 시작했다. 처음에는 주님의 사랑을 실천한다고 의욕적으로 덤벼들었으나, 날씨가 더워지면서 시들해졌다. 그는 교회에 가고 싶어도 갈 수 없는 신세가 되자 배신감에 몸을 떨었고, 술로 시간을 보내며 세간살이를 부수는 등 포악해졌다. 그러던 어느 날 그는 친구에게 술주정을 하다가 술병을 집어던져 상처를 입히고 감방으로 들어왔다.

그는 흥분하며 말했다.

"기도하려면 혼자 속으로 해. 기도 소리만 들어도 창자가 뒤틀리니까."

얘기가 끝나자 여기저기서 한마디씩 터져 나왔다.

"우리 같은 병신들은 교회에 가도 좋아하질 않아. 병신이 오면 다른 사람들에게 은혜가 안 된다나. 목사들도 눈초리가 싫어하는 것 같아 나도 교회에 나가다 집어치웠어. 믿음이 적어 병이 낫지 않는다고 하더군. 예수쟁이들끼리 복 받고 잘 먹고 잘 살라구그래! 그런데 안 씨는 왜 예수 믿는데 눈 못 떠?"

나는 몸 둘 바를 몰랐으나 힘을 내어 정 씨에게 시편 1편을 큰 소리로 읽어 달라고 했다. 정 씨는 처음에는 죽어 가듯 작은 목소리로 읽었으나, 내가 좀 더 크게 읽어 달라고 하자 제법 큰 소리로 읽어 내려갔다.

"복 있는 사람은 악인들의 꾀를 따르지 아니하며 죄인들의 길에 서지 아니하며 오만한 자들의 자리에 앉지 아니하고 오직 여호와의 율법을 즐거워하여 그의 율법을 주야로 묵상하는도다. 그는 시냇가에 심은 나무가 철을 따라 열매를 맺으며 그 잎사귀가 마르지 아니함 같으니 그가

하는 모든 일이 다 형통하리로다 악인들은 그렇지 아니함이여 오직 바람에 나는 겨와 같도다 그러므로 악인들은 심판을 견디지 못하며 죄인들이 의인들의 모임에 들지 못하리로다 무릇 의인들의 길은 여호와께서 인정하시나 악인들의 길은 망하리로다"

다 읽은 후에 다시 기도하고 정 씨에게 주기도문을 읽게 하고 예배를 마쳤다. 예배가 끝나자 그들은 더 날뛰었다.

"이봐 정 씨! 예배 보면 따뜻한 물 없어. 찬물로 머리 감고 싶어?"

접견이 자주 오고 영치금이 5만 원이 넘어서자 배식반장은 자리를 좋은 곳으로 옮기고 식사도 더 좋은 그룹으로 가라고 했다. 그러나 나는 사양하고 개털그룹과 있었다. 한 번 접견 시 들여보낼 수 있는 금액은 정해져 있어 사실 한 달에 10만 원 정도 쓰는 것이었는데, 이 돈의 위력은 엄청난 것이었다. 하지만 접견물과 영치금은 모두 배식반장과 봉사원이 차지하고 자기들 마음대로 사용했다. 자기들이 필요한 러닝셔츠와 팬티를 수십 벌씩 모으는가 하면 우황청심환, 우루사 등의 약을 모으기도 했다. 현금이 유통되지 않기 때문에 이런 것들이 화폐로 통용되었다.

그리고 음식 또한 배식그룹과 범털그룹이 좋은 것을 차지하여 개털그룹은 부서진 밥에 건더기 빠진 국에다 반찬 찌꺼기만을 먹어 불만이 쌓였다. 나는 먹는 것에 대한 암투를 보면서 기도하기 시작했다.

"내가 기뻐하는 금식은 흉악의 결박을 풀어 주며 멍에의 줄을 끌러 주며 압제당하는 자를 자유하게 하며 모든 멍에를 꺾는 것이 아니겠느냐 또 주린 자에게 네 양식을 나누어 주며 유리하는 빈민을 집에 들이며 헐벗은 자를 보면 입히며 또 네 골육을 피하여 스스로 숨지 아니하는 것이 아니겠느냐"(이사야 58:6~7).

나는 이 말씀을 떠올리고 회개했다. 지금까지 나는 무엇을 위해 금식했던가? 나 자신만을 위해, 눈을 뜨게 해 달라고, 사업이 잘되게 해 달라고 금식하지 않았던가. 나는 이러한 금식이 잘못되었음을 깨달았다. 나는 말 한마디 못 하는 개털들을 위해 금식할 것을 결심했다. 나는 내게 배식되는 밥과 국을 개털들과 나누었다. 그들은 차츰 나와 가까워졌다. 일주일간 금식이 끝나던 날 이사야 43장 말씀이 떠올랐다.

"…… **너는 두려워하지 말라 내가 너를 구속하였고 내가 너를 지명하여 불렀나니 너는 내 것이라 네가 물 가운데로 지날 때에 내가 너와 함께 할 것이라 강을 건널 때에 물이 너를 침몰하지 못할 것이며 네가 불 가운데로 지날 때에 타지도 아니할 것이요 불꽃이 너를 사르지도 못하리니 대저 나는 여호와 네 하나님이요 이스라엘의 거룩한 이요 네 구원자임이라 …… 네가 내 눈에 보배롭고 존귀하며 내가 너를 사랑하였은즉 내가 네 대신 사람들을 내어 주며 백성들이 네 생명을 대신하리니 두려워하지 말라 …… 나 곧 나는 여호와라 나 외에 구원자가 없느니라 내가 알려 주었으며 구원하였으며 보였고 너희 중에 다른 신이 없었나니 그러므로 너희는 나의 증인이요 나는 하나님이니라 여호와의 말씀이니라 과연 태초로부터 나는 그이니 내 손에서 건질 자가 없도다 내가 행하리니 누가 막으리요 …… 나 여호와가 이같이 말하노라 바다 가운데에 길을, 큰 물 가운데에 지름길을 내고 병거와 말과 군대의 용사를 이끌어 내어 그들이 일시에 엎드러져 일어나지 못하고 소멸하기를 꺼져가는 등불 같게 하였느니라 너희는 이전 일을 기억하지 말며 옛날 일을 생각하지 말라 보라 내가 새 일을 행하리니 이제 나타낼 것이라 너희가 그것을 알지 못하겠느냐 반드시 내가 광야에 길을 사막에 강을 내리니 장차 들짐승 곧 승냥이와 타조도 나를 존경할 것은 내가 광야에 물을, 사막에 강들을 내어 내 백성, 내가 택한 자에게 마시게 할 것임이라**"(이사야 43:1~20).

나는 아침에 일어났을 때와 잠자리에 들기 전에 시편 1편을 모든 사람이 들을 수 있도록 크게 암송했다. 처음 며칠 동안은 야유가 쏟아졌지만, 보름쯤 지났을 때는 사정이 달라졌다.

한쪽에서 신나게 도둑질한 경험담을 늘어놓고 있을 때, 오 씨가 갑자기 웃으며 그들을 향해 큰 소리로 말했다.

"복 있는 사람은 악인의 꾀를 좇지 아니하고 죄인의 길에 서지 않으며……."

그 후 이 성구는 입술과 입술을 통해 상황에 따라 곧잘 들려 왔다. 나는 매일 밤 정 씨와 둘이서 끈질기게 예배를 드리면서 찬송을 불렀다.

"세상에서 방황할 때 나 주님을 몰랐네. 내 맘대로 고집하며 온갖 죄를 저질렀네. 예수여, 이 죄인도 용서받을 수 있나요. 벌레만도 못한 내가 용서받을 수 있나요."

2절, 3절, 4절 정성을 다해 열심히 불렀다.

매일 5시간씩 기도하면서 더 많은 사람이 예배드릴 수 있기를 간구했다.

어느 날 사촌 여동생이 접견을 왔다. 여러 가지 접견물과 함께 한복 한 벌을 넣어 주었다. 나는 이미 한복을 입고 있었는데 또 한 벌이 들어온 것이다. 정 씨에게 주고 싶었다. 그러나 배식반장은 나를 향해 말했다.

"안 씨! 이거 내가 입겠습니다. 괜찮죠?"

그렇게 할 테니 순순히 응하라는 뜻이었다. 그는 이미 한복을 입고 있었으나 그 한복은 집행유예로 출소한 사람이 입던 것으로 지저분했다.

"안 됩니다. 그건 나를 도와주는 오 씨를 위해 넣어 준 것입니다."

나는 엉겁결에 정 씨 대신 오 씨를 말했다. 내가 "예."라고 대답할 줄 알았던 배식반장은 가시 있는 말을 했다.

"이봐, 안 씨! 오 씨는 내가 입던 거 주면 되잖아. 막말로 내가 입겠다는데 어떤 놈이 뭐라고 해?"

그때 옆에서 얘기를 듣던 봉사원이 한마디 했다.

"어이, 배식반장. 안 씨가 자기를 도와준 오 씨에게 보답하고 싶어 그러는 모양인데 안 씨 말대로 오 씨를 주지. 신입 들어오면 한 벌 뺏어 입으면 되지 않아."

오 씨는 한복을 입고 나서 자신이 여기까지 오게 된 경위를 설명했다.

오 씨는 세 살 때 소아마비로 왼쪽 발을 절게 되었다. 설상가상으로 어머니가 일곱 살 때 돌아가시고 계모가 들어와 계모가 낳은 동생과의 갈등으로 집이 조용한 날이 없었다. 오 씨를 편들어 주는 사람이 없어 불만이 쌓여 갔다. 어느 해 설날이었다. 동네 아이들이 새 옷을 입고 즐겁게 놀고 있는데 자기만 헌 옷을 입고 따돌림을 받았다. 게다가 한 아이가 절뚝거리는 자기 모습을 흉내 내며 놀려 댔다. 오 씨는 그때까지 참아 왔던 울분이 터졌다. 돌멩이를 집어 들어 그 아이에게 던졌고, 그 아이는 큰 상처를 입어 오 씨는 소년원에 갔다. 소년원에서 나와 집으로 돌아오자 계모의 학대는 더 심해졌고 동네 아이들은 그를 슬슬 피했다.

집에서 몇 푼 안 되는 돈을 훔쳐 서울로 올라왔다. 서울에 올라와 서울역 근처에서 방황하다가 나쁜 소굴로 끌려 들어가 껌팔이, 동냥 등 갖가지 일들을 했다. 너무나 힘들고 맞기를 밥 먹듯이 하여 그곳을 도망가려고 했지만 붙잡혀 피투성이가 되기도 했다. 그렇지만 그는 수많은 시도 끝에 그곳을 빠져나오는 데 성공했다. 갖은 고생을 하면서 자립해 보려 했지만 소아마비인 그에게는 마땅한 일자리가 없었다.

나이 30이 되어 겨우 고층건물 유리창 닦는 일자리를 구했다. 빌딩

꼭대기에서 유리창을 닦을 때에는 지구가 빙빙 도는 것 같아 아찔했다. 그 일을 하면서 틈틈이 알루미늄 섀시 작업하는 사람들을 따라다니며 기술을 익혔다. 얼마 지나지 않아 빌딩 유리창 닦기를 그만두고 아파트 베란다에 알루미늄 섀시 만드는 일을 했다. 벌이도 나아져 이따금씩 스탠드바에서 술도 마시고 노래도 부르면서 그런대로 새로운 희망으로 즐겁게 보냈다.

잡혀 오기 들어오기 전날, 가끔씩 외상으로 술도 마시던 스탠드바에 들어가 술 한 잔 걸치고 나오면서 외상을 하려고 했다. 그런데 그날따라 그 아주머니는 손님과 다투어 기분이 나빠 있었기 때문에 당장 돈을 내놓으라고 소리 쳤다. 단골손님인데, 단돈 만 6천 원 때문에 사람을 망신시키는구나, 하는 생각이 들어 오 씨는 고함을 질렀다. 웨이터가 달려와 오 씨의 멱살을 잡고 흔들었다. 오 씨는 흥분하여 옆에 있는 탁자를 들었다가 탁 하고 놓았다. 그때 그 주인이 지나가던 경찰을 불러 오 씨를 넘겼고 그 경찰은 오 씨를 사기와 폭력으로 집어넣었다.

나는 설마 그까짓 일로 여기까지 왔을까 의아했다. 말을 마친 오 씨는 말을 잇지 못하고 울먹였다.

"내 나이 서른둘입니다. 지금까지 어느 누구에게도 선물 하나 받아보지 못했습니다. 오늘 안 씨 아저씨가 고마워 눈물이 자꾸만 나요. 나 같은 놈도 선물을 받다니 기쁩니다."

나는 내심 놀라며 어찌할 바를 몰랐다.

"오 씨! 이건 내가 사준 게 아냐. 오 씨가 나를 잘 도와주니 하나님이 보내 준 거야. 나도 오 씨를 괴롭혔던 이들과 다를 거 없어. 나하고 지내다 보면 좋지 못한 점들로 실망을 하게 될 거야. 그러니까 나에게 감사하지 말고 하나님께 감사하자구. 나하고 함께 기도하면 어때요?"

오 씨는 순한 양이 되어 기도해 달라고 했다.

"사랑의 하나님! 잃어버린 귀한 양이 돌아왔습니다. 험한 세상에서 이리 저리 찢기며 상처를 입었습니다. 살아 보겠다고 빌딩 꼭대기에서 목숨을 건 채 발버둥 쳐 보았지만 세상은 우리 오 씨를 버렸습니다. 아버지께 돌아왔으니 세상에 소망을 두는 어리석은 사람이 되지 않고 오직 하나님께 소망을 두는 귀한 아들 되게 하여 주소서."

오 씨는 훌쩍이며 울었다. 방 안이 조용해졌다. 기도를 마치고도 오 씨는 내 손을 오랫동안 꼭 잡았다. 그날 이후부터 오 씨도 예배를 드렸다. 찬송을 부를 때 따라 흥얼거리는 사람들이 생겼다.

오 씨와 같이 개털그룹이며 변소 근처 자리에는 양 씨와 고 씨가 있었다. 양 씨는 갓 20세를 넘긴 청년으로 뼈가 가늘었고, 고 씨는 왼쪽 다리가 뻗정다리였다.

이 둘은 엿장수 출신이었다. 양 씨는 공장에 취직하여 일을 하다 기계에 오른쪽 팔목을 잃었는데 공장 주인이 교묘히 그 공장을 다른 사람에게 넘겨 보상도 못 받고 억울하게 쫓겨났다. 별 수 없이 엿장수를 시작했다.

그는 어느 날 어느 공장 입구에 버려진 놋쇠를 보고 경비 아저씨에게 팔라고 했다. 경비 아저씨는 그까짓 것 그냥 가져가라고 하여 그 놋쇠를 고물상에 2만 원을 받고 팔았다. 열흘이 지난 어느 날 갑자기 형사들이 경찰서로 끌고 가 다짜고짜 도둑질한 것을 불라고 엄포를 놓았다. 그는 극구 부인했으나, 형사들은 고물상에 판 놋쇠를 증거물로 내놓았다. 경비 아저씨가 준 것이라고 아저씨를 불러 달라고 했지만 소용없었다. 한두 명씩 밀고하지 않으면 고물상을 해 먹을 수 없다는 고물상 주인의 말이 떠올랐다.

고 씨도 마찬가지로 딱한 사정이었다.

고 씨가 손수레를 끌고 엿을 팔러 다니던 어느 날, 차 한 대가 손수레 곁에 멈춰 섰다. 운전하던 사람이 차에서 내려 달력을 가득 안고 바삐 옆 건물로 들어갔다. 고 씨와 그의 친구는 달력 두 개를 슬쩍하여 손수레에 감췄다. 달력을 나눠 주고 온 그 운전자는 방금 있었던 달력이 없어진 것을 눈치채고 고 씨와 고 씨의 친구를 의심하여 달력을 내놓으라고 했다. 싸움이 벌어졌다. 운전자는 파출소에 신고를 했다.

결국 고 씨는 달력 두 개 때문에 감방에 들어온 것이다. 나는 이해가 가지 않았다. 다른 사정이 있겠지, 그런 일을 가지고 이곳까지 왔을까 싶었다. 어느 날 나는 그들이 나란히 앉아 있는 자리로 가서 내 몫으로 남은 빵을 건네주었다.

"고 씨 아저씨, 그리고 양 씨, 배고프지요? 여기 내 몫으로 남겨 둔 빵이 있으니 드세요."

양 씨가 미안해하며 사양하다가 빵을 먹었고 나는 계속 사탕과 건빵을 가져다주었다. 이런 정성이 한 달이 넘게 계속되어 결국 그들은 함께 예배를 드리게 되었다.

저녁 식사가 끝난 후 우리는 이제 자연스럽게 성경과 찬송을 들고 모였다. 하루는 우리가 찬송을 시작하자 여기저기서 잡담을 나누던 사람들이 흥얼거리며 찬송가를 따라 불렀다. 그러자 평소보다 찬송 소리가 크게 울려 퍼졌다. 그때 교도관이 달려오면서 소리쳤다.

그는 철창문을 요란스럽게 걷어찼다. 찬송 소리가 순간 뚝 그쳤다.

"어떤 놈이 여기서 예배보라 했나?"

나는 철창 곁으로 더듬거리며 나아갔다.

"도둑질한 얘기나 하고 욕하고 싸우는 것보다 나은 일인데 허락해 주시지요."

"예수 믿는다는 주제에 여긴 뭐 하러 왔어!"

그는 확 쏘아 붙이고 돌아갔다. 이때 우리가 예배드리는 것을 못마땅하게 생각했던 김 씨가 기회를 잡은 듯 말했다.

"찬송을 부르며 떠들어 대면 우리는 뭐야. 소음 공해 받는 거 아니야?"

나는 순간 힘이 쭉 빠져 버렸다. 이제 겨우 예배 분위기가 잡힌 것 같았는데, 이제 와서 일이 이렇게 되다니! 나는 조용히 말했다.

"오늘은 찬송을 부르지 말고 기도와 성경을 낭독한 후 주기도문을 외우면서 예배를 마칩시다."

우리는 서먹한 분위기 속에서 예배를 마쳤다.

예배가 끝나기 기다렸다는 듯이 김 씨가 정 씨에게 시비를 걸었다.

"정 씨! 예배 보면서 사탕 좀 얻어먹었는데 이제 사탕 얻어먹는 것도 다 틀렸잖아?"

정 씨는 김 씨보다 훨씬 나이가 위였다. 지금껏 누가 무슨 말을 해도 꾹 참고 있었던 정 씨가 이번엔 벌컥 화를 냈다.

"도둑놈 소굴이라곤 하지만 네놈은 에미 애비도 없냐? 호로자식 같으니라고."

정 씨의 반격에 김 씨 본인도 어안이 벙벙했지만 방 안의 모든 사람이 놀랐다.

"뭐라고? 다시 한번 말해 봐!"

김 씨는 전과가 7범인 데다가 장애인이라고는 하지만 겉으로 보기에는 말짱했고 발가락 하나가 잘려 나가 없을 뿐이었다.

본래 김 씨는 D시에서 고급 공무원의 첫째로 태어나 유복한 생활을

했다. 그러나 그가 일곱 살 되던 해 아버지가 갑자기 고혈압으로 쓰러졌고, 그의 어머니는 남편과 아이들을 버려둔 채 다른 남자와 눈이 맞아 집안의 돈을 몽땅 챙겨 집을 나갔다. 그의 아버지는 울화병이 겹쳐 얼마 살지 못하고 돌아가셨고, 형제는 고아가 되었다. 어머니에게 원한을 품은 김 씨는 어린 나이에도 어머니를 찾아 죽여 버리겠노라고 집을 나갔고 동생은 고아원으로 보내졌다. 김 씨에게도 예외 없이 검은 손길이 뻗쳤고 껌팔이, 거지, 소매치기 등을 거쳐 금고털이가 됐다. 그는 명절이나 외할아버지 제삿날이 되면 칼이나 쇠파이프를 들고 외갓집 근처에서 어머니가 나타나는지 며칠씩 망을 보았다. 그러나 어머니는 나타나지 않았고 그는 외갓집으로 들어가 외할머니를 칼로 위협하며 닥치는 대로 세간을 부수곤 했다. 어느 때는 그년 내놓지 않으면 다 죽여 버리겠노라며 삼촌이며 이모며 아무나 붙잡고 협박을 하다가 파출소에 잡혀가기도 했다.

교도관이 보기 싫어 자기 눈꺼풀을 바늘로 꿰매어 교도관이 내가 잘못했으니 제발 참으라고 빌기도 했다며, 자랑 삼아 얘기하는 무서운 사람이었다. 김 씨는 검지손가락을 독수리 입처럼 오그리고 정 씨의 눈을 후벼 파려는 듯, 정 씨의 눈을 찍어 내렸다.

"내가 신입으로 들어 왔을 때 모포로 뒤집어씌우고 몰매를 때리더라구. 모두 잠들었을 때, 제일 보기 싫었던 자식 눈깔을 뽑아 버렸지. 덕분에 1년 더 살았어. 네놈 눈깔 뽑아 버리고 1년 더 살면 그만이야."

그가 정 씨의 눈을 찍어 내렸다. 나는 겁에 질려 입술이 바짝 말랐다.

'하나님 아버지! 도와주십시오. 어떻게 해야 하는지 알려 주십시오.'

나는 다급히 기도했다. 하나님 말씀이 내 가슴에 깊이 부딪쳤다.

"두려워하지 말라. 내가 너와 함께 함이라 놀라지 말라 나는 네 하나

님이 됨이라 내가 너를 굳세게 하리라 참으로 너를 도와주리라 참으로 나의 의로운 오른손으로 너를 붙들리라"(이사야 41:10).

그때였다. 봉사원이 달려와 김 씨를 말렸다. 김 씨는 이를 갈면서 떠밀려 자기 자리로 갔다. 하나님 은혜로 위기를 넘겼다. 나는 무력함에 내가 밉고 싫어졌다. 내 마음은 자꾸만 어디론가 기어들어 가는 것 같았고 낙망되어 정 씨에게 아무 말도 하지 못했다.

이렇게 낙심한 마음으로 우울했던 어느 날이었다. 접견 통지를 받고 접견실로 들어섰을 때 나는 깜짝 놀랐다. 면회 온 이는 빗쟁이였다. 학교 문턱도 들어가지 못해 글도 몰랐으며 막노동 일을 하다 배달 회사에 취직하여 20만 원도 채 못 받으며 어렵게 생활해 온 사람이었다. 수백 개의 계단을 30분 이상이나 헐떡이며 올라간 곳에 방 한 칸 얻어 살면서 틈틈이 모은 돈을 우리에게 4백만 원이나 빌려주고도 받지 못한 딱한 사람이었다. 그는 우리 집에 쌀과 연탄을 사 주었으니 걱정 말라고 했다. 가진 돈이 2천 원 있는데 무엇을 사서 넣어 주었으면 좋겠느냐고 물었을 때 나는 둔기로 얻어맞은 사람처럼 멍청히 서 있었다.

나는 돌아와 눈물을 흘리며 기도했다.

"하나님 아버지, 저는 죄인입니다. 평소 무식하다며, 말이 통하지 않는다고 저는 그분을 거들떠보지도 않았습니다. 교만했던 저를 용서해 주옵소서. 예수를 믿는다고 하면서 저분의 순수하고 착한 마음을 따를 수 없음을 고백합니다. 저는 정말 죄인입니다."

가슴을 찌르는 아픔과 함께 하나님의 말씀이 떠올랐다.

"천국은 그 종들과 결산하려 하던 어떤 임금과 같으니 결산할 때에 만 달란트 빚진 자 하나를 데려오매 갚을 것이 없는지라 주인이 명하여 그 몸과 아내와 자식들과 모든 소유를 다 팔아 갚게 하라 하니 그 종이 엎

드려 절하며 이르되 내게 참으소서 다 갚으리이다 하거늘 그 종의 주인이 불쌍히 여겨 놓아 보내며 그 빚을 탕감하여 주었더니 그 종이 나가서 자기에게 백 데나리온 빚진 동료 한 사람을 만나 붙들어 목을 잡고 이르되 빚을 갚으라 하매 그 동료가 엎드려 간구하여 이르되 나에게 참아 주소서 갚으리이다 하되 허락하지 아니하고 이에 가서 그가 빚을 갚도록 옥에 가두거늘 그 동료들이 그것을 보고 몹시 딱하게 여겨 주인에게 가서 그 일을 다 알리니 이에 주인이 그를 불러다가 말하되 악한 종아 네가 빌기에 내가 네 빚을 전부 탕감하여 주었거늘 내가 너를 불쌍히 여김과 같이 너도 네 동료를 불쌍히 여김이 마땅하지 아니하냐 하고 주인이 노하여 그 빚을 다 갚도록 그를 옥졸들에게 넘기니라 너희가 각각 마음으로부터 형제를 용서하지 아니하면 나의 하늘 아버지께서도 너희에게 이와 같이 하시리라"(마태복음 18:23~35).

이 말씀으로 부끄러움에 몸 둘 바를 몰랐다. 힘들게 모은 돈을 한 푼도 갚지 못하는 나에게 찾아와 자비를 베푸는데 너는 뭘 하느냐? 예배드리면서도 너에게 부도를 내고 미국으로 도망간 이를 원망하고 그동안 너에게 손해를 끼친 사람에게 분을 품고 있지 않느냐?

"그렇습니다. 하나님, 그동안 저에게 빚진 사람들의 빚을 탕감하겠습니다. 더 이상 나에게 빚진 자는 없습니다. 그러나 저 때문에 마음에 상처를 입고 어려움을 당하는 분들이 있사오니 그들을 위로해 주시고 그들에게 지은 빚도 모두 갚을 수 있게 해 주옵소서."

나는 그동안 내가 받을 돈을 다 받으면, 빚을 다 갚고도 수천만 원이 남는다는 것을 계산하며 분을 품고 있었다. 나는 또다시 3일간 물 한 모금 마시지 않는 금식을 하였다. 이 금식은 하나님께서 기뻐하시는 금식, 나에게 빚진 자들에게 탕감해 주는 금식으로 하나님께 드렸다.

"내가 기뻐하는 금식은 흉악의 결박을 풀어 주며 멍에의 줄을 끌러 주며 압제당하는 자를 자유하게 하며 모든 멍에를 꺾는 것이 아니겠느

냐"(이사야 58:6).

금식이 끝나는 새벽이었다. 모두 잠이 들어 있는데 숨이 넘어갈 듯한 비명 소리가 들렸다. 김 씨였다. 그는 땀으로 흠뻑 젖었다. 멍청하게 누워 있는 김 씨를 일으켜 앉혀 왜 그러냐고 물었다. 그는 부들부들 떨며 몸을 움츠렸다. 그는 꿈속에서 하나님을 만나 심판받고 불길이 타오르는 지옥으로 떨어지다 깼다고 했다. 그는 눈물 콧물을 줄줄 흘렸다.

그는 자진해서 예배를 요청했고 교도관에게 사정을 말하고 예배를 드릴 수 있도록 허락받았다. 매일 싸움이나 하여 교도관에게 불려가 얻어맞기 일쑤였던 그가 변하는 모습을 보고 그 교도관도 감탄했다. 그 일이 있은 후부터 우리 방은 22명 중 18명이 예배에 참석했고 옆방인 3방과 4방에서도 예배를 드리기 시작했다. 김 씨는 자진해서 변소 청소도 하고 어렵고 힘든 일을 도맡아 했다. 김 씨는 자기 과거를 한탄하면서 이제부터라도 공부를 해야겠다고 했다. 나는 그가 중학교 3학년 검정고시 준비하는 것을 도와주었다. 그는 세 시간만 자며 무섭게 공부했다.

그러던 김 씨가 어렵게 나에게 말을 걸었다.

"저 며칠 동안 하나님께 기도하며 많이 생각했습니다. 내 눈 하나를 안 씨 아저씨에게 드리기로 했습니다."

나는 이 충격적인 말을 듣고 왈칵 눈물이 났다. 그의 손을 꼭 잡았다. 나에게 눈을 주겠다는 사람은 없었는데 이 무지막지했던 김 씨가 자기 눈을 주겠다는 말에 감격하지 않을 수 없었다.

"나는 지금처럼 행복한 순간은 없었어. 받은 거나 다름없어. 나는 불행하게도 이식수술로도 눈을 뜰 수 없거든."

김 씨는 어렵게 내린 결단인지 못내 아쉬워했다.

“그런즉 누구든지 그리스도 안에 있으면 새로운 피조물이라 이전 것은 지나갔으니 보라 새 것이 되었도다”(고린도후서 5:17).

감방에는 매일 30분씩 철장 밖 작은 마당에서 뛰기도 하고 체조도 하는 운동시간이 있었다. 눈발이 날리는 날이었다. 운동을 나가지 않고 길게 누워 앞으로 닥쳐올 재판을 걱정하고 있는데 구석에서 노랫소리가 조용히 들려왔다.

“울 밑에 귀뚜라미 우는 달밤에, 길 잃은 기러기 날아갑니다. 엄마 품이 그리워 눈물 흘리며, 엄마 엄마 부르며 날아갑니다.”

그때였다.

“집어치우지 못해! 엄마 좋아하네. 다른 사내와 좋아 지내다 지가 낳은 새끼 버리고 도망간 년들이 엄마는 무슨 엄마. 소, 돼지만도 못한 것들.”

신 씨는 자기의 기구한 인생을 돌이켜 보면서 탄식을 하고 있는 중이었다.

신 씨는 아버지도 둘이고 어머니도 둘이었다. 소아마비로 다리를 저는 어린 그를 버리고 어머니는 다른 사내와 눈이 맞아 집을 나갔다. 몇 년 후 계모가 들어오자 신 씨는 엄마가 보고 싶어 집을 나왔다. 엄마 집을 찾아 그곳에서 눈치를 보며 얼마 동안 살기도 했지만 의붓아버지의 학대에 못 이겨 결국 아버지 집으로 쫓겨났다. 신 씨는 마음 붙일 곳이 없었다. 두 아버지와 두 어머니의 갈등 속에서 신 씨는 닥치는 대로 집안 물건을 훔치기 시작했고, 곧 집으로 돌아갈 수 없게 되었다.

이번에는 텔레비전 한 대 훔친 절도로 들어왔다. 잡혀 올 당시 그는 도둑질을 안 한 지 1년이 넘었으며, 버스 차장을 했던 술집 아가씨와

동거하던 중이었다. 버스 차장 제도가 없어져 하루아침에 직장을 잃고 유흥가로 흘러 들어간 아가씨였다. 둘은 똑같이 부모로부터, 사회로부터 버림받아 사랑에 굶주렸기 때문에 쉽게 사랑에 빠졌고 자연스럽게 같이 살았다.

신 씨는 가죽 수출회사에서 다리미질을 하며 새 출발을 했고, 아가씨도 전세방을 얻을 때까지만 술집에서 일하기로 했다. 희망에 부풀어 열심히 일하는 이들에게 어느 날 새벽 갑자기 경찰이 들이닥쳐 신 씨에게 수갑을 채워 끌고 갔다. 지난해 텔레비전 한 대를 훔쳐 고물상에게 팔았는데 그 고물상 주인이 경찰에게 불어 잡힌 것이다.

형사를 붙들고 용서해 달라고 울고불고 애원하는 아가씨를 뒤로하고 잡혀온 신 씨는 식사도 하지 않고 깊은 슬픔에 젖어 있었다. 그는 내게 다가와 울먹였다.

"내가 한 때 도둑질을 하고 살았지만 모든 것 다 털고 새 출발하여 결혼도 하고 아내와 함께 잘 살아 보려고 했는데 이럴 수 있습니까? 나 같은 놈도 인간답게 살아 보겠다고 공장에서 손을 데어 가면서 열심히 일하고 있었어요. 상습절도범으로 재판을 받게 되면 최하 2년인데 그 아가씨가 2년을 기다릴 수 있겠습니까?"

나는 대답할 말을 잃었다. 그는 소중한 사랑에 금이 가지 않을까 조바심 쳤다.

"용서해 주면 정말 이제 죄짓지 않고 행복하게 살 수 있을 겁니다. 그렇지만 2년 이상 교도소 생활을 한다면……. 저 정말 미칠 거 같아요."

"교회에 다녀 본 일은 있었나요?"

나는 화제를 돌려 그의 마음을 진정시키려 했다.

"나는 기천불교 신자입니다."

"뭐라고요?"

"기독교에서 오면 예배 보고 빵이나 떡을 얻어먹고, 천주교 예배에도 가서 얻어먹고, 불교에 가 얻어먹는 사람들을 보고 기천불교 신자라고 하지요."

"함께 예배를 드리고 하나님께 기도해 봅시다. 그리고 사정을 탄원서에 써서 판사에게 호소해 봅시다. 딱한 사정을 하나님께서도 아시니 좋은 길로 인도해 주실 겁니다."

신 씨는 그날부터 열심히 예배를 드렸고 아가씨와 접견을 하고 돌아온 후에 나에게 기도를 부탁하곤 했다. 그 아가씨는 열성적으로 매일 접견을 오면서 편지도 이틀에 한 번 꼴로 보냈다. 편지의 내용은 구구절절 애틋한 사랑의 파노라마였고 신 씨의 석방을 위해 검사와 판사를 찾아가 하소연하려 했으나 만날 수가 없다는 내용이었다.

나는 신 씨의 사랑이 깨지지 않게 진심으로 하나님께 기도했다.

언제부터인가 신입이 들어오면 나한테로 데려와 인사시켰고 나는 그때마다 그들을 안심시켰다.

"이 방에 있는 사람들 다 좋은 사람들이에요. 불안해하지 마세요. 필요한 거 있으면 말하시고 어려운 일 있으면 나한테 와서 말하세요. 최선 다해 도와드리겠습니다. 우리 방에서는 밤마다 예배를 드립니다. 참석하시면 감사하겠습니다."

공포와 불안 속에 긴장하고 있다가 내 말을 들으면 대부분 그날 밤부터 예배에 참석했다. 새로 새로 들어온 워커가 내 앞에 앉은 날이었다. 그는 반벙어리였고 왼쪽 팔을 쓰지 못했다. 나이도 이름도 모른다고 했다. 워커라는 이름도 워커힐 뒷산에서 살았다고 하여 부르게 되었다고 한다. 그는 내가 몇 마디 물어봐도 귀찮다는 듯 대답을 피하였다.

"나 몰-라. 나 자-게 해 줘. 응?"

나는 그를 한쪽에 누워 재우도록 했다. 워커는 사람들과 얘기하지 않았다. 처음 신입이 들어올 때는 속옷을 갈아입히고 빨래를 시켰다. 그러나 워커는 속옷을 주면서 갈아입으라고 해도 막무가내로 거절했다. 윽박지르기도 하고 달래도 보고 여러 사람이 번갈아 권했지만 번번이 거절했다. 우리 방에는 구타가 없어졌기 때문에 성질 급한 배식들이 워커를 쥐어박으려 하다가도 나에게 타일러 보도록 했다.

나는 워커의 옆에 앉아 손을 꼭 잡으면서 나는 앞을 못 본다고 말했다.

그는 "아저씨, 거짓말 안 돼 안 돼." 하면서 손가락으로 내 눈을 쿡 찌르는 시늉을 몇 번하는 듯했다. 그러다 내 손을 잡으면서 말했다.

"정말 안 보여!"

나는 속옷을 주면서 말했다.

"공짜로 주는 거야. 괜찮으니 입어. 알았지?"

"이거 입으면 또 나 얻어맞아."

워커의 말을 정리하면 이러했다.

그는 아버지도 어머니도 모르며 파출소 앞에 버려져 고아원에서 자랐다. 그는 고아원에서 자라면서 매일 많은 아이들의 똥이 덕지덕지 묻은 옷을 빨래해야 했다. 빨래가 너무 힘들어 고아원을 도망쳤다. 청량리역 앞에서 배가 고파 어슬렁거리고 있었는데 낯선 사람들이 몇 마디 말을 걸더니 밥을 사 주겠다고 식당으로 데리고 갔다. 처음 먹어 보는 불고기에 맥주까지 실컷 먹고 있는데 한 사람 두 사람 변소에 간다고 나간 사람들은 돌아오지 않았고 결국 주인한테 실컷 두들겨 맞았다.

청량리 근처에서 머물면서 갖가지 범죄들을 배웠다. 주로 '아리랑'을 했다고 했다. 술에 만취된 취객에게 다가가 '아저씨 조심하세

요, 조심하세요.' 하면서 도와주는 척하다 지갑을 빼앗아 달아나는 것이다. 지나가는 여자에게 고춧가루를 뿌리고 핸드백을 빼앗기도 했다.

나는 워커의 얘기를 들으면서 깜짝 놀랐다. 그는 돈을 10만 원 이상 세지 못하여 그렇게 훔친 귀금속도, 백만 원짜리 수표도 만 원짜리 열 장으로 바꿔 주면 좋아했다. 여름에 뱀을 잡아 한 자루 가득 팔아도 10만 원밖에 받질 못했다. 돈이 있으면 사 먹고, 없으면 다방이나 음식점에서 청소를 해 주고 얻어먹었다. 워커힐 뒷동산에 버려진 텐트를 치고 촛불을 켜 상 위에 올려놓고 불상을 갖다 놓아두면 약수터에 오르내리는 할머니들이 천 원도 놓고 2천 원도 놓고 갔다. 머리는 정상 같았지만 횡설수설했다. 워커는 이렇게 살아오면서 많은 사람들에게 이용을 당하고 속임을 당해 친절한 사람은 경계했다. 나는 그를 조금 알 수 있을 것 같았다. 워커의 가슴에 모든 사람들에 대한 적대감과 불신감을 누가 심어 놓았는가?

마침내 워커는 내가 건네준 속옷을 갈아입었다.

목욕 가는 날이었다. 그날도 1방에 있는 노인들과 목욕을 했는데, 그날 목욕 담당 교도관은 후한 사람이었다. 다른 교도관은 5분에 물통을 2통 이상 주지 않았지만 그 교도관은 물도 3 통이나 주었으며, 시간도 2분 더 주었다. 물 한 통과 2분의 여분은 너무나 큰 혜택이었다. 고맙다는 인사가 끊이질 않았다. 작은 호의가 이렇게 사람들을 좋아하게 하다니. 틀에 박힌 조직에 눌린 사람들이란 조그만 여유에도 기쁨을 느끼는구나 하는 생각이 들었다.

목욕탕 문을 나설 때 워커는 내 손을 잡았다. 대개 우리는 목욕탕을 갈 때면 접견 시 넣어 준 운동화나 구치소에서 준 검은 고무신을 신었다. 모두 신발 끄는 소리가 나는데 워커만은 아무 소리도 나지 않아 워커에게 물었다.

"신발 안 신었어?"

"응!"

나는 손으로 더듬어 워커의 발을 만져 보고 눈물이 울컥 솟았다. 영하 22℃의 추운 날씨와 눈길에 맨발이라니. 워커는 아무렇지 않은 듯했다. 으레 이렇게 살아 온 것이다.

"워커야 미안하다. 내가 너무 몰랐구나. 나도 별수 없네. 하나님 앞에 그렇게 다짐하고서도."

나는 워커에게 운동화를 선물했고 워커는 그 운동화를 잘 때도 항상 자기 곁에 두고 자곤 했다. 워커의 모습에서 내 자신이 맹인으로서 아픔을 겪었던 지난 일이 떠올랐다.

재판

재판을 받는 날이 왔다. 우리 방에서는 6명이 출정했다. 대기실 감방에는 우리 외에도 십여 명의 사람들이 있었다. 지긋이 나이가 든 사람이 내게 물었다.

"앞을 못 보는 모양인데 무슨 건으로 왔소?"

"부도가 나서 왔습니다."

"얼마요?"

"당좌로 1억 2천입니다."

"얼마나 회수했소?"

"칠팔천 했습니다."

"집에 당좌 남은 것 있소?"

"아마 많이 남아 있을 겁니다."

"그럼 당좌를 다시 5, 6천 이상 돌리게 하쇼. 그러면 추가로 또 한

건이 걸리는데 재판을 받을 때 두 건을 합쳐 달라고 하면, 그 두 건을 합쳐 재판을 받아요. 그렇게 하면 총 1억 6천이나 7천이 되는데 추가로 돌린 5천 정도를 회수하여 판사에게 갖다 주면 약 90% 이상 회수하는 것이니 벌금만 물고 나갈 수 있을 거요."

이렇게 하면 법적으로 하자가 없으며 돈 있는 사람은 이런 식으로 빠져 나간다고 했다.

"부도를 낼 양이면 대비를 해 두었어야지 대책 없이 잡혀 오는 사람이 어디 있소?"

"고맙습니다만, 각오가 되어 있습니다. 남에게 많은 피해를 주었는데 이렇게 대가를 치를 수 있는 것으로 홀가분합니다."

"아직 교도소 맛을 덜 본 모양이군. 이제 몇 개월 더 지나면 내가 한 말이 간절할 거요."

우리는 법정으로 끌려갔다. 내 차례가 왔다. 검사가 공소장을 낭독했다. 사실심리에서 나는 모든 것을 인정했다. 판사는 안타까운 듯 더 회수할 것을 요구했다. 검사는 2년 구형했고 판사는 나에게 하고 싶은 말이 있으면 하라고 했다.

"나로 인해서 피해를 본 사람들에게 죄송하며 물의를 일으켜 죄송합니다. 합당한 처벌을 받고 사회에 나가면 나로 인해 피해당한 사람에게 최대한으로 빨리 갚겠습니다."

술집에서 다투다가 병을 집어던져 5주의 진단 때문에 구속된 30대의 젊은이가 있었는데 그는 왼쪽다리가 약간 뻗정다리였다. 영치금을 쓰는 것을 보면 노랑이였는데, 변호사를 2백만 원에 사서, 들어온 지 15일도 못 되어 벌금형으로 석방되어 나갔다.

그와 반대로 병신이라고 놀림을 받아 병을 던져 3주짜리 진단서 때문에 들어온 자는 10개월 의 징역을 받았다. 우리는 돈 없는 아픔을 느껴야 했다. 돈 있는 사람이나 기관 등에 끈을 달고 있는 사람은 기소유예, 검사 벌금, 집행유예 등 죄의 크기에 상관없이 빠져 나갔다.

오 씨도 재판을 받았다. 검사는 공소장에서 오 씨는 돈도 없으면서 술을 마시고, 술값을 요구하는 주인에게 돈을 주기는커녕 폭행까지 했으니 엄벌하여 사회 기강을 바로 잡아야 한다며 징역 1년 6개월을 구형했다.

판사는 어이가 없었는지 오 씨에게 물었다.

"돈이 없으면 술을 마시지 말지, 돈이 있는 척 큰소리를 쳤나?"

"그 집은 단골 술집이었습니다. 돈이 있는 척도, 큰소리를 치지도 않았습니다."

"술값이 없으면, 빌어야지 왜 주인을 폭행했나?"

"외상이 안 된다고 아주머니가 큰소리를 치자 웨이터가 달려와 내 멱살을 잡고 흔들었어요. 그래서 내가 옆에 탁자를 들었다 쾅 하고 놓은 것뿐입니다."

술집 아주머니가 증인으로 왔다. 그 아주머니는 크게 사과하면서 이렇게 진술했다.

"오 씨는 단골이었고 외상으로 자주 마시고 바로바로 갚았습니다. 그날 밤에 화가 나서 홧김에 경찰한테 혼 좀 내주고 돌려보내라고 한 것이었는데 이렇게 될 줄 꿈에도 몰랐습니다."

판사도 검사도 어처구니없어 했다. 그리고 판사는 오 씨에게 금 보석으로 내보내 줄 테니 20만 원을 법원에 내고 나가 재판을 받으라 했다. 그러나 오 씨에게는 20만 원도 없었고 해결해 줄 사람도 없었다. 오 씨가 선고를 받는 날 판사는 안타까워하며 말했다.

"어떻게 살았길래 돈 20만 원이 없어 못 나가는가? 내가 벌금을 때려도 벌금을 내지 못해 오히려 형을 살아야 하기 때문에 집행유예를 선고하니 그렇게 알고 섭섭하게 생각하지 말게!"

오 씨는 그렇게 별것 아닌 일로 인해 6개월을 구치소에서 보내고 나가며 내 손을 꼭 잡았다.

"안 씨 아저씨! 정말 고맙습니다. 예수님 믿으며 새롭게 살겠습니다. 술집 아주머니가 너무 원망스러워 복수하려고 했었는데, 덕분에 주님을 만났습니다."

오 씨는 그렇게 말하면서 떠났다.

강씨는 6개월 징역을 받았다. 텔레비전 한 대 훔친 것으로 애인과 헤어졌던 신 씨는 갖은 탄원서에도 불구하고 징역 2년을 받았다. 나는 항소를 포기했다.

기결수의 방

형이 확정되고 머리를 빡빡 깎인 후 기결수들이 거처하는 감방으로 옮겨졌다. 그곳에는 2방에서 같이 생활했던 김 씨 등 열 명과 3방, 4방에서 형이 확정된 장애인들이 합쳐 다시 한 방을 쓰게 되었다. 김 씨와 같이 영어와 수학을 공부하였는데, 어쩔 수 없이 내가 가르치는 소리는 다른 사람에게 방해가 되었다. 예배는 계속 드렸지만 분위기는 전만 못했다. 우리가 공부하는 것을 못마땅해하던 몇 명이 음담패설로 공부를 방해했다.

특히 장로 아들이라는 최 씨가 노골적으로 방해했다. 최 씨는 영치금도 우편으로 많이 부쳐 와 넉넉한 생활을 하면서 밖에서 일하는 소지와 내통하여 혜택을 받고 있었다. 식당과 끈을 대고 식사 시간에는 양념이 된 다대기를 먹었다. 때로는 뼈다귀만 몇 개뿐인 멀건 닭 국물 대신 통째로 닭이 들어오는가 하면 돼지고기도 푸짐하게 들어왔다. 마늘과 고추도 옆방에서는 한 사람당 2개만 배분받는데 우리 방은 개인당 열 개도 넘게 배급받아 옆방에서 항의하는 소동도 있었다.

처음에는 갑작스런 풍성함에 멋모르고 만족했다. 최 씨가 영치금에서 돈을 쓸 때 나도 같이 보태며 즐겼다. 이런 생활을 하고 있던 중 김 씨가 나에게 말을 걸었다.

"금식하고 싶은데 어떻게 하면 될까요? 며칠이나 작정하나요?"

"왜 갑자기?"

"나는 개털이었어요. 최 씨와 안 씨 아저씨 덕분에 배불리 잘 먹었지만, 우리가 다른 개털의 몫을 빼앗았다 생각하니 더 이상 먹을 수 없어요."

아! 그렇구나. 나중 된 자가 먼저 되고 먼저 된 자가 나중 된다는 말씀같이 내가 그렇게 악독하다고 했던 김 씨의 믿음만 못했구나. '입술로는 주여 주여 하면서도 마음은 내게서 멀도다.' 하신 말씀이 나를 두들겼다.

예배를 드리며 나는 그동안의 잘못을 고백했다. 우리 둘은 해당하는 양 만큼만 먹고 다대기 등에는 손대지 않았다. 최 씨는 길길이 날뛰었다. 벽을 주먹으로 쾅쾅 두드리며 을지로의 쌍칼을 뭘로 아느냐는 둥 하며 공포 분위기를 만들었다. 우리가 공부를 할 때는 더 날뛰었다. 우리는 맞서지 않고 최 씨를 위해 기도했다.

어느 날 새벽, 최 씨가 배가 뒤틀린다며 뒹굴며 고함을 쳤다. 교도관이 달려오고 의무실까지 업혀 갔으나 별다른 조치를 받지 못하고 왔다. 최 씨는 잘린 한쪽 다리를 끌면서 슬금슬금 내게로 왔다.

"안 씨 아저씨. 죄송해요. 아저씨 말이 맞아요. 공부 방해한 것도 잘못했어요."

나는 최 씨의 손을 잡고 기도했다. 우리 방에서는 그날 이후 불의한 일을 끊어 버렸다.

어느덧 7월이 오고 불볕더위로 감방 안은 찜통처럼 달아올랐다. 교도소 안에서 물의 위력은 대단했다. 병동에 있을 때에는 재래식 변소

였으나 이곳은 수세식 화장실이었다.

우리는 비 오듯 쏟아지는 땀으로 헉헉거렸다. 모자라는 물을 얻기 위해 교도관과 타협해야 했다. 영치금을 걷어 물을 공급받자고 하는 말이 나올 때였다.

우리가 갇혀 있는 감옥에 대학생이 독방으로 들어와 아침저녁으로 일장 연설을 하면서 정부를 공격하며 구호를 외쳐 댔다. 장애인들을 불쌍하게 여겨 자기 영치금에서 빵을 사서 넣어 준 적도 있던 학생이었다. 교도관은 우리에게 미끼를 던졌다. 교도관이 아무리 윽박질러도 그 학생은 막무가내였기 때문에 골치가 아팠던 것이다.

“너희들, 재가 소리치면 너희도 같이 소리쳐. ‘야 임마, 시끄러워 못 살겠으니 조용히 해 이 새끼야.’ 이렇게. 저 새끼 아가리만 닥치면 너희들 방에 물은 원하는 대로 줄게.”

평소에 불만 많던 젊은 박 씨가 교도관에게 아첨을 떨었다.

“물만 주신다면 그런 것쯤 수십 번이라도 하겠습니다. 잘 봐 주십쇼.”

교도관은 우리를 지능적으로 다뤄 왔다. 하루 종일 몸을 벽에 기대지 못하게 하고 앉혀 놓고 수시로 감시하면서 자세가 흐트러지면 호통을 치곤 했다. 이런 고통을 견디기 어려워 처음에는 영치금에서 갖은 약 등으로 대접을 하였다. 우리 방이 뒷거래를 끊어 버리자 교도관도 눈치를 채고 이런 제의를 한 것이다.

이 문제로 다툼이 일었다. 김 씨는 박 씨를 몰아붙였다.

“저 학생이 무슨 죄가 있어? 반성문 한 장 쓰면 당장 나갈 수 있는데 고생하고 있잖아. 물 한 바가지에 양심 팔 거야?”

“부모가 뼈 빠지게 벌어 가르쳐 놓으니 데모만 하는 놈들이 뭐. 아무튼 난 땀으로 뒤범벅되어 끈적거리고 냄새 나서 더 이상 못 참겠어.”

김 씨가 일어나 화장실로 들어가 퐁퐁으로 변기를 닦기 시작했다.

평소에도 변기를 항상 깨끗하게 닦는 것이 이곳의 규칙이었지만 김 씨는 보물단지를 닦듯 아주 정성스럽게 닦았다.

화장실은 수세식이었으나 물이 나오는 시간은 제한되어 있었다. 그래서 물을 받아 놓고 쓰는 터였지만 마침 그때가 물이 나오는 시간이어서 변기를 깨끗하게 청소할 수 있었다. 그런데 청소를 마친 김 씨는 옷을 훌훌 벗어 던지고 변기의 물 빠지는 곳을 걸레로 막고 물을 받아 끼얹으며 목욕을 하기 시작했다.

박 씨가 소리쳤다.

"저 더러운 자식 좀 봐! 똥물로 목욕을 하다니……?"

김 씨는 큰 소리로 대답했다.

"박 씨, 교도관 놈에게 그 짓해서 물 얻어 봐야 기껏 두서너 바가지야. 그까짓 걸로 한 사람도 목욕 못 해. 날씨 더워지면 물 한 바가지가 금값이야. 영치금 다 털어도 감당 못 해."

결국 우리는 변소에서 목욕을 하기 시작했다.

처음에는 모두 쭈뼛거리며 망설였지만 며칠 못 되어 물 나오기를 고대하며 서로 들어가 목욕하려는 작은 다툼으로 변했다. 세면장에 물이 제대로 나오지 않으면 이젠 으레 변기에서 받아 온 물로 세수 하는 것이 자연스럽게 됐다.

어느 날 벌금형을 받은 청각 장애인이 들어왔다. 그와 소통하기 위해 내가 글을 써서 말을 하면 그도 내 손바닥에 글을 써서 대답했다. 들어온 지 열흘이 넘은 어느 날 그와 얘기를 하다 깜짝 놀랐다. 그는 책상과 의자를 만드는 공장에서 일하고 있었는데, 술집에서 술을 마시다 아가씨와 다투던 중 술집 웨이터를 때려 전치 2주의 진단으로 구속되었다.

검사는 초범이고 직장도 있기 때문에 30만 원 벌금형을 내렸다. 벌금

30만 원만 내면 바로 나갈 수 있었는데 누구에게도 말을 할 수 없어 그냥 지낸 것이었다. 자기는 통장에 60만 원 정도 있고 사장과 연락만 되면 사장이 찾아와 해결해 줄 것이라고 했다. 나는 다급하게 물었다.

"검사실에서 왜 말하지 않았어?"

'검사 서기가 일방적으로 글로 써서 주었고 나는 묶여 있었기 때문에 의사표시를 전혀 못 했다.' 라고 내 손바닥에 적었다. 왜 이 방에 와서 진작 말하지 않았냐고 물었을 때 우리 방 안에 있는 모든 사람이 다들 벌금형으로 자기 같이 살고 있는 줄 알았다는 것이었다.

하루에 삼천 원씩 벌금을 까 나가면 자그마치 100일을 살아야 했다. 하루가 천년 같은 이 지옥 같은 생활을 벙어리가 되어 겪어야 한다니……. 이것은 그의 아픔이자 나의 아픔이었고 우리 장애인들의 아픔이었다.

우리가 얘기할 때마다 입 모양과 눈치로 얘기를 듣던 청각 장애인인 일명 '뺑구'가 나섰다. 뺑구는 수화도 제대로 배우지 못해 대화하기 어려웠지만 사람들은 뺑구가 사용하는 기본적인 몸짓과 손짓으로 어느 정도는 알아들을 수 있다고 하였다.

뺑구는 예배를 드릴 때면 찬송을 따라 부르기도 했다. 우리는 찬송을 멈추고 뺑구의 찬송을 듣곤 했는데, 그때마다 우리는 눈시울을 적셨다. 꽥꽥 지르는 목소리였지만 그것은 뺑구의 마음의 찬송이었기 때문이었다.

뺑구는 밥을 두 그릇씩 먹어 치웠는데 한 그릇만 먹는 날은 온 종일 힘없이 구석에서 축 늘어져 있곤 했다. 뺑구는 나에게 장난을 잘 했다. 목욕을 가는 날이면 으레 나는 그의 오른팔을 들썩들썩하여 신호를 보냈다. 목욕탕에서도 물을 퍼다 주며 내 손을 두드리며 신호를 보냈다. 앞을 못 보는 나는 뺑구와 전혀 통하지 않을 것 같았는데 우리는 서로 잘 통했다.

뺑구는 손짓 발짓으로 자기가 겪었던 것을 설명했다. 옆에 있는 사람들이 통역을 해 주었다.

길가에서 버스를 기다리고 있는데 예쁜 아가씨가 와서 뺑구에게 길을 물었다. 뺑구는 모르겠다고 손을 가로 저었다. 손을 가로 젓는 것은 모르겠다는 표시였는데 그 아가씨는 이쪽저쪽을 가리켜도 그저 손만 젓고 있는 뺑구를 바라보고는 청각 장애인임을 알고 재수 없다는 듯 욕을 했다. 뺑구는 입 모양과 표정으로 알아차렸다.

뺑구가 화가 나 그 아가씨에게 손을 올렸다. 그 아가씨는 사람 살리라고 소리쳤고, 사람들이 달려오자 그 여자는 "강도야!" 하고 소리쳤다. 그래서 사람들은 뺑구를 파출소로 넘겼다.

그 후에 뺑구는 오토바이 소매치기 전과로 별을 네 개나 달았다.

얘기를 들으며 분위기가 가라앉았다. 도대체 우리는 뭐란 말인가? 여기 장애인, 전과자, 실패자, 빚진 자, 병든 자, 가난한 자, 버림받은 자들이 다 모여 있다. 한 친구가 퉁명스럽게 내게 물었다.

"우리는 왜 이렇게 더러운 운명을 갖고 태어났습니까? 세상엔 우리보다 더 나쁜 놈들이 많은데, 그 놈들은 떵떵거리며 잘 살고 있는데 우리는 뭡니까?"

나는 심각하게 말을 시작했다.

"우리나라에서는 옛날부터 장애를 가지고 태어나면 부모는 자식을 방에 가두고 남에게 들킬까 보이지 않게 키웠죠. 그러나 일찍부터 예수를 믿는 나라들은 장애자로 태어난 자식이 있으면 이웃을 불러 잔치를 한답니다. 하나님의 특별하신 뜻을 이루려고 아픈 아이를 우리 가정에 주셨다고요."

"병신이 태어났는데 잔치를 하다니요."

"우리나라에서는 병신이라고 자식을 버리는 사람도 있지만 하나님을 잘 믿는 사람은 장애자를 양아들로 들이는 사람이 많아요. 요한복음 9장에서 제자들이 날 때부터 맹인 된 거지를 보고 '부모의 죄로 인한 것입니까? 아니면 본인의 죄로 인한 겁니까?' 라고 예수님께 물었죠. 그 당시에는 장애를 가지고 태어난 자식은 부모의 죄라고 했고, 성장하면서 그렇게 되면 본인의 죄라고 생각했죠. 예수님께서는 이러한 사람들의 생각을 변화시켰어요. 부모의 죄도, 본인의 죄도 아니며 오직 하나님의 뜻을 이루려고 하신 것이라고 하신 거예요."

장애인들은 혼자 방에 오래 있어 외로움이 점점 심해진다. 밖으로 나가고 싶은 욕망으로 외출할 때면, 사람들이 차가운 눈길을 줄 때마다 몸이 화끈거리곤 했었다. 명절만 되면 한 번씩 찾아오는 사람들을 위해 사진을 찍어야 하고 가누기 힘든 몸을 2시간씩 앉혀 놓고 떠들다가, 놓고 간 라면 몇 박스를 보며 눈물지어야 하지 않았던가. 여기 교도소에서도 그늘진 사각지대에서 징역을 산다. 정상인 기결수들은 감방에서 나가 재봉이나 하다못해 똥 푸는 일이라도 할 수 있었지만 장애인들은 1년이고, 2년이고 갇혀 지냈다. 주일날 가끔 보여 주는 영화 관람에서도 제외되었고 구경 가는 정상인 기결수의 등 뒤에서 서러움을 한탄해야 했는데, 이런 대접을 받는 것이 하나님의 뜻이라고 말하는 것은 이들에겐 사치스러운 말장난 같았다.

무어라 한마디만 하여도 북받쳐 오를 것 같은 침통한 분위기가 흘렀다. 나는 다시 조심스럽게 입을 열었다.

"내가 만일 눈이 멀지 않았다면 어떻게 됐을까? 사업이 번창하고, 호화로운 생활을 하고 있을지도 모르지. 만일 내가 그런 생활을 했다면 하나님을 만났겠어? 돈을 벌기 위해 눈이 벌겋게 되었겠지. 맹인 되고 사업이 망한 것은 나에 대해 새롭게 발견하게 된 계기가 됐어. 하나님 앞에서 내가 얼마나 죄인인가를 알았어. 그리고 주님의 보혈로 하나님의 자녀가 되었지. 김 씨와 정 씨도 여기에서 예수를 믿게 되어 행복한 사람이 되지 않았나?"

김 씨가 대답했다.

"그 말이 맞아요. 이곳에 들어오지 않았다면 지금 나쁜 짓을 하고 있을 겁니다. 죄가 너무 커 부끄럽지만, 이런 곳에서라도 회개하고 새사람 된 걸 생각하면 얼마나 감사한지……."

나는 욥을 생각했다. 모든 재산과 자식을 잃고 몸에 심한 악창이 생겨 기왓장으로 긁어야 하는 처참한 욥에게 친구들이 찾아왔다. 욥의 친구들은 이러한 환난이 욥의 죄로 인한 것이라고 했으며, 죄를 회개하고 하나님께 용서를 받으면 환난에서 건짐받을 것이라고 하였다. 그러나 욥은 이 환난을 통해서 자기를 연단시킨 후 정금과 같이 사용하려는 하나님의 뜻이라고 맞섰다. 욥은 그 극심한 환난 중에 자기의 주장을 하나님께 알려 줄 중보자가 필요함을 느꼈고, 그는 결국 탄식 중에 중보자를 발견함으로써 자기가 죽은 후 육체 밖에서 그를 만날 것을 알았다.

하나님께서는 욥의 환난이 죄로 인한 것인지 연단으로 인한 것인지에 대해서는 답하지 않으셨다. 욥은 진정 의인이었으나 인간으로서는 감당키 어려운 환난을 당하였다. 그런데 욥에게는 죄가 없었는가? 결국 욥은 하나님 앞에서 자신의 죄가 티끌보다 많음을 고백한다. 그러나 무엇보다도 욥의 죄는 주님의 주님 되심, 즉 하나님의 주권을 알지 못하는 죄였다. 하나님은 이 세상을 통치하시고 환난도 하나님의 주권 아래 있다는 것을 몰랐던 것이었다. 우리 장애인에게도 하나님의 뜻이 있음이 틀림없다. 환난이 문제가 아니라 주님을 주님으로서, 곧 나를 운용하시는 분으로서 인정하고 있는가가 문제인 것이다.

나는 또 말을 이었다.

"우리는 병신이라고 천대를 받지만, 예수께서 십자가에 못 박히시고 장사한 지 사흘 만에 다시 살아나신 것같이, 우리도 주님이 천사와 함께 영광으로 오시는 날 부활할 것입니다. 하나님께서 약속하시길, **'죽은 자의 부활도 그와 같으니 썩을 것으로 심고 썩지 아니할 것으로 다시 살아나며 욕된 것으로 심고 영광스러운 것으로 다시 살아나며 약한 것으로 심고 강한 것으로 다시 살아나며 육의 몸으로 심고 신령한 몸으로 다시 살아나나니 육의 몸이 있은즉 또 영의 몸도 있느니라'** (고린도전서 15:42~44)라고 하셨습니다. 여러분, 한 부자와 거지 나사로가 있었습니다. 나사로는 부자의 부자의 상에서 떨어지는 부스러기를 주워 먹고 살았는데 개들이 와서 그의 상처를 핥아 먹는 처참한 생활을 했습니다. 후에 나사로는 죽어 아브라함의 품에 안겼습니다. 그 부자는 죽어 음부에 들어갔습니다. 아브라함이 '너는 살았을 때에 좋은 것을 받았고 나사로는 고난을 받았으니 저는 여기서 위로를 받고 너는 고난을 받느니라' 라고 했습니다. 여러분 세상에서 고난받았을 때 나사로가 얼마나 간절히 주님을 찾으며 부르짖었겠습니까? 우리도 비록 지금은 병신이라고 손가락질 받고 죄인이라고 푸대접받지만 하나님 잘 믿고 신앙을 지키면 나사로와 같이 천국에서 아브라함의 품에 안길 것입니다."

나는 출소하는 날 격려하는 말을 나누었다.

"우리 다시 만납시다. 이 세상에서 만나지 못하면 새 하늘과 새 땅, 에덴동산이 회복되는 곳, 고통도 없고, 슬픔도 미움도 없는 곳, 사랑과 평화만 있는 곳, 우리 같은 장애자도 멸시받지 않고 행복한 곳, 인간의 지식으로는 상상할 수 없는 그곳에서 다시 만납시다. 혐오하며 고개를 돌리는 이들을 원망 말고 십자가만 바라보며 삽시다. 십자가에서 우리 위해 피 흘려 돌아가신 주님 바라보며 그날이 올 때까지 꿋꿋하게 살아갑시다."

제3부

새로운 삶

제3부
새로운 삶

출소와 복학

만기 방에서는 출소하기 전 며칠 동안 지내는 곳이 있다. 같은 방에서 잠을 이루지 못하는 젊은 형제가 밤새 뒤척인다. 나는 그에게 말을 걸어 오늘 나가면 갈 곳이 있느냐고 물었다. 그는 마땅히 갈 곳이 없다고 했다.

"내가 거래했던 회사에 부탁해 볼 테니, 공장에서 일을 하면 어때요? 일단 나가면 나하고 같이 아침을 먼저 먹읍시다."

마중 나온 여동생 부부 그리고 아내와 함께 여동생 집으로 갔다. 아침을 먹으며 여동생은 그에게 교도소는 왜 들어갔느냐고 곤란하게 자꾸 물었다. 그 형제는 슬며시 사라져 버렸다.

여동생에게 그런 것은 묻는 것이 아니라고 말해 주었다. 아쉬움에 마음이 아팠다. 식사를 마친 후 처갓집으로 돌아갔다. 장모님은 고생이 많았다고 한마디하며 나의 인사를 받는 둥 마는 둥 자리를 뜨셨다. 아내는 의류 부자재 사업을 하는 사장이 사무실에 책상과 전화를 내주어 일을 해 오고 있었지만 많이 어려웠다.

나는 아이들이 학교에서 돌아올 때까지 기도하며 카세트로 성경을 들으면서 시간을 보냈다. 아이들이 돌아왔다. 초등학교를 다니는 아들의 목소리가 들렸다.

"아빠, 어디 갔다 오셨어요?"

아들은 궁금하여 묻고 또 물었다. 여중에 다니는 딸아이는 반가워하며 저녁을 챙겨 주는 등 제법 어른 노릇을 했다.

며칠 동안 집에서 쉬며 기도생활을 하는데 사무실 사장이 왜 나오지 않느냐고 몇 번이나 전화를 했다. 며칠 후 사장은 우리에게 식사 대접을 하면서 회사가 많이 성장하고 있다는 반가운 소식과 함께, 사무실을 확장해야 하기 때문에 우리가 비워 주었으면 하는 말을 했다.

회사도 이사를 준비해야 하고 학교도 복학해야 했다. 어렵게 회현동에 서울에서 가장 싼 빌딩을 소개받고 책상 두 개가 겨우 들어가는 작은 사무실, 2개월 보증금 없이 사글세만 내면 되는 구석방을 얻었다. 학교도 다시 복학하여 다녔는데 등록금이 없어 오직 하나님께 매달렸다.

등록금 인상 거부 투쟁으로 데모가 있어 어려움이 있었지만 계속 공부할 수 있었고, 시험까지 다 치르고 성적도 다 나왔다. 그러나 등록금을 내야 했는데 도저히 등록금을 낼 수 없어 한 학기를 포기했다. 가슴이 아팠다. 비가 오나 눈이 오나 버스를 두 번 갈아타고 가야 하는데 정류장에서 버스를 태워 주는 사람을 만나기 어려웠고 한 시간 이상 여유를 두고 학교에 가도 지각할 때가 한두 번이 아니었다. 저녁 식사를 제대로 못할 때가 많았다. 참으로 하나님께서 물질적인 연단 훈련을 철저하게 시키셨다. 총신대학 구내식당은 500원으로 식사를 했는데 500원이 없어서 굶을 때도 많았다.

집에 쌀이 없어 수제비나 라면으로 끼니를 때울 때면 가슴이 아팠다. 다 떨어진 운동화가 찢어져 흙과 물이 들어와 양말이 엉망이 되곤 했다. 아이들 교통비가 없어서 쩔쩔매던 때가 큰 아픔이었다.

놀랍게도 한 친구가 내가 사업에 실패하여 어렵게 되었다는 소식을 듣고 딸이 다니는 학교에 연락해 왔다. 그리고 꼭 전화를 해 달라는 소식을 딸이 가지고 왔다. 내가 은근히 무시했었던, 별로 가깝지 않은 친구였다. 그 친구에게 전화했더니 당장 찾아오겠다고 하여 처갓집 근처에서 만났다. 그는 연탄 500장, 쌀 세 가마를 사 주더니 50만 원을 주며 말했다.

"언제라도 연락하면 성의껏 도울 테니, 어려워하지 말고 말해 줘. 알았지?"

교만했던 내 모습이 떠올랐고 부끄러워 대답도 제대로 하지 못하였다.

내가 신학을 시작하게 된 것은 또 다음과 같은 계기가 있다. 어느 날, 빚쟁이가 만나자고 하여 할 수 없이 만나게 되었을 때였다.

"이제 무엇을 하면서 살아갈 거요?"

"새로운 인생을 살게 해 달라고 기도하고 있습니다. 염치없지만 하나님이 원하시면 신학교에 들어가 공부했으면 좋겠습니다."

"그렇다면 신학교에 가서 공부를 시작해 보세요."

"등록금도 없고, 빚쟁이 주제에 신학을 공부할 수 있습니까?"

그러나 그는 등록금을 본인이 해 줄 테니 다녀 보라며, 사업이 어려워 어음으로 백만 원을 주었다. 상상도 못 했던 일이 하나님의 은혜로 일어난 것이었다. 백만 원을 어음으로 할인했더니 77만 원이었다. 등록금과 맞아 떨어지는 액수가 되어 신학교에 입학했다.

여기까지 이렇게 인도하신 하나님을 믿고 열심히 공부했는데 한 학기가 무효가 되다니, 내 믿음이 잘못된 것이 아닌지 의심이 들기도 했다. 그러나 기도하면서 내년을 기다리고 하나님께 모든 것을 맡기기로 했다.

그런데 아이들 학교 문제로 돈암동 처갓집으로 주소를 옮기고부터 빚쟁이들이 찾아오기 시작했다. 할 수 없이 우리 부부는 여의도순복음교회에서 매일 철야로 기도하며 새벽예배가 끝난 후 사무실에서 세면을 하고 식사를 하며 지냈다. 어느 날 성일교회에서 집으로 심방을 오겠다고 했다. 사정을 말하고 사무실에서 예배를 드리도록 부탁을 드렸다.

목사님과 안 장로님과 사모님 그리고 두 분 전도사님이 오셨는데 책상 두 개를 빌린 의자로 빙 둘러 앉아 찬양을 드렸다. 은혜가 넘치는 자리였다! 성령님의 임재하심으로 눈물 콧물 바다가 되어 예배를 드렸다. 목사님부터 모두 큰 은혜를 받았고 목사님은 하나님께서 우리를 너무 사랑하신다며 철야예배 때 간증을 하라고 하셨다.

우리 형편에 말도 안 된다고 거절했지만 목사님은 꼭 간증을 하여 하나님께 영광을 드려야 한다며 날짜를 정해 주셨다. 심방을 받은 후부터 거래처도 늘어나 빚을 조금씩 갚아 나갔다. 또 감사하게도 복학할 수 있도록 등록금도 해결해 주시고 처갓집으로 들어가 생활할 수 있게 되었다.

아내는 너무 많은 고생을 했다. 새벽에는 고등학교를 다니는 딸을 데려다 주고, 중학교 아들을 데려다 주었다. 그러고 나서 나를 때로는 사당동 총신으로, 때로는 총회회관으로 때로는 수유리 통학 버스 정류장으로, 양지 캠퍼스로 가는 스쿨버스를 태우기 위하여 데려다 주었다. 아이들과 나를 데려다 준 후에는 회현동 사무실에 출근하여 회사 일을 했다. 거래처 주문을 받는 일부터 자재를 납품하는 일까지 손수 운전을 하며 서울 등 여기저기 공장이나 자재 창고를 두루 다니며 납품을 손수 했다.

이 즈음에는 학교에서 돌아올 때 원우들이 전철이나 버스를 함께 타고 오거나 태워 주어 불편이 없었다. 아들이 정류장에 버스가 도착할 때마다 아버지가 내리는지 확인하며 뛰어다니다가 내가 버스에서 내리면 달려오며 "아빠!" 하고 부르며 품에 안겼다. 그때마다 가슴이 뜨거웠다.

아들과 포장마차서 곰장어나 우동을 먹으며 허기를 면하고 기쁨의 시간을 보냈다.

어느 날 치영이와 전남 신안 앞바다 비금도에서 사역하는 임헌원 전도사 교회에 집회를 가게 되었다. 기차를 타고 또 배를 타며 어린 치영이는 신바람이 났다. 배 갑판에서는 산 낙지를 팔았는데, 아들에게 사 줄 여유가 없어서 마음이 아팠다. 어른스럽게 참는 아들이 고마웠다. 집회 기간에는 먹고 싶어 하던 산 낙지뿐 아니라 갖가지 회와 생선을 맛있게 먹을 수 있었다. 아들이 좋아하니 오랜만에 아버지 노릇하는 것 같아 흐뭇했다. 해변을 걸으며 찰싹거리는 파도 소리를 들었다. 좋은 추억을 갖게 해 주심에 감사했다. 부흥 집회를 은혜롭게 마치고 오랜만에 사례비로 목포에서 치영이 장난감과 학용품도 사 줄 수 있어 기뻤다.

광명시에 있는 송영식 목사님의 서광교회를 아들과 함께 다니면서 교회 사역을 하나하나 배우며 교회 행정도 배웠다. 송영식 목사와는 영원한 동역자로 끊임없이 관계를 맺어 왔는데, 어려울 때마다 전화를 걸어 부탁하면 거절하지 않고 자기 일처럼 도와주곤 했다.

국민학교 6학년에 다니는 아들이 2학년 때의 일이었다. 내가 버스나 전철을 타고 올 때면 한마디 불평 없이 춥거나 덥거나, 비바람이 쳐도 아들은 나의 눈이 되어 주었다. 나는 경복궁, 박물관, 남산, 대공원 등을 재롱을 떠는 아들과 함께 다녔다.

1학년 때 백화점 구경을 시켜 주고 나오는 길에 아들은 갑자기 걸음을 멈추었다.

"아빠, 돈 얼마 있어?"

"미안, 아빠가 돈이 삼천 원 밖에 없는데?"

"아빠, 나 이천 원만 주면 안 돼?"

나는 선뜻 이천 원을 내줬다. 돈을 받아 든 아들은 나를 잠시 한쪽에 세워두고 달려갔다. 녀석은 이내 돌아왔다.

좀처럼 돈을 어디에 썼는지 밝히지 않던 아들이 누나에게 얘기하여 알게 되었다. 백화점을 나오는 길에 맹인이 구걸을 하고 있었는데, 그 모습을 보고 지나칠 수가 없었나 보았다. 아들을 조용히 불러 꼭 껴안아 주었다.

그런데 그렇게 착하던 아들이 갑자기 아버지와 함께 다니고 싶지 않다고 하였다. 누나가 타이르고 엄마가 꾸중을 해도 나와 함께 나가려 하지 않았다. 친구나 형제로부터 버림받은 것에 비교할 수 없이 마음이 갈기갈기 찢어졌다.

자식에게 버림받은 아픔이 계속되었다. 누나가 설득하여 데리고 왔다. 나는 조용히 아들에게 아빠가 싫으냐고 물었다.

"아니에요. 난 아빠가 좋아요……."

아들은 울음을 터뜨렸다.

"그럼 왜 갑자기 아빠랑 다니지 않으려고 그러니?"

"근데 사람들이 쳐다보는 게 싫어. 사람들 쳐다보는 눈초리가 싫단 말이야."

어느새 아들은 내 품에 안겨 흐느꼈다. 어린 마음에 얼마나 괴로웠으면 이렇게 흐느낄까 하는 생각이 가슴을 찔러 눈물이 흘렀다.

신대원의 강의 시간은 정말 좋았다. 교수님들이 요구하는 필독서는 읽을 엄두도 못 냈지만 강의 시간에는 최선을 다해 몰두했고 강의를 녹음하여 반복하여 들으며 정리했다. 특히 김희보 교수님 강의와 권성수 교수님 강의를 좋아했는데, 그분들은 구술시험을 보게 해 주셨다. 마주 앉아 물으시고, 대답을 하면 손을 꼭 잡아 주시며 수고했다고 칭찬을 아끼지 않으셨다.

감사하게도 두 분 교수님들은 에이플러스의 성적으로 마음에 용기를 넣어 주셔서 힘을 얻곤 했다. 리포트는 학우들이 쓴 것을 복사하여 요점을 뽑아 짜깁기하기 일쑤였는데, 나에게는 부담이 되는 일이었다. 설교 연습 시간에는 한 사람씩 설교를 준비하여 발표를 해야 하는데, 며칠 동안 아무리 열심히 준비를 해도 자신이 없어 막상 설교연습 시간에 결석을 했다. 히브리어, 헬라어 시간은 결석 한 번 없이 강의를 들었지만 제대로 알아듣지도 못하고 이해하지도 못했다. 교수님에게 사정을 말씀드리면 난감해 하시면서도 리포트로 대신해 주셔서 원우들의 도움으로 겨우 패스했다.

총신대 MDV 과정을 졸업하기 위해서는 논문을 써야 했다. 논문 제목 등을 준비하여 지도 교수에게 지도를 받아야 하는데, 논문을 쓰기 위해서 자료 수집하는 것과, 옆에서 기록해 줄 봉사자를 구하는 것이 어려웠다. 기도하면서 지도 교수인 정성구 교수님께 간증문을 쓰면 어떨까 말씀 드렸더니 줄거리를 써 오라고 하셨다. 하나님께 영광이 되고 보잘것없는 나를 통하여 복음이 전해질 수 있도록 해 달라며 간절히 기도로 준비하였다.

딸 혜정이가 대필해 주었지만, 고3에게 많은 시간을 빼앗는 것이라서 고민이 되었다. 내가 직접 쓰려면 컴퓨터나 타자를 이용해야 하는데 능력이 없었다. 궁리 끝에 책받침을 세로로 줄을 맞추어 잘라 내어 노트에 책받침을 대고 글을 써 내려갔다. 처음에는 알아보기 힘들었지만 연습을 많이 한 후에는 어느 정도 읽을 만했다. 성일교회 청년부의 한 자매님이 내가 쓴 글을 정리하여 다시 나에게 읽어 주는 봉사를 해 주었다. 내가 다시 정리하여 주면 그 자매가 최종적으로 정리해서 1부를 썼다.

남은 2부를 써 놓고 정리해 줄 봉사자를 찾기 어려워 아르바이트생을 구했다. 그러나 시간이 너무 많이 걸리고 시간이 잘 맞지 않아 대충 정리하고 말았다. 아쉬움이 많았지만 논문 원고지에 정리해서 교수님께 제출하고 권성수 교수님께 드렸다.

읽어 보신 교수님은 출판을 하자며, 신학생들이 읽을 수 있도록 해야 한다고 하셨다. 너무 기뻤고 하나님께 감사했다. 많은 사람들에게 읽히고 하나님께 영광이 될 수 있도록 기도했다. 책은 권성수 교수님과 정성구 교수님의 추천사와 함께 출판되었고 서점에서 팔리기 시작했다.

갇힌 자를 위한 선교

1987년은 민주화 투쟁으로 데모가 많았고 88올림픽으로 온 나라가 떠들썩하였으나 나의 마음 한 구석에는 예전 교도소에서 들었던 하나님의 음성이 떠나지 않았다. 마태복음 25장 40절 **"너희가 여기 내 형제 중에 지극히 작은 자 하나에게 한 것이 곧 내게 한 것이니라"**

가난하고 병들고 갇힌 자들을 위해 기도할 때마다 눈물이 흘렀다. 지극히 작은 자들을 생각하며 하나님께 쓰임받게 해 달라고 금식하며 기도하는데 갑자기 유치장에 있을 때 교회에서 와서 갇혀 있는 사람들과 예배를 드렸던 생각이 났다. 갇힌 자들을 전도할 수 있는 문을 열어 달라고 기도했다. 그러나 유치장에서 전도하려면 그들에게 접대할 음식, 함께할 봉사자들이 필요했다. 아내에게 슬쩍 말을 꺼내 보았지만 아내는 펄쩍 뛰었다. 미쳐도 곱게 미치라며 절대 못한다고 잘라 말했다.

'아내의 마음을 돌려주십시오. 또 함께 전도할 수 있는 봉사자와 후원자를 보내 주십시오.'

유치장 전도를 할 수 있을지 알아보기 위해 경찰서에 전화를 걸었다. 각 경찰서마다 이미 많은 교회가 정해져 있었다. 서울 시내 경목실에 차례로 전화를 했지만 허락하는 곳이 없었다.

다시 금식기도를 하며 조심스럽게 북부경찰서 경목실에 전화를 걸었다. 변은미 전도사가 친절하게 전화를 받아 주었다.

"나는 맹인 목사로 유치장과 교도소 생활을 한 경험이 있습니다. 교도소 생활하는 중에 하나님께서 '지극히 작은 자 하나에게 한 것이 곧 내게 한 것이라' 라는 음성을 들려 주셔서 전화하였습니다."

감사하게도 1989년 1월 5일 토요일에 와서 전도를 해 보라고 하였다. 그리고 그 후에 경목에게 보고하여 계속 전도할 수 있도록 하겠다고 했다. 기뻤다. 하나님께 찬양하며 기도하며 봉사자와 후원자를 보내 달라고 밤낮으로 부르짖어 기도했다.

밀알선교회 정영석 총무에게 봉사자를 부탁했다. 칼빈신학교 재학 중인 장애인 남편과, 서울신학교 재학 중인 부부를 봉사자로 보내 주기로 했고, 태원산업 최종태 사장은 유치장 선교를 하게 되었다고 매달 5만 원씩 후원금을 보내겠다고 했다.

드디어 첫 유치장 전도를 할 수 있게 되었다. 장애인 부부 봉사자와 함께 초라한 사무실에서 하나님께 기도하고 변은미 전도사의 안내를 받고 들어갔다. 두려움과 떨림으로 찬양하며 예배를 인도했다. 간증하며 열심히 복음을 전했지만, 듣는 그들은 은혜를 받지 못했다. 한 사람이 소리를 쳤다.

"여보시오, 이제 그만하시오."

서둘러 설교를 마쳤다. 빵과 우유를 나누어 주고 쫓기다시피 유치장을 빠져 나왔다. 우리는 패잔병처럼 침묵을 지키며 헤어졌다.

나 같은 놈이 무슨 전도를 하겠나, 창피당하기 전에 포기하는 것이 마땅하다고 좌절했다. 하나님께 그렇게 기도했는데 외면당한 것 같았다. 그러나 마귀에게 속으면 안 된다 생각하고 금식기도에 들어갔다. 하나님께서 크게 깨닫게 해 주셨다. 나도 하나님께 쓰임받는 종이 되었다고 은근히 자신을 나타내려는 교만이 있었던 것이다. 맹인의 열등감과 인정받고자 하는 욕구가 자만에 빠지게 하였다. 울며 회개하며 기도했다.

"오직 예수님만을 모시고 유치장으로 가서 지극히 작은 자 하나라도 구원하는 데에 나같이 형편없고 보잘것없는 자라도 쓰임받게 해 주십시오."

믿음이 솟아나며 용기가 생겼다. 다시 봉사자 부부와 간절히 기도하고 유치장으로 들어갔다. 시작하는 찬양부터 하나님의 은혜가 폭포수처럼 내렸다. 나뿐만 아니라 봉사자 부부와 유치장에 갇힌 사람들도 눈물을 흘리며 하나님의 은혜를 체험했다. 전적인 하나님의 은혜와 성령님의 감동으로 예수님께서 일을 하고 계셨다.

말씀은 그들의 영과 혼과 관절과 골수를 쪼개면서, 전과 18범이라는 형제가 쇠창살을 두드리며 통곡하며 외쳤다.

"교도소를 왔다 갔다 하면서 많은 집회를 참석했지만 믿음이 없었는데, 이제야 예수님을 영접하고 진실한 믿음을 가지게 됐습니다."

살아계신 하나님을 직접 체험한 우리는 서로 은혜를 나누며 감사의 눈물을 흘렸다. 하나님께서는 나에게 강하게 말씀하셨다.

"너는 나를 사랑하느냐?"

주님을 부인했던 베드로에게 주님이 이렇게 물으셨을 때, 베드로는 '내가 주님을 사랑하는 것을 주께서 아시나이다.'라고 고백했다. 그러나 나는 차마 이 말이 입에서 떨어지지 않았다.

"저는 주님을 사랑하지 않았습니다. 용서하여 주옵소서. 저는 세상적인 방법으로 주님의 일을 하려 했습니다. 저는 주님을 사랑할 수 없사오니 주님을 사랑할 수 있도록 저에게 능력을 주옵소서."

하나님의 뜻은 내가 사업에 성공하여 물질로 돕는 것이 아니고 성령의 능력으로 사람들을 변화시키는 것이라는 것을 깨달았다. 내가 만일 맹인이 되지 않았다면, 장애인의 아픔과 서러움을 어떻게 알았을까? 내가 만일 교도소에 가지 않았다면 그곳에 복음을 전할 수 있었을까?

유치장 전도는 하나님의 은혜로 결신자들이 늘어났다. 유치인들은 유치장에 잠깐 있다가 구치소로 송치되기 때문에 항상 바뀌므로 새로운 사람들에게 복음을 전할 수 있었다. 봉사자들이 유치장 전도에서 있었던 하나님의 은혜를 간증하여 신학교에서 간증하여 신학생들이 동참하기도 하고, 은혜받은 신학생들이 유치장 바닥에 털썩 주저앉아 내가 더 큰 죄인이라고 울며 회개하는 일도 있었다. 신학생들이 집에 가서 간증하면 부모인 장로님, 권사님, 집사님들이 동참하면서 헌금과 다과를 준비해 왔다.

봉사자들이 점점 늘면서 성북, 종암, 송파, 성동 경찰서 등으로 전도하였다. 3월부터는 매주 목요일마다 시립 동부병원에서 길거리에 쓰러진 환자들을 경찰차 등으로 데려온 병실에서 전도를 시작했다.

4월부터는 장애인이 수감된 청주교도소에서 장애인의 날 행사를 하였다. 특별 집회를 하면서 음식을 준비하여 큰 잔치를 했다. 이후로 매달 장애인 집회를 하게 되었고, 많게는 5백 명 이상 모여 전도집회를 하였다. 장애인 집회 때에는 교도소 수감자들에게 필요한 물품을 보내 주었다. 성경 등 책을 구입하여 보내 주기도 하고, 교도소에서 쓸 수 있도록 영치금도 매달 3만 원씩 넣어 주었다. 대 집회 때는 떡을 몇 가마씩 하기도 했는데, 과일과 음료수 등을 준비할 때마다 선교비가 100만 원 이상이 들어갔다. 또 봉사자들의 식사비와 교통비 등 많은 경비가 들었다. 그때마다 하나님께서는 꼭 필요한 만큼 정확하게 보내 주시곤 했다.

청주교도소에서 근무했던 교도관들이 여러 교도소로 전근을 가서 우리 선교회를 불러 주었다. 대전, 영등포, 안양 교도소, 천안소년교도소, 청송감호소, 청주여자교도소, 공주치료감호소, 청송 2교도소 등 소그룹으로 자매집회와 대집회를 하였다. 교도소 사정에 따라 전국 교도소에서 불러 주는 곳마다 집회를 다닌 것이다. 때로는 엘칸도 중창단과 함께 다니며 집회를 했다. 찬양과 율동으로 하나님께 영광을 올려 드리게 되어 감사했다.

IMF 전까지 청와대 신우회와 TV 탤런트들과 함께 기도하며 청송감호소 집회를 다녔다. 동참한 사람들도 은혜를 받고 돌아오곤 했다. 청송 1감호소에서는 구역장 훈련을 하고, 2감호소에서는 여자 감호자들에게 청주여자교도소에서 본형을 마칠 때까지 신앙훈련을 시켰다.

각 교도소마다 리더 훈련을 통해 교도소 선교사가 세워졌다. 장기수 중에는 7년 동안 300명을 전도한 수감자도 있었다. 이들을 통해 전도받은 무당과 불교 신자가 예수님을 믿고 선교회 후원자가 되기도 했다.

1993년 어느 날, 청주교도소 기독교 담당으로부터 급한 전화가 왔다.

“병이 들어 죽게 된 수감자가 있어요. 가족들이 데리고 가야 하는데, 자기네 형편 때문에 데려갈 수 없다고 하네요.”

통사정을 했다. 방법을 찾아보다 길거리에서 쓰러져 있는 병든 환자들을 입원시키는 시립 동부병원 생각이 스쳤다. 병원에서는 받아 줄 것이라 단순하게 생각하고 구급차로 환자를 데리고 시립 동부병원으로 갔다. 그러나 병원에서는 형 집행정지로 나온 수감자는 받아 줄 수 없다며 거절했다. 밖으로 나가 보니 구급차가 사라졌다. 생각다 못해 병원으로 다시 들어가 사정했다. 치료비를 우리가 책임지며 내가 보증 설 테니 입원시켜 달라고 하자 감사하게도 입원을 할 수 있었다.

목요일마다 병원 선교를 하며 그를 만났다. 필요한 물건을 사 주며 최선을 다하여 봉사자들과 함께 섬겼다. 그의 마음이 열렸다. 가족도, 나라에서도 버린 자기를 받아 주었다고 고마워했다. 우리는 이 사람이야말로 지극히 작은 자로 생각하며 그를 위해 기도했다. 그는 치료가 급진전되어 혼자 걸을 수 있게 되었다.

형 집행정지자는 치료되면 다시 교도소로 가야 한다. 그러나 어느 날 새벽 그는 몰래 도망했다. 그의 형편과 사정을 생각하면서 그를 위해 계속하여 기도할 수밖에 없었다.

이후로 형 집행 정지자 중 가족이 받지 않는 수감자를 받아달라고 이곳저곳 교도소에서 연락이 왔다.(지금까지 수백 명을 섬겨 왔다. 감사하게도 지금까지 아산병원, 강남 성모병원, 여의도 성모 병원, 국립의료원, 서울 의료원, 동부 시립병원, 원주 기독병원, 횡성 대성병원, 진보병원, 대구 동산병원, 성가병원 등 많은 병원에서 천사 같은 의사 선생님과 병원 관계자들을 통해 많은 도움을 받았다.) 병원비와 장례비로 많은 물질이 필요했지만 하나님께서는 기도할 때마다 해결해 주셨다. 여호와 이레로 병원과 모든 장례를 치르는 과정까지 다 준비해 주셨다.

우리는 오직 심부름꾼이었다.

출판된 책을 읽어 본 목사님들 덕분에 여기저기에서 집회 초청이 왔고, 기독교방송에서 고은아 권사님의 사회로 진행되는 '새롭게 하소서' 에 출연한 후에는 수십 통의 전화가 며칠 동안 왔고 후원하겠다는 분도 많았다. 그 후로 김삼일 PD와 친하게 되었다. 그는 힘들고 어려울 때 기도를 부탁하기도 하였으며 삼선교에 있던 선교회를 자주 찾아와 함께 식사와 기도의 시간을 가졌다. 밤늦은 시간에 야간작업을 하다 연락이 오면 방송국으로 달려가 함께 방송국의 안타까운 사정을 위해 눈물로 기도했다. 어느 때는 기독교 방송국임에도 성경책을 들고 사무실을 들어갈 수 없어 양복 안쪽에 넣고 들어가곤 한다며, 성경을 들고 들어가면 눈치가 보이고 비웃음을 당하는 것이 가슴 아프다고 하였다. 우리는 기독교방송을 위한 기도모임을 시작했고, 안혜성 작가와 시각장애인 리포터 유석영 등과 함께, 때로는 방송국에서 때로는 선교회에서 또는 작가 집에서 기도회를 했다.

방송을 듣고 후원자도 수십 명으로 늘어 유치장, 시립 동부병원, 교도소 선교 등을 할 수 있도록 필요한 만큼 물질을 보내 주셨다. 뿐만 아니라 봉사자들도 보내 주셨다. 교회 직분자로 구성된 봉사자들과 함께 매일 오전에 모여 함께 기도드리고, 사무실에서 식사를 나누고 유치장 등으로 전도를 나갔다. 감사하게도 매일 권사님, 집사님 등 장애인 봉사자들이 동참해 주었다.

봉사자들이 가족들을 데리고 와서 동참하였다. 전도를 갈 때면 전철과 시내버스, 고속버스 등을 이용하기 때문에 불편이 이만저만이 아니었다. 마치 굴비를 엮은 것처럼 시각장애인들이 서로 잡고 지하철을 오르내리는 모습을 지나가는 사람들이 구경하기도 했다.

유치장이나 병원에서는 한 사람씩 일대일로 전도하며 기도를 해 주면 마음을 쉽게 열고 복음을 받아들였다. 오히려 봉사자들이 감동을 받았다. 어느 날부터 선교사들을 잘 섬기며 믿음이 좋은 집사님이 차량으로 섬기며 동참해 주었다. 장애인 봉사자들에게는 너무 감사한 일이었고, 멀리 다니는 교도소 선교도 불편에서 벗어나게 되었다.

유치장에서 온 형제나 병원에서 퇴원한 노숙인을 서울역으로 찾아가기도 하고, 은평마을 부랑아 시설을 찾아가기도 하며 그들을 돌볼 수 있도록 했지만 한계를 느꼈다. 교도소에서 출소한 형제들이 찾아오면 난감할 때가 한두 번이 아니었다.

이러한 안타까움으로 우리에게도 작은 집을 달라고 기도했다.

지극히 작은 자들의 집

1992년 3월, 차량으로 봉사하며 선교회 봉사자들에게 식사 등으로 잘 섬기던 집사님이 봉사를 잘하는 형제자매들을 데리고 또 다른 선교회를 조직해 나갔다. 장애인들과 몇몇 안 되는 봉사자만 남게 되어 초라했다.

봉사자와 함께 기도원으로 올라갔다. 섭섭한 마음이 변하여, 그들을 주님 나라 세워 가는 선교회로 쓰임받게 해 달라며 진실하게 기도할 수 있었다. 하나님의 은혜로 마음이 평안하며 기쁨으로 기도를 마쳤는데, 옆에서 누군가가 내 기도 소리를 들으며 기다린 사람이 있음을 감지했다.

기도를 마치자 그분이 내가 쓴 책을 읽었다며 반갑게 인사를 해 왔다. 자신을 전도사 사모라고 소개하며,

"어머니와 함께 엊그제 출소한 동생을 데리고 왔습니다. 기도원 데리고 왔다고 동생은 짜증을 내네요. 오늘 내려가야 할 것 같은데 기도를 부탁드려도 될까요? 동생이 꼭 하나님을 만날 수 있도록 도와주십시오."

사모의 동생인 왕 형제를 만나 함께 기도하고 복음을 전했다. 영접기도를 하고 상담을 하며 며칠 더 기도하도록 권했더니 감사하게도 더 남아 기도하겠다고 했다. 어머니는 너무 감사하다며 인천 집으로 꼭 심방해 달라고 부탁하였고 왕 형제도 와 달라며 굳게 악수했다.

인천으로 돌아간 왕 형제는 집에 도착하자마자 집을 나갔다. 가끔

그 어머니로부터 전화가 왔는데, 아직 들어오지 않아 걱정된다며 아들과 함께 집에서 예배를 드릴 수 있도록 기도해 달라고 했다. 그렇게 아들을 애타게 기다리던 어머니에게서 몇 달 후 전화가 왔다. 아무리 기다려도 아들은 전화 한 통 없으니, 아들은 없지만 예배를 드려 달라고 부탁했다. 거절할 수 없어 약속을 했다.

선교회 간사와 전철을 타고 동인천에서 내려 출구를 빠져 나갈 때였다. 누군가 큰 소리로 나를 불렀다. 놀랍게도 왕 형제가 자가용을 타고 마중을 나왔다. 그렇게 기다리던 아들이 마침 전화를 한 것이었다. 내가 온다는 말을 듣고 쏜살같이 달려왔다고 했다.

집에 도착한 우리는 친양을 했다. 성령 하나님의 은혜가 쏟아져 내렸다! 어머니와 아들도, 칼빈신학생 간사 형제도, 나도 울며 눈물의 찬양과 예배를 드렸다. 시편 23편을 설교하려고 준비했는데, 성령님은 창세기 12장 말씀을 전하게 하셨다.

상상하지도 않았던 하나님 말씀이 내 입에서 나왔다. 아브라함에게 본토 친척 아비 집을 떠나라 하신 말씀을 전하면서, 속히 인천을 떠나 우리 선교회로 오라고 했다. 그리하면 복의 근원이 되게 하실 거라고 전하였다. 눈물을 쏟아내던 형제는 놀랍게도 오겠다고 했다. 그러나 우리는 단칸방에서 우리 부부와 딸 아들, 네 식구가 살고 있는데 어떻게 해야 하나 걱정이 앞섰다.

더구나 청송감호소에서 출소한 형제가 찾아와 갈 곳이 없다며 모텔비를 요구할 때였다. 취직하여 자리 잡으면 모텔비도 갚고 새 생활을 시작하겠다면서 밥값, 차비, 담뱃값까지 요구가 늘어 가 부담스러웠다. 출소자들이 소문을 듣고 찾아오기 시작했다. 맹인 목사의 심부름이라며 근처 가게에서 돈을 빌려 사라지는가 하면, 가게를 다니며 내 심부름이라며 갖가지 물건을 사서 도망가는 형제도 있었다. 그렇지만 그들의 사정과 형편을 들어 보면, 어느 누가 따뜻하게 반겨 주는 사람이 없을 뿐만 아니라 잠자리도 마땅한 곳이 없어 서울역 등에서 노숙을 하며 지내는 이들인 것이다. 그런데 이런 상황에 왕 형제까지 오게 되면 아무 대책이 없지 않은가?

오산리기도원에서 일주일 작정하며 간절히 기도했다.

"가나안 여인이 원하던 부스러기라도 좋습니다. 쓰러져 가는 오두막이라도 좋습니다. 지극히 작은 자들의 집을 하나 주시옵소서."

밤새 무덤에서, 기도 굴에서 부르짖고 기도했다. 성령님께서 금식하는 사람이 아닌 것처럼 힘 있게 부르짖고 기도할 수 있었다. 기도하고 있는데 갑자기 아내가 찾아와 내려가자고 했다. 어떤 어려움이 일어났음을 알 수 있었다. 말없이 집으로 돌아온 아내는 동생에게서 부도가 났다고 연락이 왔다고 했다. 우리 부부가 운영하던 회사를 동생에게 물려주고 매달 생활비만 받아 오며 간간히 아내가 동생을 도와주던 터였다. 아내 이름으로 당좌를 개설했기에 조만간 동생 명의로 바꾸기로 했는데 차일피일 미루다가 아내가 부도낸 것이 되었다. 그러나 큰 액수가 아니므로 동생은 곧 해결해 주겠다고 했다.

며칠 되지 않아 동생과 연락이 되지 않는다며 거래처 사람들이 한두 명씩 아내를 찾아왔다. 아내는 겁을 먹었고 내가 부도가 났을 때 겪었던 고통을 생각하며 친정으로 가고 말았다.

다시 닥쳐온 폭풍우 같은 환난으로 당황스러웠다.

'하나님 어느 때까지입니까?'

기도할 뿐이었다. 봉사자들이 매일 모여들어 선교는 계속되었다. 사무실에 딸린 방 한 칸을 쓰고 사글세를 내야 했는데, 내지 못하게 되어 주인은 집을 비워 달라고 했다. 11월 말까지 비워 주기로 했다. 기도하면 눈물뿐이고 아이들의 학교 문제와 당장 기거할 방도 문제였다. 결국 올 것이 왔다. 사무실과 우리가 쓰는 방에 몇몇 분들이 기웃거리다 주인과 계약을 하여 우리는 11월 15일까지 이사를 해야 했다.

매일 전도 집회에서, 저녁예배에서, 저녁 10시 기도회에서 부르짖고 기도했다.

날짜는 다가오는데 대책이 없었다. 안정된 교회를 찾아가 목사님께 사정해 보고 싶었다. 대학 후배 목사이며 한때 그 교회에 다니며 아는 사이라 실오라기 같은 희망을 걸고 어렵게 발길을 옮겼다. 교회에 들어가려 했으나 사찰집사님이 막아섰다. 회사를 운영할 때도 경비에게 거지 취급을 받으며 실랑이하다 사장이나 직원과 연락이 되어 만나는 일이 잦았다. 교회는 그걸 것이라고 생각도 하지 못했는데 사찰집사는 면박을 주고 쫓아냈다.

이 사건은 내 생각을 바꾸는 계기가 되었다. 어려워도 사람을 찾아가지 않으며 도와달라고 하지 않고, 그럴 시간 있으면 차라리 하나님 앞에 간절히 기도하기로 했다.

어느 날 기도 중 시편 50편 15절 말씀을 들려주셨다. **'환난 날에 나를 부르라. 내가 너를 건지리니 네가 나를 영화롭게 하리라'** 또렷한 주님의 음성을 듣고 감사했다. 건져 주시겠다고 약속하신 말씀을 믿고 계속하여 선교에 열중하며 아이들에게 기도해 주며 안심시켰다.

그러던 어느 날 인천에서 왕 형제가 자가용에 짐을 잔뜩 싣고 왔다. 나는 대학교 다니는 딸과 중학교 1학년 아들과 함께 살고 있었으니 난감했다. 출소한 지 얼마 되지 않은 30살 형제를 딸과 같이 있게 할 수는 없었다. 할 수 없이 기도하러 다니던 삼각산 밀알기도원으로 데리고 가서 기도하며, 이곳에서 잠을 자고 아침에는 선교회에 내려와 봉사를 하면서 성경공부를 하기로 했다.

2주일이 지난 어느 날 그는 삼각산 밀알기도원에서 쫓겨났다. 기도원에서는 잠만 자고 아침마다 내려가는 그를 보고, 기도는 하지 않고 매일 어디를 가느냐 했다. 그는 우리 선교회 사역을 자랑스럽게 소개하면서 봉사하러 간다고 했다. 그러나 기도원 집사는 나가 달라고 했다. 난감했다. 수유리에 있는 기도원으로 가끔 기도하러 갔던 생각이 나서 그를 데리고 며칠 기도원을 오가며 기도했다. 기도하는 사람이 많지 않았고 별다른 제재가 없어 그에게 그곳에서 머물도록 했다.

그러나 열흘이 못 된 어느 날이었다. 그가 기도원으로 차를 운전하여 올라가는데 어떤 할머니가 땀을 흘리며 걸어 올라가는 것을 보고 태워 드렸다. 할머니가 그에게, 젊은이가 기특하게 기도하려고 왔다며 무슨 기도 제목이 있느냐고 물었다. 그는 유치장, 병원, 교도소 선교를 하며 봉사를 하고 저녁마다 와서 기도하고 아침에는 내려간다고 신나게 대답했다. 알고 보니 할머니는 기도원 원장이셨다. 기도원에서는 기도만 하는 곳이니 미안하지만 내려가 달라고 하셨다.

어려운 상황이었지만 주님 뜻을 따르겠다고 기도했다. 그리고 기도하는 가운데 하나님의 뜻으로 믿고, 단칸방을 장롱으로 막고 그를 오게 해 아들과 함께 쓰게 하고, 딸과 아들에게 이해시키며 함께 생활했다. 아내가 집에 없어 이런 결정을 내렸지, 아내에게 말을 꺼냈으면 미쳤다고 할 것이 뻔했다. 아내가 집에 없는 것이 하나님의 오묘한 섭리가 아닌지 생각하며, 모든 것을 오직 하나님께 맡겼다.

그가 밥을 했는데 이층밥도 하고 덜 익은 밥도 했다. 솜씨는 없었지만 맛있다고 칭찬해 주었다. 사실 배가 고파 먹을 수밖에 없었다. 그는 여태까지 라면 하나 끓여 본 일이 없다고 했다.

지극히 작은 자들의 공동체는 이렇게 시작되었다.

왕 형제는 맹인 등 장애인 봉사자들을 자기 차로 데리고 와 오전에 예배를 드리고, 봉사자들이 점심 식사를 한 후 계속하여 유치장과 시립 동부병원을 다니며 전도에 힘썼다. 매주 금요일과 월요일에는 교도소 선교를 다녔다. 매일 밤 7시 30분에는 함께 성경공부를 하며 기도회도 했다. 그는 점점 더 은혜를 받으며 회개의 눈물이 늘어 갔다.

왕 형제와 창세기 4장의 말씀을 나누던 어느 날이었다. 하나님을 떠난 가인과 가인의 후손의 범죄에 대한 말씀 중, 라맥이 소년을 닥치는 대로 죽이고 자기 부인들에게 자랑하는 대목에서, 가인의 죄는 7배였으나 라맥의 죄는 77배였다고 말씀하실 때에 그는 크게 회개의 눈물을 터뜨리며 통곡했다.

그는 인천의 명문 고등학교를 졸업했지만 깡패로 살았었다. 지나가다 어깨를 부딪쳐 오면 감히 자기를 치고 갔다고 두들겨 패곤 했다. 나와 함께 있을 때에도 운전하고 가다가 갑자기 앞질러 들어온 차를 따라가 앞을 가로막고 트렁크에서 쇠파이프를 꺼내 차를 부셔 버리겠다고 윽박지르며 큰소리치다가, 내가 겨우 말려 돌아온 때도 있었다. 그런 그가 트렁크에 가지고 다니던 쇠파이프도 버리고 매일 참회의 눈물을 쏟아 내더니 변하기 시작했다. 유치장에서 유치인들의 손을 잡고 기도하며 울고, 교도소에서도 장애인들을 불쌍히 여기며 껴안고 함께 울었다.

시립동부병원 행려 환자들의 병실은 냄새가 보통이 아니었다. 의사와 간호사들은 아예 마스크를 하고 치료했다. 왕도 처음에는 병원에 가는 것을 내키지 않아 했다. 냄새가 배었다며 병원을 다녀오자마자 양치를 하고 옷도 갈아입었다.

그러던 그가 달라졌다. 술에 취해 거리에서 살면서 몇 날이고 씻지도 않고, 양치질도 않고 옷도 갈아입지 않는 송장 같은 이들에게 다가갔다. 아무도 가까이 오지 못하게 고집 부리는 환자에게 수건으로 비누칠을 하고 얼굴이며 머리카락을 닦아 주고 몸도 씻어 주었다. 그러면 처음에는 싫다고 했던 사람들이 은근히 좋아하며 마음을 열었다. 발톱을 자르지 않아 발톱이 살 속으로 들어가 곪아 있는 형제의 발을 소독하며 발톱을 잘라 주었다. 자연스럽게 의사와 간호사도 그를 좋아했고 나날이 인기가 높아 갔다.

어느 날이었다. 왕 형제는 몇 번이나 망설이더니 입을 열었다.

"우리 아버지는 경찰이었는데 교통사고로 돌아가셨죠. 그때부터 고삐가 풀렸던 거 같아요. 친구들과 조직에 들어가 마약도 하고 도박도 하고 교도소를 몇 번이나 들락날락했죠."

그러면서 자기 같은 사람도 선교회에서 하나님께 쓰임받게 되어 기쁘고 감사하다며 흐느꼈다.

또 그는 부탁이 있다고 했다. 우리 사정 때문에 말을 꺼내지 못하고 있었지만 더 이상 기다릴 수 없어 말씀을 드린다고 했다.

같이 마약을 했던 친구가 자살을 하려고 한다는 것이었다. 부모 형제로부터 돈을 뜯어내며 마약을 하다가, 빚에 쪼들려 마약 살 돈도 없고 이혼한 아내와 딸에 대한 죄책감으로 죽으려는 것이었다. 당장 데리고 오지 않으면 자살할 것 같다며 계속 울었다.

난감했다. 왕 형제 한 사람도 감당하기 어려웠고 곧 집과 사무실을 비워 줘야 하는데 아무 대책도 없지 않은가? 과년한 딸이 있는데 마약 중독자 청년과 함께 살 수 있겠는가? 말이 안 되는 일이었다.

'하나님께서 우리의 처지를 아시고 이사 갈 길을 열어 주시려 시험을 보시는 것은 아닌가? 이제 이사를 가야 할 시간이 두 달이 채 남지 않았는데…….'

복잡한 마음으로 하나님께 기도할 수밖에 없었다. 지극히 작은 자 하나에게 한 것이 내게 한 것이라고 하신 말씀이 또 자꾸만 떠올랐다. 자살해 죽으려는 이 형제가 바로 지극히 작은 자가 아니냐?

양 형제는 5년 전에 아내와 딸을 떠나 이혼한 처지였다. 한때 새마을금고 대리로 근무하며 착실한 남편으로, 아버지로 단란한 가정을 꾸려 가는 착한 가장이었다. 그러나 마약에 빠지면서 하나씩 잃어 갔다. 교장인 아버지에게 학교에까지 찾아가 돈을 요구하며 갖은 추태를 보

였다. 아버지는 아들 하나 제대로 교육시키지 못한 죄책감과 수치심으로 몹시 괴로워하면서 끝내 연락을 끊었다. 양 형제는 일찍 어머니를 잃어 계모 슬하에서 자랐다. 새어머니는 그를 아끼고 사랑해 주었다. 그런 어머니에게 돈을 뜯어내 마약을 하고, 누이와 형제들에게도 물질적, 정신적 피해를 많이 주었다. 하나씩 다 떠나가 주위에 남아 있는 사람도 없었고, 빚도 많아 시달림이 심하였다.

아들과 딸이 함께 단칸방을 막은 곳에서 생활하고, 왕 형제의 친구인 양 형제를 데리고 와서 셋이 함께 생활했다. 양 형제도 은혜를 받으며, 점점 선교회 생활에 적응하며 봉사하는 것을 기뻐했다. 또 하나님 일을 한다는 자랑스럽게 생각했다. 장애인들을 섬겼고, 장애인들로부터 기도도 받으며 간식을 나누며 좋아했다. 왕 형제가 하던 식사 준비는 양 형제에게 돌아갔다. 그가 서툰 솜씨로 지은 이층밥을 먹으면서도 우리는 웃으며 감사했다.

우리는 봉사자들에게 지극히 작은 자들을 위한 집을 달라고 기도 부탁을 하면서 함께 기도했다. 애끓는 눈물의 기도였다.

어느 날이었다. 양 형제는 기도가 끝나고 심각하게 말을 했다.

"방법이 있을 것 같습니다."

우리는 하나님께 응답받은 것인가 하여 귀를 쫑긋하며 양 형제의 말을 기다렸다.

"빨리 좀 말해."

왕 형제가 독촉했다. 머뭇거리던 양 형제는 드디어 입을 열었다. 주택 복권을 꺼내 앞에 놓고 말했다.

"이 복권이 당첨되어 집을 주시기를 기도합시다!"

우리는 크게 웃었다. 나는 하나님께서는 그렇게 기도하는 것을 원하지 않으시고 그렇게는 응답하시지 않는다고 말해 주었다.

두 형제는 복덕방을 다니며 싼 사글세가 있는지 찾았다. 마침 재개발을 하려고 준비 중에 있는, 합의되지 않아 철거하지 못한 낡은 집이 있었다. 주위에 집들이 철거되어 삭막한 환경이었지만 너무 감사한 집이였다. 보증금 1500만 원에 15만 원 사글세였다. 이만한 집값은 없었다. 방 한 칸에 부엌이 딸린 집도 최소한 4천 5천만 원에 월세가 30만 원 이상이었다. 다 낡아 쓰러져 가는 이층집이지만 1층의 방을 터 부엌과 예배실을 만들고 2층은 우리 아이들과 내가 쓰면 좋을 것 같았다. 집 문제를 놓고 오전 11시 예배 때에 함께 기도하고 저녁 10시에 봉사자들은 각기 집에서, 우리는 우리대로 기도를 시작했다.

하나님께 간절히 매달리며 금식하고 기도하는데, 몇몇 후원자로부터 통장에 100만 원 상당의 후원금이 들어왔다. 복덕방 여자 집사님은 빨리 계약하지 않으면 놓칠까 봐 자기가 500만 원은 몇 달 동안 빌려 주겠다며 계약을 하라고 하였다. 우리 사정을 듣고 마음이 아파 새벽마다 우리를 위해 기도한다며 재촉했다. 우리는 하나님께 전적으로 의지하며, 재개발되는 적산 가옥을 100만 원에 계약했다.

어느 날 기독교방송 PD가 찾아와 사정을 들었다며 종로 5가 기독교백주년기념관에서 찬양제를 하도록 권했다. 자원봉사할 복음성가 가수와 밴드도 섭외해 보겠다고 했다. 우리는 기도 응답이라고 감사했다. 그러나 찬양제를 구경도 못했던 우리는 기쁘면서도 한편으로는 어떻게 준비해야 할지 몰라 답답했다.

먼저 준비위원을 구성해야 한다고 했다. 평양에서 산정현교회를 다니다 월남하여 고창 농촌교회에서 목회하시고, 은퇴하셔서 함께 전도 다니시는 방정원 목사님과, 왕과 양 형제 그리고 칼빈신학교 1학년 간사와 시각 장애인 정귀영 전도사, 뇌성마비 미경 자매 등, 행사를 감당할 수 없는 연약한 사람들이 모였다. 그래도 열심히 팸플릿, 초청장, 포스터 티켓 등을 만들어 인쇄소에 넘겨 인쇄를 부탁했다.

인쇄소에서는 69만 원의 인쇄비를 요구했다. 우리는 기도했다. 유치장 선교를 다녀오는 우리에게 방 목사님은 기쁜 소식을 전해 주었다. 대전교도소에서 출소한 형제가 택시운전을 하다 찾아와 그동안 모아 온 70만 원을 헌금하고 갔다는 것이었다. 깜짝 놀랐다. 어쩜 인쇄비를 맞추어 하나님께서 보내주시는지 감사하면서도 두렵기까지 했다. 몇 시간 후 그 형제로부터 전화가 왔다.

"교도소에서 장애를 가진 분들이 선교 얘기를 미경 자매의 편지로 듣곤 했어요. 사지 멀쩡한 나는 나쁜 짓만 하고 살았는데…… 출소하면 택시 운전을 해서 몇 백만 원이라도 후원하겠다고 결심했거든요. 그런데 막상 출소하니, 몇 백만 원은 벌 수가 없네요. 오늘 헌금하지 않으면 다 써 버릴 것만 같아 보냅니다. 적은 금액이라 미안합니다."

"아닙니다. 지금 찬양제 인쇄비를 걱정하고 있는데 하나님께서 형제를 써 주셨습니다. 너무너무 감사합니다."

11월 24일 화요일 오후 7시에 찬양제를 하도록 모든 인쇄와 티켓을 받아 여기저기 나누어 주며 팔려고 했다. 그러나 반응이 시큰둥했다. 한 목사님은 이런 행사는 최소한 6개월이나 1년 전부터 기도하며 준비해도 요즘은 사람들이 잘 모이지 않는다고 하였다.

방 목사님은 백주년기념관에 직접 가셔서 어느 큰 교단의 찬양제를 보고 오셨는데 그 곳에 모인 사람들도 몇 백이 안 된다고 하셨다. 우리는 백 명도 오지 않아 많은 사람에게 창피만 당할 것 같으니 취소하는 게 어떻겠냐고 하셨다. 티켓 판매는 거의 되지 않고, 경비도 없어 쩔쩔매는 우리 형편을 보면 목사님 말씀대로 취소하는 것이 현명했다. 많은 사람들이 취소하는 것이 좋겠다 하였다. 그러나 기도하면 할수록 취소하고 싶은 마음은 주시지 않았다. 오히려 하나님께서 용기를 주셨다. 팸플릿과 티켓을 과감하게 강북을 중심으로 각 교회마다 교회 성도 수에 맞춰 무료로 돌렸다. 강남의 큰 교회에는 우편으로 보냈다. 우리는 이미 집을 계약했고, 모든 것은 하나님이 인도하실 것이므로 믿고 진행해야 한다고 밀고 나갔다.

어느 날 목사님은 정중히 미안하다시며 준비위원을 사퇴하셨다. 기도할 수밖에 없었다. 눈물의 기도는 항상 그랬듯, 하나님께서는 우리를 불쌍히 여기시며 우리의 기도를 외면하시지 않으셨다. 종로 혜성교회 한 전도사님이 방문하여 우리 사정을 들으시고 교회 학생들을 데리고 와 봉사도 하고 율동도 하고 이곳저곳 다니면서 홍보도 해 주었다. 우리는 11월 15일 이전에 이사를 해야 했다.

복덕방 집사님이 빌려 준 500만 원은 찬양제가 끝나면 헌금으로 갚겠다고 했지만, 900만 원은 도저히 우리 힘으로 구할 수 없었다. 날짜는 하루하루 다가오고 내일은 이사를 해야 하는데 밤 10시 기도회를 마치고 형제들과 함께 눈물만 흘리고 있었다. 그때 전화로 밝은 목소리의 자매의 목소리가 들려왔다. 화요일마다 성북 경찰서 유치장에서 찬양을 드리는, 시각장애가 있는 안마사였다.

"안녕하세요? 목사님. 혹시 어려운 일이 없나요? 갑자기 전화를 하고 싶어 전화를 했습니다."

나는 별 일은 없고 내일 이사해야 하기에 보증금 때문에 기도를 하고 있었다고 자연스럽게 말했다. 그러자 상상도 못했던 일이 일어났다. 그 자매는 얼마나 필요한지 물으며, 그동안 시집갈 때 쓰려고 저축한 돈이 있으니 내일 오전에 900만 원을 찾아 보내 주겠다고 했다. 뜻밖의 일이었다. 전화를 끊고 나서 얼마나 울었는지 모른다.

전과자라고 평소에 쳐다보지도 않았던 형제를 통해 인쇄비도 보내주셨고, 맹인이라고 별 볼일 없이 생각하며 우리가 도와주어야 한다고만 생각했는데, 큰 교회나 돈 있는 부자도 아닌, 멸시 천대받는 작은 자들을 귀하게 쓰시는 하나님은 나의 선입견이나 편견을 깨뜨려 주셨다.

하나님께 쓰임받는 얼마나 소중하고 귀한, 선한 일꾼들인가! 잘못된 나의 고정관념이 깨졌다. 부자나 힘 있는 사람만 쳐다보고 작은 자들을 무시하고 살아왔던 것을 회개하였다.

감사하게도 청주청송감호소 등 우리 교도소 출신들이 와서 이삿짐을 날라 주며 필요한 것들을 사다 주었다. 우리는 이사를 하고 7명이 함께 공동체를 시작했다. 그리고 기도하며 찬양제를 준비했다. 하나님의 사랑으로 헌금을 많이 보내 주어 복덕방 집사에게 빌린 5백만 원과 안마사 자매에게 빌린 9백만 원을 갚을 수 있도록 기도했다. 일기예보에는 눈이 온다고 했다. 눈까지 오면 큰일이었다. 기도는 간절했다. 감사하게도 날씨는 흐렸지만 눈은 오지 않고 포근했다.

24일 오후 6시 30분. 100명도 오지 않았다. 나는 방 목사님 말씀을 들었어야 했다고 후회하며 하나님께서 원하시는 주의 백성들의 발걸음을 재촉해 주시기를 기도했다.

다음 순간, 이것을 보고 사람이 구름떼처럼 몰려온다고 하는 것이구나, 했다. 물밀듯 밀려오는 성도들의 소리가 들리며 삽시간에 1000석 좌석이 가득 채워졌다.

김삼일 PD가 진행을 맡아 사회를, 최종혁 복음성가 가수가 찬양을 맡아 은혜롭게 진행을 하며, 김석균 집사, 최미 집사, 전용대 전도사 등 가수들과 시각장애인 양남규 집사와 시각장애와 뇌성마비 장애인의 찬양 등으로 많은 은혜가 흘렀다. 청주교도소 장애인 출소자인 우리 형제의 간증으로 성도들이 은혜를 받았다.

장애인 봉사자들과 왕 형제와 양 형제, 그리고 출소자 등이 부르는 찬양을 하나님께서는 기쁨으로 받으셨다. 우리는 제대로 찬양을 맞추어 부르지도 못하고 음치들이었지만 성령님의 감동으로 모든 이들과 함께 찬양을 드렸다. 방 목사님은 내 손을 잡으며 눈물을 흘리면서 믿음이 부족했다며 계속 미안하다고 하셨지만 목사님의 기도와 후원으로 이렇게 큰 은혜를 받았으니 진심으로 감사했다. 백주년 기념관을 빠져 나가는 분들에게 진심 어린 마음으로 소리쳤다.

"너무너무 감사합니다. 감사합니다."

형제들은 살아계신 하나님의 역사하심을 확인하며 기적의 하나님을 진심으로 믿게 되었다. 기회였다. 지금까지 새벽예배를 드리지 못했는데, 함께 새벽예배를 드리자고 했더니 다들 찬성하였다. 깨워도 일어나지 않던 형제들이 오히려 먼저 일어나 준비하고 나와 있었다.

'작은 자들의 집'을 중심으로, 사람이 살고 있는 서너 채와 몇몇 청소년들이 본드를 하기 위해 드나드는 흉가 같은 집들이 이웃이었다. 퀴퀴한 냄새와 쓰레기로 어지러웠다. 그래도 우리는 좋기만 했다. 갈 곳 없어 거리를 헤매던, 마태복음 25장 35절의 '작은 자'들이었기 때문이다. 유치장에서 만나 찾아오는 이들, 그리고 교도소 감호소에서 출소한 이들, 시립 동부 병원 행려 환자들, 마약, 알코올 중독자들.

예수님은 말씀하셨다.

'내가 주렸을 때에 먹여 주었고 목마를 때에 마시게 하였고 나그네 되었을 때에 영접하였고 벗었을 때에 입혀 주었고 병들었을 때에 찾아 주었고 갇혔을 때에 돌아보았느니라. 바로 이 작은 자들에게 한 것이 내게 한 것이다.'

이 말씀을 되뇔 때마다 눈물의 기도, 감사의 기도가 쏟아졌다.

'하나님이 이곳에 보내주신 이들에게 잘 해야지. 예수님께 하는 것처럼.'

출소자와 행려환자들, 노숙인이 한두 명씩 오기 시작했다. 예배 장소가 좁아 방을 터야 했다. 마침 청주교도소 출신 형제가 은혜를 받고, 인천에서 출근하며 공사를 주도했다. 또 찬양제 때 은혜받은 출소자 형제가 봉사하여 우리 형제들과 함께 일사천리로 공사를 마쳤다.

예배당을 꾸밀 차례였다. 꼭 필요한 것들만 준비하는 데 100만 원 이상 필요했다. 형제들은 찬양제를 통하여 우리의 기도를 응답해 주셨음을 보았으므로, 어떻게 인도해 주실지 기대를 가지고 간절히 기도하였다.

마침 베데스다 선교회에서 전화가 왔다. 시각장애인을 위해 책을 녹음하고 점자로 점역을 하여 맹인을 돕는 선교회였다. 매월 맹인 목사를 초청하여 설교를 부탁하는데 나에게 연락이 온 것이다. 우리 형제들이 함께 동행하여 특송을 하였다. 예배를 마치고 나오는 길에 몇몇 성도들이

"목사님, 은혜 받았어요, 봉투 준비하지 못해 죄송해요."

하며 주머니에 헌금을 넣어 주었다. 너무 감사했다.

나는 돌아오는 전철 안에서 우리가 필요한 작은 예배당을 꾸밀 수 있게 해 달라며 기도했다.

"믿습니다. 믿습니다."

중얼거리는 모습이 우스꽝스러웠던지 나를 안내하던 형제가 쿡 찔렀다.

집으로 돌아오자마자 주머니에서 돈을 꺼내 헤아렸다. 강사 사례비 20만 원, 어느 분이 30만 원, 또 20만 원, 10만 원, 5만 원……. 우리에게 필요한 100만 원을 하나님께서 보내 주셨다! 형제들은 환호성을 지르며 좋아했다. 저녁예배는 눈물의 감사예배로 드렸다. 좋으신 하나님이 우리를 사랑하시고 기도에 응답해 주시니 우리의 믿음이 쑥쑥 자라났다.

형제들은 각자가 할 수 있는 일들을 맡아서 척척 해 나갔다. 예배를 드리기에 필요한 것들을 청계천 상가에서 싸게 샀다. 또 벽지도 장판도 싼값으로 구입하고 형제들이 직접 작업을 했다. 작은 부엌을 만들고, 전기밥솥 등 부엌살림도 살 수 있었다. 직접 예배당을 꾸미는 형

제들이 놀라왔고, 대견했다. 초라하지만 기쁨 넘치는 시작이었다.

작은 자들의 집 대문을 들어서면 우측으로 화장실이 있고, 복도를 거쳐 거실과 안방을 터 만든 작은 예배실 겸 숙소가 있다. 이곳에서 비좁게 두 줄로 자면 16명 정도 잘 수 있고 또 비좁게 예배를 드리면 약 40명에서 50명이 함께할 수 있다. 예배실 왼쪽에는 사무를 보는 2개의 책상이 있고 두 명이 겨우 잘 수 있는 방과 부엌이 있다. 2층의 약간 큰 방은 나, 작은 옆방은 우리 딸과 아들 방이었다.

형제들이 오기 시작하니 이런 저런 문제도 일어났다. 큰 문제는 들어온 순서대로 식사당번을 하다 보니 식사 때마다 불평이 넘치는 것이었다. 밥이 설익고 반찬도 간이 맞지 않았다. 우리는 그때마다 식사 시간을 '맛있는 음식도 감사히 먹고 맛없는 음식도 감사히 먹는' 믿음 훈련으로 생각하기로 정했다.

'항상 기뻐하라 쉬지 말고 기도하라 범사에 감사하라'(데살로니가 전서 5장 16~18절)

이런 마음으로 '감사 훈련'을 하게 되어 어설픈 식사를 마련한 형제에게 격려하며 힘을 주게 되니, 열심히 준비하고자 하게 되었고, 옆에서 도와주며 분위기가 좋아졌다. 또 주방일은 입소하는 형제가 오랫동안 없으면 계속 혼자 감당하기 어려운데, 이때마다 자진하여 봉사하는 형제들이 생겨났다. 형제들 스스로 청소를 담당하고 돌아가며 설거지도 했다. 세탁소 출신 형제가 빨래 담당도 자원하는 등 질서가 잡혀 갔다.

어느 날, 봉사자가 대문 크기에 맞게 길이가 1미터가 넘는 문패를 가지고 왔다. 함께 기도하며 '작은 자들의 집'의 간판을 달았다.

어느 날 저녁, 양 형제가 기도회 때 회개를 하며 크게 울부짖었다.

기도가 끝난 후
“앞으로 하나님 일을 하며 목사님처럼 살고 싶습니다.”
“하나님께서 원하시면, 신학교에 가서 공부하면 어떨까요? 함께 기도해 봅시다.”
우리는 얼마동안 기도하다가 칼빈신학교에 시험을 보기로 했다. 감사하게 합격되어 낮에는 우리 선교회에서 봉사하고 저녁에는 신학교에서 공부하면서 새 인생을 시작했다.
이 소식은 아버지의 귀에도 들어갔지만 아버지는 마약을 하기 위해 돈을 뜯으려는 거짓말이라며 믿지 않았다. 그러나 계속 소식이 전해졌고, 아버지도 혹시나 하여 이리저리 알아본 후 믿게 되었다. 며느리에게 찾아가 퇴직금을 가불하여 빚을 갚아 주고, 며느리가 다니는 직장 근체에 전세방을 얻어 주고 다시 가정을 회복하도록 해 주었다.
우리는 회복된 가정에서 예배를 드렸다. 하나님의 한없는 은혜의 예배였다. 다섯 살 난 딸아이가 아빠, 아빠 하며 좋아하며 내 손을 잡으며 “감사합니다.” 했다. 눈물이 흘렀다. 우리 모두 참으로 기뻐했다.

믿음과 고기와 타락

성북 경찰서 유치장에서 예배를 드릴 때 눈물로 은혜를 받던 형제가 있었다. 그는 유치장에서 나오자마자 곧바로 작은 자들의 집으로 왔다. 이 형제는 들어오자마자 부엌에서 식사를 준비하였는데, 그 후로 우리의 식탁이 놀랍게 바뀌었다. 그는 한때 일식집 주방에서 일하였던 형제였던 것이다. 며칠이 지난 후 그는 나에게 어렵게 말을 꺼냈다.
“목사님, 신실동 다리 밑에 사는 거지들도 우리보다 잘 먹습니다. 반찬이 이게 뭡니까. 맛있는 반찬을 만들고 싶어도 재료가 없어요.”
유치장과 병원, 교도소 선교비 등이 우선이었지 먹는 것에 대해서는 아예 신경도 쓰지 못했었다. 형제들에게 미안한 마음이 들었다.

"함께 하나님께 기도해 봅시다. 고기를 보내 달라고 하면 보내 주실 것입니다."

그가 비웃었다.

"기도한다고 고기가 하늘에서 떨어집니까."

그러나 나는 진지하게 말했다. 하나님은 살아 계시며, 우리의 기도를 들어 주신다고. 나는 부정적인 반응을 보이는 그에게 말씀을 찾아 주었다. 우리는 요한복음 16장 24절(**지금까지는 너희가 내 이름으로 아무것도 구하지 아니하였으나 구하라 그리하면 받으리니 너희 기쁨이 충만하리라**)과 마태복음 7장 7절(**구하라 그리하면 너희에게 주실 것이요 찾으라 그리하면 찾아낼 것이요 문을 두드리라 그리하면 너희에게 열릴 것이니**)을 읽으며 기도했다.

우리는 그날부터 새벽, 오전, 저녁 예배 때마다 고기를 먹을 수 있게 해 달라며 기도했다. 몇몇 형제들은 기도하면서 픽픽 웃었다. 감사한 것은 주방장 형제가 가장 앞자리에서 열심히 기도하는 것이었다. 그의 기도 소리가 점점 진솔해졌다.

어느 날 새벽이었다. 요리사 형제는 눈물을 쏟으면서 쉬지 않고 기도를 하더니 기도 후에 나에게 왔다.

"목사님, 감사합니다. 하나님께서 기도를 들어 주실 것 같습니다. 믿고 더 기도하겠습니다."

그날 밤 어느 여자 집사님으로부터 전화가 왔다.

"지금 삼선교 나폴레옹 제과점인데요. 제가 거길 찾아가고 싶은데 어떻게 가나요?"

형제 하나가 모시고 왔다. 영락교회를 다니는 이 집사님은 우리 선교회에 대해 듣고, 수요예배를 마치면서 돌아가는 길에 방문하고 싶은 마음이 불현듯 일어나 돼지고기 30근을 사 온 것이다. 우리는 깜짝 놀랐다. 주방장 형제는 큰 소리로 외쳤다.

"하나님은 살아 계시고, 나 같은 놈의 기도도 들어 주셨습니다!"

그러나 아직 믿음 적은 몇몇은 집사님이 사 준 것을 하나님이 보내 주었다고 억지 쓰지 말라고 했다. 그러나 주방장 형제는 크게 소리쳤다.

"그렇다면 우리 열심히 한 번 더 기도해 봅시다."

이곳저곳 교회로부터 집회 초청이 올 때 나는 우리 형제들과 같이 동행한다. 덕소 소망교회로부터 집회 초청이 온 날도 형제들의 찬양과 간증으로 하나님이 내려 주시는 은혜를 받았다. 그 교회 안수집사님 한 분이 분당에서 수입 소고기 도매상을 하셨는데, 저녁 식사를 갈비로 대접을 받았다. 그 자리에서 그분은 매달 한 박스에 400그램 20개들이 수입 소고기 20박스와 닭고기 10상자를 보내 주기로 하셨다. 우리는 식사를 하면서 "할렐루야 하나님 감사합니다, 감사합니다." 환호하며 하나님께서 우리의 기도를 응답해 주셨다고 박수쳤다. 그 후부터 우리 식탁은 고기 일색이었다. 고깃국, 불고기, 소금구이 등 갖가지 고기로 맛있게 요리하여 풍성한 식탁이 계속되었다.

그러나 몇 개월이 지난 후부터 고기가 풍성해지자 서서히 고기가 남게 되었고 형제들의 마음에 좋지 않은 생각이 들어오기 시작했다. 술을 마시는 형제들이 하나둘 생겨났다. 예배 분위기가 아주 안 좋아졌다.

그런데 어느 날부터 식탁에 고기가 줄어 갔다. 왜 고기가 줄었냐고 주방장에게 물었더니 그는 형제들이 고기를 남기니 조금씩 주기로 했다고 하였다. 그런 줄 알았지만 아니었다. 그가 고기를 빼내 가게에서 소주와 바꾸어 마신다고 한 형제가 귀띔해 주었다.

나는 형제들에게 말하였다.

"우리는 하나님의 크신 사랑을 거역하고, 우리 몸을 병들어 망치게 하고, 술 취해 방탕하며 인생을 망치고, 가정까지도 파탄에 이르게 했습니다. 모두 물질을 잘못 사용해 이 모양 이 꼴이 된 겁니다. 그런데 여기까지 와서 회개하지 못하면 다 끝나는 것 아닙니까."

우리는 함께 기도하며 회개했다.

"우리는 고기를 구할 때에, 역대상 29장 11절, '**여호와여 위대하심과 권능과 영광과 승리와 위엄이 다 주께 속하였사오니 천지에 있는 것이 다 주의 것이로소이다.**' 이 말씀에 기댔습니다. 천하 만물이 하나님의 것이니 우리도 하나님의 자녀로서 받고 싶은 것을 구하였습니다. 또 빌립보서 4장 19절, '**나의 하나님이 그리스도 예수 안에서 영광 가운데 그 풍성한 대로 너희 모든 쓸 것을 채우시리라.**' 쓸 것은 하나님께서 공급해 주신다는 믿음으로 기도했습니다. 그러나 우리는 술 마시던 형제를 욕하며 비난하고 있습니다. 우리 연약함을 서로 기도하며 위로합시다. 그리고 이제 우리는 하박국 3장 17, 18, '**비록 무화과나무가 무성하지 못하며 포도나무에 열매가 없으며 감람나무에 소출이 없으며 밭에 먹을 것이 없으며 우리에 양이 없으며 외양간에 소가 없을지라도 나는 여호와로 말미암아 즐거워하며 나의 구원의 하나님으로 말미암아 기뻐하리로다**' 이 말씀으로 삽시다."

아쉽지만 사정을 집사님께 말씀드렸다. 그동안의 섬김에 감사드리며 기도로 갚겠다고 전하고, 하나님의 사랑을 받을 자격이 아직 없어 고기를 더 이상 보내 주지 마시도록 했다.

다시 식탁은 빈궁해졌다. 불평과 원망을 하며 고기 먹고 싶다는 말이 나왔다. 이집트를 탈출한 이스라엘 백성이 떠올랐다.

우리는 빌립보서 4장 12절(**나는 비천에 처할 줄도 알고 풍부에 처할 줄도 알아 모든 일 곧 배부름과 배고픔과 풍부와 궁핍에도 처할 줄 아는 일체의 비결을 배웠노라**)에 의지했다. '없어도 감사, 있으면 더 감사'의 훈련을 했다. 서서히 반찬타령이 없어졌다. 감사가 입에서 나오기 시작했다.

시간이 지나고, 나는 형제들에게 미안함을 느꼈다. 민망하지만 다시 하나님께 고기를 달라고 기도하자고 했다. 감사하게도 얼마 되지 않아 알지 못하는 집사님으로부터 전화가 왔다. 돈가스 공장을 시작하며 기도하는 중에 우리 선교회를 알게 되었다며 돈가스 500백 개씩을 매달 보내 주기로 했다. 다시 형제들은 신바람이 났다. 기도는 응답받는다는 것을 체험하고 기도하는 사람으로 변해 갔다.

그러나 주방장 형제는 또 옛 버릇이 나오기 시작했다. 돈가스를 술과 바꾸어 마시기 시작한 것이다. 찬양도, 기도도 잘 하던 형제가 술을 마시고 추태를 부렸다. 이번에는 너무 실망스러웠다. 화가 치밀어 마음을 다스리기 어려웠다. 술판을 벌이고 싸우고 동네를 휘젓고 다닌다는 말이 나왔다. 이번에는 돈가스를 보내 주던 집사님과도 자연스럽게 끊어졌다.

눈물로 기도하고 있으면 술에 취한 그 형제가 내 옆에서 소리치며 기도를 했다. 취한 목소리로 횡설수설하며 나를 따라 울었다. 큰소리로 누군가에게 욕을 하기도 했다. 기도는 술주정으로 변했다. 양심은 있는지 살그머니 내 손을 잡으며 죄송하다면서 되지 않는 위로의 말을 하였다.

그를 사무실 방으로 데리고 왔다. 형제들의 도움으로 한 사람씩 직접 방문을 지켜 가며 기도하고 찬양하며 술을 마시러 못 나가게 했다. 그러나 화장실을 간다며 도망하여 술에 잔뜩 취하여 들어오고 말았다. 그동안 잠 못 자며 지키고 있던 것이 수포로 돌아간 것이다. 나는 울화통이 치밀어 나도 모르게 큰 소리로 화내며 거칠게 잡고 강제로 방으로 끌고 들어왔다. 이런 전쟁이 계속되었다. 어느 때는 일주일이 넘게 실랑이를 하기도 했는데 이럴 때는 완전히 탈진 상태가 되었다.

형제가 보름 이상 술에 찌들어 몸에서 술을 받지 않아 토하기 시작했다. 처음에는 음식 찌꺼기를, 이내 똥물을, 피를 토하였다. 새파란 위액을 토해낸 후부터는 아무것도 넘기지 못했다.

식은땀을 흘리면서 헐떡거리더니 밤새 왔다 갔다 하며 잠을 못 자고 괴로워했다. 손도 부들부들 떨고 이상한 것이 보인다며 헛소리를 하고, 누가 자기를 부른다며 벌떡 일어나 나가려고 안간힘을 썼다. 사람을 알아보지 못하고 나를 발로 차는가 하면 발로 밟기도 했다. 금단이 온 것이다. 병원을 가자고 했으나 죽어도 가지 않겠다고 했다. 정신병원에 갇혀 있었던 경험이 있던 그는 막무가내였다.

소주 한 잔만 달라고 무릎 꿇고 간절하게 빌기도 하고 소리치며 욕을 하고 미친 사람처럼 소주 한 잔을 찾아 안달을 했다. 나는 술 한 모금만 마시게 하여 고통을 덜어 주고 싶었다. 그러나 같이 돌보던 형제는 냉정해야 한다며, 하루만 더 못 마시게 하면 될 것이라고 했다. 다시 마시면 처음으로 돌아간다는 것이다. 그 말이 일리가 있었으나 더 이상 마음이 아파 볼 수 없었다. 소주 한 병을 사 오도록 했다. 사 온 소주병을 잡고 내가 같이 기도하자며 그의 손을 잡았다. 그는 내 손을 확 뿌리치며 소주병 뚜껑을 물어 단숨에 땄다. 꿀꺽꿀꺽 하더니 게 눈 감추듯 순식간에 다 마셨다. 웬만한 중독자는 술이 받지 않아 토하는데 그 형제는 떨던 손도, 몸도 점점 안정을 찾아 갔다. 쇠갈고리로 속을 긁어내는 고통에서 해방되었다며 고맙다고 계속 인사를 했다. 감사하게도 이 소주 한 병 때문에 그는 나를 좀 더 친밀한 친구로 여겼다. 물론 계속 술은 마셨다. 그러나 회복하려는 의지가 조금 생겨났다. 내 말을 들으려 안간힘을 쓰기 시작한 것이다. 그렇게 처절한 전쟁이 시작되었다.

며칠 후에 다시 토하면서 기진맥진하여 쓰러져 누웠다 금단으로 인한 환청과 환시의 어려움을 겪었다. 그러나 이번에는 견뎌 냈다. 술을 먹지 않은 것이다. 미음을 먹으며 조금씩 회복되어 감사와 함께 회개의 기도를 올렸다.

믿음도 부쩍 좋아져 갔다. 기도 시간과 성경 읽기와 필사에 적극적이었다. 아침 QT 시간에는 발표도 했다.

하나님께서는 이 일로 우리에게 두 가지 교훈을 가르쳐 주셨다. 첫째. 고기는 육체의 만족과 기쁨이었지만 우리의 손에서 시험에 넘어지게 하는 도구가 되었다. 둘째. 중독자를 망치게 하는 소주도 주님의 손에서 쓰임받으면 중독자를 회복시키는 도구가 될 수도 있다.

인간의 방법과는 다른 하나님의 방법으로 회복시켜 주시는 하나님을 찬양하며 감사했다.

"하나님을 사랑하는 자 그 뜻대로 부르심을 받은 자들에게는 모든 것이 합력하여 선을 이루느니라."(로마서 8:28)

상한 감정이 치유되면

주방장 형제는 자기를 돌아보기 시작했다.

그는 전남 깊은 산골, 보릿고개를 나무껍질과 풀뿌리로 나던 가정에서 태어났다. 돈 벌겠다며 집을 나간 아버지는 소식이 없고, 올망졸망 형제들은 배고픔에 울며 지냈다. 배가 고파 집을 나왔다. 광주 역전에서 고아원으로 보내졌다. 처음에는 무서워 떨었지만 배불리 먹을 수 있어 좋았다.

그러나 고아원 나쁜 형들에게 끌려 다니며 도둑질도 하고, 구두닦이 구걸하는 심부름꾼이 되었다. 초등학교도 제대로 졸업도 못했다. 소년원을 전전하다 소년원을 나오면서 서울로 도망쳤다.

일식집에서 설거지부터 시작하여 주방장까지 올라섰다. 음식 맛이

좋다고 소문이 나서 손님들이 많이 찾아왔다. 그때 손님들이 권하는 술을 마시게 되어 중독에 빠져들었다. 열심히 살려고 발버둥 쳤지만 알코올 중독이 되어, 다리 밑에서 노숙하며 술로 살았다. 식당에서 무전취식을 하는 일이 예사여서 성북 경찰서 유치장이 안방이 되어 버렸다.

명절에 고향을 찾아가는 귀성객의 뉴스를 볼 때면 고향의 가족과 고아원 원장님이 생각났다. 그때마다 부모가 원망스럽고 고아원에 대한 좋지 않은 일들만 생각나 술을 마셨다. 마시고 취하면 또 이런 저런 사고를 냈다.

그는 과거의 아픈 상처를 하나님 손에 올려드리고 하나님의 은혜로 잘못을 깨우치면서 회개기도를 했다. 가족을 그리워하며 눈물을 흘리기 시작했다. 고아원 원장님은 어머니처럼 자기를 사랑해 주고 붙들어 주려고 하셨는데, 오히려 불평하고 욕하고 아이들을 때렸던 기억이 떠올랐다.

어느 날 그는 조용히 나를 찾아왔다.

"고향을 다녀오게 해 주세요. 가족도 찾아보고 싶고, 고아원 원장 어머니를 찾아가 용서를 빌고 싶습니다. 기도할 때마다 이런 맘을 주시니 다녀와야겠어요. 차비만 빌려 주시면 벌어서 갚겠습니다."

양심이 살아나고 있는 것이 보였다. 죄책감에서 치유되고 상한 감정을 치유하는 기회가 될 수 있을 것 같았다. 차비를 마련하여 모두 함께 기도하며 떠나보냈다.

열흘이 지났다. 그가 싱글벙글하며 돌아왔다. 고향의 가족들은 어디론가 다 뿔뿔이 헤어져서, 혹시나 마을에 오면 알려달라며 연락처를 주고 왔다고 했다. 그런데도 싱글벙글한 이유가 궁금했다.

그는 고아원에 찾아갔다. 원장 어머니는 늙어 쇠약하였지만 그곳에 계셨다. 선물을 드리며 절을 하고, 잘못했던 지난 일들을 말하며 하나하나 용서를 빌었다. 원장 어머니는 눈물을 흘리면서 옛날처럼 머리를 쓰다듬고 안아 주며 같이 울고 웃고 하였다.

마음의 응어리가 풀어진 그는 한결 명랑해지고 새로운 소망을 가진 것 같았다. 그는 하나님 앞에 쓰임받는 일꾼이 되게 해 달라며 금식하며 기도했다. 그는 감사하게도 세례를 받고 수료를 하고 떠났다.

나는 그 후 그를 찜질방에서 우연히 만났다. 그는 거리의 중독자들을 데리고 다니며 먹을 것과 잘 곳을 마련해 주고, 찜질방으로 데리고 와 씻겨 주고 새 옷을 입혀 주는 일을 하는 어느 교회의 봉사팀장으로 섬기고 있다고 했다.

'좋으신 하나님 참으로 감사합니다.'

시립 동부병원은 노숙인과 알코올 중독자가 대부분이었다. 부랑인 시설인 은평마을에서 입원하여 치료를 받는 형제자매도 있었는데, 이들은 치료를 받으면 그곳으로 돌아간다. 이들의 입원실은 1층 한쪽 구석에 있었고 여자를 위한 작은 병실 하나와 남자들이 입원한 2개의 큰 병실이 있었다. 환자들이 많으면 침대와 침대 사이에 합판을 놓아 눕기도 했고, 바닥에 합판을 깔고 누워 있기도 했다.

병실 문을 여는 순간 지독한 냄새가 코를 찔렀다. 길거리에서 누워 지냈던 사람들은 씻지 않고 지낸다. 심지어 대소변 때문에 바지가 풀을 먹인 것처럼 빳빳한 사람도 있다. 머리를 감지 않고 깎지 않아 엉망이다. 환자복도 입지 않고 한쪽에 버려진 듯 있는 사람도 있다.

형제들이 수건으로 팔과 다리를 닦아 주는 봉사를 시작했을 때에는 완강히 거절하고 욕을 했다. 깊은 상처를 받은 사람들, 살고 싶은 마음이 없어 생을 포기한 사람들이었다. 형제들은 나노 당신과 같았다고 말을 붙이며 먹을 것을 나누고 여러 번 찾아가 사귀었다. 관계가 조금씩 좋아지면 못 이기는 척 몸을 맡기는 사람들이 생긴다. 더러운 옷을 벗지 않겠다고 고집 부리던 환자가 샤워도 하고 환자복으로 갈아입는가 하면, 치료를 거부하던 환자가 치료도 순순히 받게 되어 간호사들에게 고맙다고 인사를 받았다.

그들의 사정은 다양했다. 자살을 몇 번이나 시도한 사람, 죽으려고 해도 죽지 못해 괴로워하며 건드리기만 하면 욕을 하고 맹수같이 대드는 사람도 있었다. 그러던 병실 분위기가 차차 변해 갔다. 찬양과 기도, 예배를 드리기 시작했다. 한 사람씩 섬기며 아픔을 나누는 봉사자들의 눈물의 기도로, 하나님의 은총으로 달라져 갔다.

봉사자들 중에는 장애인이 많았다. 장애인들이 자신을 위해 봉사하는 것을 경험한 환자들의 마음이 하나 둘 무너졌다. 눈을 잃고, 팔다리가 없어도, 또 뇌성마비로 불편해도 한결같이 웃으며 간식을 나누는 모습에 그들의 마음이 흔들렸다. 몇몇 신학생들이 동참하여 은혜를 받고 집에 돌아가 가족에게 간증을 했다. 그들 부모님인 장로님, 권사님, 집사님들이 동참하였다. 그들이 하나님의 사랑을 체험하니 소문이 퍼져 나갔다.

강남에 있는 교회의 여전도회 회원들도 소문을 듣고 찾아왔다. 한 권사님이 병실 문을 열고 들어서는 순간 입에서 "아이구 냄새야!" 하는 소리가 나왔나 보았다. 대표 기도를 할 때 그 권사님은 눈물을 흘리며 잘 빼 입고 온 자기들이 부끄러워 몸 둘 바를 모르겠다고 기도했다. 함께 온 분들이 훌쩍거렸다. 그러나 대부분 다시 동참하지 않게 되는 경우가 많았다.

알코올 중독자 남편으로부터 폭행을 당했거나 말 못할 사정으로 입원한 여성들도 있었다. 그중 좀처럼 말을 하지 않는 70대 할머니 한 분이 있었다. 침대 옆에 앉아 예수님 사랑 얘기를 하면 듣는 둥 마는 둥했다. 그래도 매주 기도해 주며 말씀을 들려주었다. 2개월이 지나던 어느 날 손을 잡고 기도를 하는데, 내 손을 꼭 잡으며 목요일이 오면 우리가 기다려진다고 했다.

때로 소리 없이 눈물을 흘리며 한숨을 내쉬던 할머니는 드디어 예수님을 영접했다. 자기 아들과 며느리를 위해 기도해 달라고 했다. 그리고 점차 본인의 아픔을 꺼내기 시작했다.

일찍 남편을 잃고 외아들을 어렵게 키웠다. 아들을 가르치기 위해 안 해 본 것 없었다. 골목을 누비며 생선을 머리에 이고 다니며 팔았다. 아들은 박사학위를 받고 대학교수로 며느리와 함께 일한다고 했다. 할머니는 자기가 배우지 못하여 며느리에게 무시당하는 것 같았다. 부모를 강원도 산골에 버렸다거나, 섬, 외국 관광을 가서 늙은 부모를 버린다는 뉴스를 들을 때 남의 일로 들리지 않았다. 변해 가는 아들이 섭섭했고, 살고 싶은 마음이 없어 죽고 싶은 때가 많았다.

신당동 어느 부잣집에 가정부로 일하게 되었다.(우리에게는 가족에게 버림을 받았는지 스스로 집을 나왔는지 말은 하지 않았다.) 어느 날 외출하고 돌아온 사모님이 서랍에 두었던 보석이 없어졌다며 할머니를 도둑으로 몰았다. 억울하고 가슴이 터지는 듯 아파 가슴을 주먹으로 두드리며 목 놓아 울었다. 때때로 죽고 싶을 때마다 약국에서 사둔 약을 먹었다. 119로 실려 온 후 이곳 행려 환자들이 있는 병원에서 깨어났다.

할머니는 차라리 죽었으면 좋았을 텐데 하며 울며 지내다 우리를 만났다. 그러나 지금은 기도하기 시작했고 때로는 밤새워 성경을 읽는다고 했다. 어느 날은 아들을 위해 기도하다가 자기 잘못이라고 눈물로 회개하였다. 아들과 며느리가 예수님을 믿게 해 달라며 기도를 한다고 했다. 우리는 감사했고 천하보다 귀한 한 영혼을 사랑하시는 하나님을 느꼈다. 그렇게 아들과 며느리를 용서하면서 오히려 자기 죄라고 기도하는 귀한 모습을 보았다.

'회개하라 천국이 가까웠느니라.'

이 가정이 하나님의 가정으로 회복되도록 우리는 함께 기도하였다. 나는 할머니의 애기를 들으며 어머니를 생각하니 찔림이 왔다. 첩첩 산중 농사짓는 집에서 대학을 가겠다고 고집하는 나에게 아버지는 절대 안 된다고 했지만 어머니는 달랐다. 심장병을 앓고 계셨던 어머니는 나를 대학에 보내기 위해, 2킬로미터가 넘는 산속 밭가 뽕나무에 숨을 헐떡이며 올라가 뽕을 따다 누에를 키웠다. 그리고 아버지 몰래 돈뭉치를 안겨 주며 눈물로 서울로 보내 주셨다. 나 나름대로 아르바이트를 하며 대학 등록금을 댔지만 어려울 때에는 아버지가 논밭을 팔아 돈을 보내느라 크게 쪼들리기도 했다.

어렵게 학업을 마치고 취직도 하고 무역회사도 하면서 부모님께 집을 사 드렸을 때 나는 얼마나 거들먹거렸는지 모른다. 용돈을 받으실 때 이맛살을 찌푸리며 나에게 한마디씩 하시면 내가 더 큰소리를 쳤다. 내가 눈이 안 보이기 시작하면서 조상들 때문 아니냐며 따질 때 아버지는 크게 한숨을 쉬셨고 어머니는 한없이 우셨다. 자식이 눈이 멀어 가는 것이 얼마나 가슴 아프셨을까? 미치광이처럼 날뛰며 가족들에게 아픔을 주었다. 나 때문에 항상 온가족이 눈물로 살았다.

할머니의 눈물을 보면서 그날 밤 울며 회개했다. 사랑하는 가족들에게 상처를 입힌 일들이 폭포처럼 온몸을 덮고, 흐르는 눈물을 감당할 수 없었다. 그러나 이것도 은혜였다. 그동안 마음 속 깊은 곳에서 차마 나오지 못했던 양심의 가책을 고백하자 죄책감에서 벗어나는 평안이 왔다. 예수님의 십자가 보혈로 죄 씻음을 맛보며 감사했다.

이런 저런 일을 겪으며 병원 전도를 할 때마다 우리는 신이 났다. 갈 때마다 찬양 소리는 더욱더 은혜로웠다. 믿는 자들이 많아졌다. 서광교회 송 목사와 함께 세례식도 하고 성경과 갖가지 선물을 주며 관계가 좋아지자 '작은 자들의 집' 으로 한 사람씩 오게 되었다.

은평마을에 있던 형제가 그곳에 있던 형제를 따라왔다. 이름을 물어보았을 때 '최명철' 이라고 했다.

집도, 나이도 모르고 다만 털보 아버지와 어머니, 형이 있었고 초등학교를 다녔지만 몇 학년까지 다녔는지도 모르고, 겨우 한글을 읽은 정도였다. 시골에서 아버지와 고속버스를 타고 어디선가 내려 형과 함께 아버지를 따라 가다가 잃어 버렸다.

이것도 겨우 달래고 어르면서 얻은 정보였다. 밥만 먹으면 이불 속에 들어가 자 버리고 누구와도 대화하지 않으며, 씻으라고 사정해도 막무가내로 씻지 않았다. 나는 몇 번이나 도와 달라며 손을 잡고 화장실과 차를 타는 곳까지 함께 걷자고 부탁했다. 식사 시간에는 반찬을 알려 달라며 너의 도움이 필요하다고 간곡하게 부탁도 했다. 계속 거절당했다.

나의 간곡한 부탁이 계속되던 어느 날, 그가 내 손을 잡았다. 좋아하는 사탕과 껌을 사다 주니 부쩍 가까워졌다. 이를 기회로 새 옷과 새 속옷, 양말, 운동화를 사서 목욕탕에 함께 가자고 했다. 그때 우리 형제들과 나는 금요 철야기도회에서 새벽 1시 넘게 기도 훈련을 하고, 토요일에는 식사 후에 동네 공중목욕탕에서 다 함께 목욕을 하는 것이 일정이었다.

"나를 도와주는 김에 목욕도 하고 새 옷으로 갈아입자. 그러고 나서 나랑 같이 병원도, 유치장도, 교도소도 다니자. 나를 도와주면 좋겠어."

그가 선뜻 따라 나섰다. 목욕탕에서 내가 때를 밀어 주며 머리를 감겨 주니 좋아했다. 목욕탕을 다녀온 후 새 옷과 운동화를 신고 신나게 나를 앞에서 안내하며, 서서히 찬양을 따라 부르기 시작했다. 교도소나 유치장에는 신분증이 없어 데리고 들어가지 못했지만, 함께 시간을 보낼 수 있는 형제와 함께 기다리면서 간식을 나누어 먹으면 그렇게도 좋아했다.

관계 맺기 프로그램을 통해 관계 맺기가 어느 정도 이루어지니 자신에 대한 정보를 나에게 조금씩 열어 보이기 시작했다. 진짜 이름은 '최영철'이라고 했다. 우리 간사가 잘못 듣고 최명철이라고 불러왔던 것이다.

그러나 아직 누가 자기 이름을 아무렇게나 불러도 관심이 없었고 속옷에서는 너무 냄새가 났으며 특히 빨래해 놓은 옷을 아무거나 입고 자기가 입던 것은 쓰레기통에 버려 분란이 일어났다.

어느덧 찬양을 제법 잘 불러 곡조나 박자가 점점 좋아졌다. 칭찬을 해 주고 형제들이 박수를 쳐 주며 격려하자 영철이는 찬양만 하면 신바람이 났다. 찬양 때 앞에 나와 찬양을 인도하도록 시켜 보았다. 처음에는 제대로 하지 못했으나 점점 나아졌다. 조금씩 자신감을 가지고 하게 되니 자존감이 살아났다. 감사하게도 성경읽기와 쓰기도 시작했고 아저씨들과 대화하며 웃고 떠들고 때로는 화도 내고 욕도 하며 감정을 표현하게 되었다. 1년 이상이 걸렸지만 참으로 감사했다. 주민등록증도 만들게 되어 대한민국 국민으로서 당당하게 살아갈 수 있게 되었다.

하나님께서는 영철이를 통하여 관계 맺기 프로그램을 하나하나 만들어 가게 해 주셨다. 하나님과 관계 맺기, 자신과 관계 맺기, 가족과 이웃과, 특히 지극히 작은 자와 관계 맺기, 물질과 관계 맺기 등들 성경과 함께 사랑의 관계 맺기 프로그램을 하나하나 만들어 주신 것이다. 영철이는 잊을 수 없는, 하나님께서 보내주신 훌륭한 조교였다. 하나님께, 그리고 영철이에게 감사했다.

오기가 열 개

북부 경찰서 유치장 선교를 갔을 때 유난히 찬양을 크게 부르며 눈물로 회개하며 기도하는 오기열이라는 형제가 있었다. 그는 삼선교에 작은 자들의 집에 누구든지 올 수 있다는 말을 듣자, 유치장에서 나오면 바로 찾아오겠다고 했다.

얼마 후 그는 약속을 지켰다고 떠들어 대며 들어섰다. 그러나 우리의 형편없는 시설을 둘러보더니 실망스러워 하였다.

그는 전과 9범으로 알코올 중독자였다. 어려서부터 아버지의 술심부름을 하면서 주전자에 든 막걸리를 한 모금씩 마시다가 자기도 모르게 술을 좋아하게 되었다. 게다가 아버지가 취하면 한 잔씩 따라 주어 자연스럽게 술 마시는 습관이 생겼다. 학교에 다니면서 술에 취해 사고를 치고 싸움을 하며 경찰서에 불려 다녔다. 그때마다 아버지로부터 구타를 당했다. 그의 형제들도 모두 술을 좋아하여 명절에 제사를 지낸 후에는 술에 취해 싸움을 하여 피투성이가 되었고 경찰이 와야 해결되기 일쑤였다. 동생은 폭력 등 전과로 청송감호소에서 출소한 지 얼마 안 되어 어디에 있는지도 몰랐다. 둘째 형은 청송 감호소에 복역 중이였다. 그는 한 잔 술이 들어가면 필름이 끼져 항상 시비를 걸고 폭력을 휘둘러 유치장, 교도소를 집처럼 들락거렸다.

술에 취해 지나가던 경찰차에 욕설을 퍼부었고, 파출소로 끌려 와서 파출소 유리창을 깨서 유치장 구류 생활을 하게 되었다.

자기는 '오기가 열 마리가 들어 있어' 이름도 '오기열'이라고 자기 소개를 했다. 이렇게 세상을 험하게 살던 그도 교도소에서 기독교 집회도 나가 보고 천주교, 불교 집회도 나가 보면서 술 문제를 해결하려 부단히 노력을 했다. 그러나 출소만 하면 또다시 술을 마시고 취해 폭력 때문에 교도소로 들어가는 인생이 되어 버렸다. 그에게 이곳에서 3개월 동안 신앙 훈련을 제대로 받으면 세례를 받고 수료한 다음, 가정이나 직장 등으로 돌아가 독립을 하게 된다고 설명해 주었다. 그는 꼭 세례를 받게 해 달라며 애걸을 했다. 처음에는 열심이 대단했다. 기도하는 시간이 점점 늘어 가며 성경 읽기와 필사하기를 열심히 하였다.

유치장 전도를 마치고 돌아온 어떤 날이었다. 사무실 방에서 왁자지껄 떠드는 소리가 들렸다. 이럴 수가! 오와 함께 5명이 둘러 앉아 소주 파티를 벌이고 있었다. 우리가 들어가자 오가 넉살좋게 말했다. 이미 취해 있었다.

"목사님 우리들이 맹세를 했습니다. 오늘 마지막으로 마시고 절대 마시지 않기로요."

둘러 앉아 함께 마시는 형제들에게 큰 소리로 물었다.

"우리 맹세를 했지?"

하니 다 같이 한 목소리로 "맞습니다." 하며 맞장구를 쳤다.

소주병과 김치, 과자 부스러기 등을 치우도록 하고 약속대로 이것으로 다시는 마시지 않기로 했다. 조용히 방에서 쉬며 술을 깨도록 했다.

그러나 그날부터 전쟁이 시작되었다. 대문을 걸어 잠그고 통제했지만 밤중에 담을 넘어 소주를 사다가 구석진 담 옆에서 몰래 마셨다. 사무실 방에서 나가지 못하게 지키면 다른 형제를 시켜 담을 넘어 술을 샀다. 병원 전도를 다녀오면 함께 어울려 마시고 있었다. 약속을 하고 왜 또 마시냐고 소리치며 술과 안주를 빼앗으면 진짜 오늘이 마지막이라며 소주를 버리지 말라고 애걸했다. 오 형제의 성격을 아는 터라 형제들은 소주를 버리지 못했다. 내가 직접 화장실에 몇 병을 쏟아 버렸다. 그는 뒤에서 투덜거리다가 쌍욕을 하며 소리를 질렀다.

밤중에 못 나가도록 사무실 방에서 지키고 있을 때였다. 한전에 다니다가 퇴직하고 전업사를 운영하고 있는 사장이 새벽 1시가 넘어 내가 자는 사무실 방으로 들어왔다. 전화를 하는 소리가 들렸다.

오늘 잔뜩 취한 오가 소리치며 방 사람들에게 욕을 하며 몇 명을 구타했고, 전업사 사장도 당했다는 말을 들었기 때문에 나는 이제 전업사도 이곳을 나가려나 보다 생각했다. 나는 숨을 죽이며 잠든 사람처럼 그저 듣고만 있었다. 그는 울고 있었다.

"내가 오늘 술 취한 친구에게 욕을 듣고 맞았는데 당신과 애들 생각을 하면서 많이 울었어. 내가 술 취해 욕하고 때렸던 게 생각났어. 이렇게 괴로운데 당신이 얼마나 힘들었을까."

그는 계속 용서해 달라고 했다. 부인에게 용서를 받아 낸 후 딸과 통화하며 울면서 용서를 빌고, 아들에게도 그렇게 했다. 나는 일어나 그를 조용히 앉게 하고 손을 잡았다. 그는 자기가 술 취해 한 일들이 술 한 잔 하면 그럴 수 있지 생각했었는데 당하고 보니 고통을 당한 가족에게 너무 미안하고 부끄러웠다고 했다.

아이러니하게 하나님께서 오 형제를 사용하여 전업사 사장을 회개시키고 가족들을 치유해 주는 도구로 사용하신 것이다. 하나님께 감사를 드렸지만, 오를 생각하면 괴로웠다.

겨우 새벽 예배를 마치고 청주교도소 집회를 갔다. 걱정이 되어 교도소 전화로 사무실에 연락 하였다. 술판이 벌어진 소리가 들렸다. 서둘러 집회를 마치고, 버스로 터미널을 거쳐 전철을 타고 돌아왔다. 방 이곳저곳에서 쓰러져 자는 형제가 있는가 하면 큰소리로 떠드는 형제도 보였다. 그런데 오가 없다.

사무실 의자에 앉자마자 전화벨이 요란하게 울렸다. 수화기를 들었다. 그였다.

"안 목사. 여기 술집인데 술값 가지고 빨리 오세요."

소름이 끼치는 목소리였다.

"한 영혼이 천하보다 귀하다 했지? 천하보다 귀한 영혼 살리려면 술값도 갚아 주고 하나님의 큰 사랑으로 사랑해야지? 술값이랑 팁 겨우 이십만 원. 늦장 부리면 뒤집어엎을 거야."

나는 기어들어 가는 목소리로 우리가 그만한 돈이 당장 어디 있느냐고 했다. 그는 소리를 꽥 지르고 욕을 하며 당장 가지고 오라고 했다. 탈탈 털어 교도소 집회에 돈을 썼기에 난감했다. 전화는 5분 간격으로 왔고 난폭한 욕설로 소리를 치니 겁도 나고 당황스러워 어찌할 바를 몰랐다. 마침 그때 두 형제가 자기들이 가서 외상으로 해결해 보겠다고 하여 나갔다.

얼마 후에, 외상으로 일주일 안에 갚아 주기로 약속하고 선교회 이름으로 사인을 했다는 전화가 왔다. 전화를 끊고 얼마 후에 오를 데리러 갔던 형제가 뛰어들어 왔다.

"목사님 큰일 났습니다."

오가 만취하여 돌아오다 골목에서 동네 청년과 시비가 붙어 크게 싸움이 났다는 것이다. 뒤이어 오가 갑자기 뛰어 들어왔다. 부엌에서 칼을 꺼내 양손에 들고 죽인다고 날뛰었다. 경찰이 출동했다. 경찰들을 향해 칼을 들고 설쳐 대니 경찰도 골목으로 피하였다.

달려온 형제와 함께 오가 날뛰는 곳으로 달려갔다. 그 앞에서 잠시 하나님께 살려 달라며 기도를 하고 담대하게 그에게 가까이 갔다. 소리치며 죽인다고 이리저리 날뛰던 그가 나를 보자 주춤했다. 같이 간 형제와 함께 그에게 다가가 왼손으로 그의 어깨를 잡고 오른손으로 등을 탁 쳤다.

"칼을 놔라!"

하고 소리 쳤다. 놀랍게도 오가 칼을 땅바닥에 떨어뜨렸다. 고개를 푹 숙인 그를 끌고 집으로 돌아오자 경찰들이 따라 왔다. 곧 수갑을 차고 파출소로 끌려갔다. 조금 후에 파출소에서 전화가 왔다. 수갑을 찬 채로 파출소 기물을 파손하고 경찰에게 손찌검을 하였으니 오라는 것이었다. 그는 경찰서로 넘어갔고 유치장에서 술이 깬 후에 조사를 받게 되었다. 전과가 9범인데다 칼까지 들고 날뛰었기에 구속되어 1년 이상 살고 나올 수밖에 없다고 본인도 자포자기하였다.

집에 돌아온 우리는 기도하며 부르짖었다. 새벽예배에서도, 봉사자들과 함께 오전예배를 드릴 때에도, 저녁예배와 10시 기도회에서도 그를 위해 기도했다. 우리는 그가 이번 기회에 회개하여 믿음의 사람으로 구원해 주시고 변화시켜 주시어 알코올과 폭력에서 해방되게 해 달라며 기도했다. 형제들의 기도는 점점 간절해졌다.

우리는 한 번만 기회를 달라고 호소하는 탄원서를 쓰고 각자 이름을 썼다. 우리의 기도와 탄원은 헛되지 않았다. 피해자 아버지가 용서를 해 주도록 경찰서에 부탁한 것이다. 또 '작은 자의 집'에서 잘 훈련을 시켜 다시는 이러한 일이 일어나지 않도록 하며, 이런 일이 일어나면 내가 책임을 지겠다는 각서와 함께 훈방되었다. 우리 모두는 하나님께서 오를 사랑하시며 우리들의 기도에 응답해 주심을 믿고 감사하며 은혜로운 감사예배를 드렸다. 이 일은 기도를 응답해 주시는 하나님이심을 다시 한 번 체험하는 간증이 되었다.

오 형제도 회개의 눈물을 흘렸다. 구속되지 않은 것은 전적인 하나님의 사랑이라며 감사기도를 올렸다. 그는 열심히 성경 읽기, 필사, QT로 평안을 찾아 갔다. 오랜만에 우리에게도 안정이 찾아왔다. 기도와 예배도 은혜로워 갔다. 오는 교도소에서 목공 직업 훈련을 받았다며 필요한 살림도구를 만들었다. 솜씨가 있다고 형제들에게 칭찬도 받으며 청소 등도 솔선수범했다.

'작은 자들의 집'에서는 3개월씩 1기로 세례와 수료식을 했다. 4기 차례가 얼마 남지 않아 기도로 준비를 하던 어느 날이었다. 유난히 세례받기를 고대하며 사모하던 오가 며칠 남겨 두지 않고 또 슬쩍슬쩍 술을 마셨다.

세례식 전날 최종적으로 형제들을 상담하며 세례를 받을 수 있는지 점검하며 기도하는 시간이었다. 오 형제 차례가 왔다. 술 냄새가 풍겨 마음이 아팠다. 그는 세례를 받게 해 달라며 그답지 않게 애원하였다. 나는 조용히, 그러나 힘주어 말했다.

"세례는 내 마음대로 주는 것이 아니고 하나님께서 주시는 것인데 하나님께서 술 취한 자에게 어떻게 세례를 주겠어? 3개월 다시 훈련을 받읍시다."

그는 완강한 나의 말에 결국 소리치며 욕을 하고 세례를 주지 않으면 다 죽여 버리고 교도소로 가겠다는 둥 불을 질러 버리겠다는 둥 협박을 했다. 한편으로는 사모하는 그 열정이 안타까웠다. 내가 부족하여 기도하지 못했다고 미안하다고 달랬지만 그는 성질을 버럭 내고 문을 쾅 닫고 나가 버렸다.

다시 3개월이 지났다. 오는 확실히 나아져서 이번에는 세례를 받을 수 있을 것 같았다. 그러나 3일을 남겨놓고 또다시 술에 넘어졌다.

그는 크게 실망하고 좌절했다. 통곡하며 하나님께 울부짖으며 왜 세례를 주지 않느냐고 원망했다. 그러다 회개하며 삼수에 도전하겠다고 했다. 나는 감사했다. 그리고 그렇게 아쉬워하며 가슴을 치고 애통해 하는 모습에 우리도 함께 울며 그를 위하여 기도했다. 어떤 형제는 저렇게 세례를 받고 싶어 하는데 주면 안 되냐고 했다. 안타까운 마음이 들어 그 형제에게 말했다.

"하나님은 오 형제를 너무 사랑하고 계셔. 그래서 제대로 회개시켜 하나님의 아들로 거듭나기를 바라시는 거야. 세례를 받고서도 술이나 마시는 모습은 원치 않고, 하나님 자녀다운 모습으로 변화시켜 세례를 주시려고 하시는 거야."

오는 더욱 진지하고 진실하게 기도하며 신앙 훈련에 적극적으로 따라왔다.

'그런즉 누구든지 그리스도 안에 있으면 새로운 피조물이라 이전 것은 지나갔으니 보라 새것이 되었도다.'

작은 자들의 집 주위의 집들이 하나씩 헐리고 있었다. 그런 와중에 인천 등에서 마약을 하는 형제들, 유치장과 병원, 교도소 감호소 출신 형제들이 한 명씩, 때로는 두서너 명씩 오곤 했다. 방이 비좁아 복도, 주방에서까지 자며 생활했다.

어느 날 몇 집 건너 빈집에서 모닥불을 피워 놓고 추위에 떨며 술에 취해 생활하는 형제가 나타났다. 우리는 몇 번이나 같이 살자고 권했지만 완강히 거부했다. 수도도 끊기고 전기도 없는 곳에서 모닥불로 냄비에 물을 끓여 라면으로 겨우 연명하는 것 같았다. 따뜻한 밥과 국을 갖다 주면서, 추위에 벌벌 떠는 그를 두서너 명이 끌어오다시피 하여 데리고 왔다. 그에게서 시궁창 냄새보다 더 심한 냄새가 났다. 거적을 덮고 지냈으니 옷도 신발도 오물로 뒤범벅이었다.

철야기도를 마치고 전원이 목욕탕에 가는 토요일 아침이면 목욕탕 주인은 냄새 나는 형제들을 따라다니며 탕 속에 못 들어가게 했다. 샤워를 몇 번이나 해도 냄새가 빠지지 않아 뜨거운 사우나에서 몇 번이나 땀을 빼고 계속 샤워를 해야 냄새가 조금씩 가셨다.

세례 삼수 중인 오 형제는 목욕탕에 갈 때마다 때를 밀어 주었다. 얼마나 정성을 다하는지 미안한 마음에 사양을 해도 자기가 갚을 수 있는 것은 이것뿐이라고 하였다. 이뿐만 아니라 냄새 나는 새 형제들의 때를 밀어 주는 일은 오의 몫이었다.

나는 빈집에서 온 형제에게 감사했다. 복음을 받아 영접하고 새벽마다 눈물로 기도했기 때문이었다.

그는 서해안 꽃지 해수욕장 부근에서 농사로 남부럽지 않게 살던 집에서 태어났다. 그러나 어머니가 일찍 돌아가셔 계모 슬하에서 자랐다. 논밭을 팔고 서울로 이사를 하고 새어머니가 식당을 했는데 자기는 찬밥이었다. 새어머니가 낳은 동생들은 대학 공부를 다 하여 잘 사는데 자기는 노동을 하며 술로 망가진 인생을 살게 된 것을 한탄하며 되는대로 살아왔다.

말씀과 기도, 그리고 치유 프로그램을 통하여 그의 아픔들이 양파 껍질 벗겨 나가듯 치유되기 시작했다. 그는 이내 형제들과 함께 웃었고, 말없던 그가 말이 많아져 갔다.

여름이 왔다. 그의 고모가 꽃지 해수욕장에서 여관을 하고 있는데 우리 이야기를 했더니 방을 내 주기로 했다며 좋아했다. 봉사자를 포함해 30명이 넘는 형제들이 해수욕을 가게 되었다. 우리 형제들은 신바람이 났다.

무사히 도착하여 예배를 드렸다. 형제들은 바닷물에 들어가 물장구를 치며 즐거워했다. 그러나 밤이 오자 형제들은 술 마시고 노래하는 행락객을 찾아다니며 소주를 구걸하여 몇몇이 한쪽 구석에서 술을 마시기 시작했다. 오 형제도 또 술을 마셨다.

마지막 밤이 왔다. 계획한 대로 모닥불을 피워 놓고 함께 기도를 드렸다. 부끄러운 모습들이 있었지만, 봉사자들의 헌신적인 봉사와 간절한 기도로 하나님께서 성령으로 기도의 불을 붙여 주셨다. 우리 형제들의 회개의 눈물의 기도가 하나님 앞에 드려짐을 느꼈다. 나도 부끄러운 내 자신의 죄를 눈물로 고백했다. 이 형제들을 구원하시고 치유하시는 주의 종으로 써 달라며 이 몸과 마음과 모든 인생을 바치겠다며 울며 외치고 기도했다.

나는 목숨도 드리겠다고 기도하고 싶었지만 겁이 많아 그렇게 기도하지 못하고, 목숨도 바칠 수 있는 종이 되게 해 달라며 은근히 말꼬리를 바꾸었다. 기도하면서도 내 자신이 너무 부끄러웠다.

'너희가 나를 따르려면 자기를 부인하고 네 십자가를 지고 나를 따르라'

말씀이 가슴에 비수같이 꽂혔다.

서울로 돌아온 우리는 후유증으로 몸살을 앓았다. 오 형제 등 몇 명은 술을 조절하지 못하고 계속 마셨다. 중독자의 안타까운 모습이 그대로 드러났다. 형제들은 너무 쉽게 옛날로 돌아갔다. 그동안 쌓았던 공든 탑이 무너져 버린 허무함에 좌절감을 느꼈다. 하나님께 어쩜 이럴 수 있냐며 따지는 기도로 죄를 범하기도 했다.

오 형제는 또 세례를 못 받게 되자 협박과 공갈을 했다. 이번에도 세례를 받지 못하면 진짜 다 죽여 버리고 불살라 버리겠다며 소리치고 욕설을 퍼부었다. 결국 세례를 받지 못한 오는 술에 잔뜩 취한 채로, 기도 같지 않은 기도로 소리치며 나에게 별별 욕을 다했다. 결국 죽여 버리겠다고 나에게 달려오는 그를 붙잡고 말리는 형제를 밀치고 내 얼굴을 주먹으로 때렸다. 아무도 그를 감당하지 못해, 새벽이었지만 인천에 있는 왕 형제에게 전화하여 사정을 말했다. 그는 택시를 타고 달려와 오 형제를 겨우 진정시켰다. 나는 맞은 얼굴도 아팠지만 가슴이 너무 아팠고 그가 정말 무슨 일을 저지르지 않을까 공포에 떨었다.

나는 하나님께 매달려 기도하기 시작했다.

'오 형제를 감당할 수 없어 두려움으로 떨고 있습니다. 몇몇 형제도 오 형제 때문에 더 이상 못 있겠다며 나가 버렸습니다. 오 형제를 내보내 주세요. 내보내 주지 않으면 이 사역은 더 이상 못 하겠습니다.'

간절한 눈물의 기도 후에도 그는 더 날뛰었다. 왕 형제가 있을 때는 잠잠했지만, 그가 나간 후에는 온 집이 아수라장이 되었다. 나는 금식 기도를 시작했다. 금식 5일째 밤 12시였다. 오가 들어오지 않았다. 우리는 밤 12에는 대문을 잠그도록 했기 때문에 그날도 문을 잠갔다. 하나님께서 기도를 들어 주셔서 오가 떠난 것이 아닌가 하여, 마음 한편으로 제발 그렇게 떠나가게 해 달라고 기도했다.

형제들은 잠자리에 들었고 나는 조용히 사무실 방에서 오 형제를 위해 기도했다.

'부족한 저는 감당할 수 없지만, 능력 있는 목사님에게 보내 주셔서 그를 꼭 구원해 주시며 알코올 중독과 폭력에 잡힌 그를 살려 주십시오.'

간절히 기도했다. 그러나 기도가 끝나자마자 요란하게 대문을 두드리며 발로 차는 소리가 났다. 오 형제는 문 열라고 고함을 쳤다.

나는 달려가 대문을 열어 주면서 조용히 하라고 사정했다. 그러나 그는

"어떤 놈이 내가 들어오지 않았는데 감히 나를 뭘로 알고 문을 잠갔느냐!"

하며 더 크게 고래고래 소리를 질렀다. 몇몇 형제들이 나와 데리고 가면서 조용히 재우겠다고 하였다.

'하나님도 야속하시지 왜 내 기도를 들어 주시지 않는지.'

아무것도 없는 내가 이런 사역을 하는 것이 우습게 여겨졌다. 주위에 피해를 주니 잘못되었고, 이 사역을 감당할 수 있는 교회나 목사님이 해야 한다는 하나님의 뜻으로 알아야 한다고 느꼈다. 이 사역을 은

혜롭게 정리해야 되겠다는 생각이 들었다. 일주일 금식 기도로 하나님께서 지혜롭게 마무리해 달라며 기도를 마치고 잠자리에 들었다. 한편으로는 아쉬움이 있었지만

'그래, 나 같은 놈은 절대 할 수 없다.'

마음을 굳혔다.

오 형제는 여전히 막무가내였다. 나는 집이 아수라장이 될 때마다 강대상 앞에서 금식하며 오직 하나님께만 의지하고 매달렸다. 그렇게 울고 기도할 때 좋으신 하나님은 낙망으로 지친 나에게 말씀으로 다가와 주셨다. 그저 눈물로 기도만 하며 일정대로 유치장, 병원, 교도소 신교를 계속했다. 봉사자들의 기도 응원을 받아 가며 하루하루 마귀와 전쟁을 치렀다. 금식 일주일이 되어 자정에 죽을 먹으려고 기다리고 있다가 일어나 앉아 기도하게 되었다. 로마서 5장 8절 말씀이 가슴을 찔렀기 때문이다. **'우리가 아직 죄인 되었을 때에 그리스도께서 우리를 위하여 죽으심으로 하나님께서 우리에 대한 자기의 사랑을 확증하셨느니라.'**

네가 의로워서 구원받고 목사가 되었냐. 너도 얼마나 더러운 죄인인지 잊어 버렸니.

갑자기 초등학교 때 등굣길이 눈앞에 펼쳐졌다. 여름엔 소나무 밑 오솔길 위에 징그러운 송충이가 가득 떨어져 있었다. 우리는 밟지 않으려고 이리 저리 뛰면서 밟혀 터진 송충이를 보고 소리를 지르곤 했다. 그렇게 징그러운 송충이의 모습이 나의 모습으로 보이기 시작했다. 어릴 때 친구 집에 갔다가 방에 떨어져 있는 돈을 주머니에 넣던 일, 가게에서 친구들과 도둑질했던 일 등 추한 죄악들이 뒤이어 영화의 장면들처럼 펼쳐졌다.

건강한 사람에게는 의원이 필요 없으나 병든 자에게 의원이 필요한 것 같이, 주님은 죄인을 사랑하여 오 형제를 구하려 오신 예수의 마음

을 왜 모르느냐고 꾸짖고 계신 것 같았다. 송충이처럼 징그러운 나의 모습을 보면서, 하나님의 깊은 생각을 모르고 인정받으려는 욕구에 끌려가고 있었음을 알았다.

오 형제를 내 방으로 불렀다. 나는 그 앞에 무릎을 꿇고 용서를 빌었다. 너를 내보내 달라며 금식하며 기도하고 있었다며 눈물로 잘못을 고백했다. 목사가 용서하고 사랑해야 되는데 솔직히 무서웠고 감당할 수 없어 하나님께 너를 내보내지 않으면 이 사역을 못 하겠다며 기도했다고 말했다. 그는 처음에는 어리둥절해하다 나의 진심을 보았는지 같이 울기 시작했다.

어릴 때부터 싸움으로 사고를 칠 때마다 경찰서에서 아버지가 빼 주고 합의금을 주었다. 결국 교도소를 들락거리면서 폭력 전과로 낙인이 찍혀 그 어느 누구도 가까이 하지 않게 되었다. 형제도 가족도 다 그를 싫어하게 되어 그의 마음속에는 미움과 원망과 분노가 가득 찼다.

그는 통곡했고 잘못했다며 용서해 달라고 했다. 그가 진실한 기도를 드리기 시작했다. 그동안 잘못했던 일들을 회개하고 눈물로 기도했다. 간절한 기도가 끝나자 우리는 서로 껴안았다. 창세기 33장의 에서와 야곱의 용서와 화해의 장면이 떠올랐다. 우리의 관계는 불신의 관계에서 축복해 주며 사랑의 관계로 맺어지는 회복의 관계로 변했다. 감사하게도 그는 9개월 만에 세례를 받고 수료했다. 그는 너무 기뻐했다. 하나님께 감사, 목사인 나에게도 모든 형제들에게도 그저 감사, 감사였다.

지나고 보니 오 형제는 나를 이 사역을 위해 훈련시킨 훌륭한 조력자였다. 마음이 약해 겁을 잘 먹고, 거칠고 폭력적인 사람을 두려워했던 나는 이후로 두려움이 사라졌다. 또 아무리 어려운 일도 금식하며 기도하면 하나님께서 해결해 주심을 알게 되어 사역을 감당하는 데 큰 힘이 되었다. 오 형제는 누구든지 끝까지 용서와 사랑으로 기도하며 참아 낼 수 있도록 훈련시켜 준 고마운 사람이었다.

오는 얼굴에 흉터가 많아, 보는 사람마다 인상이 나쁘다고 하는 사람이다. 그러나 오의 변화로 내 머릿속에 남아 있던 흉측한 인상이 사라지고 천사 같은 모습으로 내 마음에 각인되는 변화가 왔다. 그러니 자연스럽게 그를 대하는 말 한마디도 부드러워지고 그가 사랑스러워 갔다. 이 훈련을 통해 나는 목회의 새로운 눈을 떴다. 이를 통해 훈련 프로그램과 형제들의 관계 치유 프로그램을 정리하고 이를 적용해 훈련하여 결실을 맺어 갔다.

'관계 맺기' 훈련은 '하나님과 관계 맺기', '가족과 관계 맺기', '이웃과 관계 맺기', '물질과 관계 맺기' 등으로 이루어진다. 구체적으로 '하나님과 관계 맺기'는 하나님과 관계가 끊어져 죽은 영을 살리는 '죽은 영 살리기'와, 예수님을 믿고 구원은 받았으나 하나님과 관계가 멀어져 육적으로 살아가는 병든 영을 치유하는 '병는 영 고치기' 등의 훈련 과정이 있다.

우리는 특히 욕심과 정욕에 빠져 가족, 특히 자녀에게까지 돈을 훔쳐 술을 마시는 중독자의 이기심을 버리는 훈련을 했다. 도와야 하는 형제를 하나님의 사랑과 관심으로 기도하며 섬기는 훈련을 통해 아무리 싫은 사람이라도 미워하지 않고 이해해 주고 용서해 주고 사랑해 주며 도와주는, 예수님 닮아 가는 훈련이 그것이었다. 사랑의 관계 맺기 훈련을 통해 참으로 하나님께 감사할 일들이 너무 많았다.

'물질 관계 맺기'에서는 돈을 죄 짓는 일에 쓰거나 몸을 병들게 하고 인생을 망치고 가정을 깨트리는 데 사용하는 관계에서 모든 물질을 하나님 나라와 영혼 구원, 선교와 구제를 위해 사용하는 관계 맺기로 변화시키는 훈련을 하였다. 하나님께 영과 혼, 육체뿐만 아니라 모든 인생과 생명까지도 아낌없이 다 드리고 살기로 하나님께 기도하는 역사들이 일어났다.

오 형제는 집안일을 도맡아 했다. 교도소 선교는 출소한 지 얼마 되지 않아 같이 할 수 없었으나, 유치장과 병원 선교에 열심이었다. 예수님을 만나 이렇게 구원받고 변화되었다고 열심히 전도했다. 가족들에게 찾아가 용서를 빌며 화해와 회복의 시간을 가졌다.

추석이 되어 형 집에 형제들이 모였을 때는 추도 예배를 드리고 기도원으로 온 가족이 기도하러 간다며 전화가 왔다. 명절 때 제사를 드린 후에 술에 취해 서로 싸우다가 칼부림을 하고, 파출소로 끌려가는 사건 사고가 끊이지 않던 가정이 변화되어 감을 기뻐했다.

어느 날 오 형제는 교도소에서 만난 친구를 만나 전도를 하다 자존심을 심히 상하였다. 돌아오다가 술 한 잔을 하고 말았다. 그러나 그는 옛날과 달라졌다. 끝까지 참지 못하고 다시 술을 마신 것으로 자신에게 실망하며 부끄러워했다. 자기는 확실히 술을 끊었다고 장담을 했는데 한순간에 무너졌다며 울며 회개했다.

나는 기도원에 올라가 하나님과의 깊은 인격적 만남을 갖고 돌아오라고 권했다. 하나님을 깊게 만나지 못하면 아예 기도원에서 살라고 말하고 보냈다.

웬일인지 며칠이 지나도 연락도 없었다. 걱정이 되어 함께 합심으로 기도하며 기도원으로 사람을 보냈다. 우리는 그동안의 사정을 들을 수 있었다.

그는 기도원에서 예배를 마치고 혼자 남아 기도하다 자기를 기도원으로 보낸 나를 원망하며 벌컥 분이 치밀었다. 혈기를 부리며 일어나 서울로 돌아오려 할 때 갑자기 자리에서 일어나다 허리가 삐끗하여 그 자리에 주저앉았다. 한순간에 꼼짝 못하고 일어나지도 못하며 고통에 식은땀을 흘리며 괴로워하고 있을 때 한 자매가 다가와 걱정스럽게 묻고 도와주고자 하였다. 도저히 일어날 수 없어 기도원 관리실에 찾아가 휠체어를 타고 겨우 움직일 수 있었다. 항상 도움이 필요한 형편이 되었다. 그 자매가 정성스럽게 도와주었다.

그리고 점점 가까워지며 서로를 위해 기도해 주었다. 그 후에 우리는 그 두 사람을 위해 기도했고 하나님께서 맺어 준 짝이면 결혼까지 가게 해 달라고 기도했다. 두 사람은 오 형제가 회복되어 걸을 수 있게 된 후 찾아와 인사했다. 자연스럽게 결혼 얘기가 나왔고 서로 기도 응답을 받았으면 결혼하는 것이 좋겠다고 했다. 그러나 두 사람 다 가진 것이 하나도 없었다.

기도하던 중 선교회를 후원하는 집사님으로부터 백만 원을 후원받아 사글세로 두 사람이 겨우 누울 수 있는 방을 얻었다. 감사하게도 여기저기에서 작은 냉장고와 밥솥 등 부엌살림을 받게 되었고 소꿉장난 같은 신혼살림을 갖추고 여전도회관에서 결혼을 하였다.

1년 쯤 후에 부부가 어느 날 찾아왔다. 그동안 부끄럽게 살아온 자신이 하나님께 받은 은혜를 조금이라도 갚기 위해 무엇인가 할 수 있게 해 달라고 기도하다가 치매 할아버지와 할머니들을 돕는 시설에 들어가 2년 정도 봉사를 하기로 했다고 했다. 남편은 할아버지를, 부인은 할머니를 씻기고 돌보는 일들을 마치 자기 부모님께 하듯 하였다.

찾아가 보니 이렇게 새사람이 되었을까 놀랐다. 아버님, 어머님, 하면서 깍듯하게 모시는 모습은 천사 같았다. 3년이 지난 후에는 아들 축복이와 딸 사랑이를 선물로 받게 되어 크게 기뻐했다. 그리고 그들은 자녀들 교육 문제 등으로 성남의 중형 교회 사찰로 들어갔다.

오 형제는 사찰집사가 된 후에도 교인들이 반찬이나 간식 등을 주면 우리 형제들을 생각하여 성남에서 청평까지 가지고 왔다. 때로는 교회 1톤 트럭으로 갖가지 물건들을 실어 와서 우리의 생활에 크게 도움이 되었다.

어느 해 가을장마로 김장 배추와 무가 흉년이 들었다. 우리 형편으로는 도저히 김장을 할 수 없었다. 오 형제는 우리 사정을 걱정하면서 나를 위로했다.

"목사님 걱정 마세요. 여기 저기 배추, 무 밭에 뽑아 가고 남은 밭을 찾고 있어요. 기도하면 주시는 우리 좋으신 하나님이 해결해 주실 겁니다."

며칠이 지나지 않아 그에게 연락이 왔다. 남양만 서해안 어느 큰 밭에 남은 것이 많다고 연락이 와서 그곳으로 차를 몰고 가고 있다는 것이었다. 새벽 한 시가 되어 부부가 신바람이 나서 1톤 트럭에 무와 배추를 잔뜩 싣고 왔다. 두 부부는 밤늦게까지 달빛에 의지하여 온 밭을 해매며 주섬주섬 무 배추를 뽑아 싣고 온 것이다.

배추 300포기, 무 200개. 형제들이 눈을 비비며 나와서 김장을 할 수 있다고 좋아했다. 나는 겨우 오만 원을 봉투에 준비하여 적지만 애들 과자라도 사 주라고 겸연쩍게 내밀었다. 그러나 그는 무슨 말씀이냐며 완강히 거절했다. 나의 마음과 우리 형제들의 마음을 받아 달라고 사정했지만 그는 자기가 받은 은혜와 사랑에 비하면 부끄러울 뿐이라고 하였다.

"목사님이 하늘에 상급을 쌓으라고 훈련시키셨잖아요. 작은 상급을 천국에 쌓도록 하나님께 드리게 해 주세요."

우리는 그의 진실한 말에 감사기도와 함께 헤어졌다. 우리는 빛으로 오신 예수님의 사랑으로 충만했다.

오 집사는 신학을 공부하여 인천에서 사랑과 축복교회를 개척했다. 가르치는 은사를 받아 신학생, 목사들과 성경 공부를 하며 유치장과 교도소에 집회를 다녔다. 때때로 인천 지역 등에서 길거리에서 쓰러져 있는 노숙인 등을 들쳐 업고 선교회로 데리고 왔다.

이름 없이 작은 일에 충성된 종으로 쓰임 받는 모습은 참으로 하나님의 은혜요 하나님의 사랑임을 찬양 드리고 싶다.

되돌아오는 삶

어느 날 경찰차로 뇌성마비 형제가 술에 잔뜩 취해 실려 왔다. 신설동 전철역에서 뛰어내려 자살하려다 극적으로 전동차가 멈춰 역무원이 구조하였다.

그는 경찰관에게 끌려오다시피 들어오면서 욕을 하고 고함을 쳤다. 씻은 적이 있었나 싶은 역겨운 냄새가 방 안 가득했다. 엉망으로 찢어진 옷을 입고 있었다. 그는 혼자 실컷 떠들다 잠들었다. 우리는 이불을 덮어 주며 서로 얼굴을 보며 깊은 한숨을 쉬었다. 그의 아픔이 우리에게 전이되는 것 같이 아팠다.

그는 몸이 멍들어 있었고 팔다리에 상처를 입고 있었다. 다시 일어난 그에게 주방에서 봉사하는 형제가 정성을 들여 죽을 끓여 주었다. 그러나 한 숟가락도 넘기지 못하고 토했다. 물도 넘기지 못했다. 아무것도 몸에서 받지 않았다. 주방 형제는 쌀뜨물에 설탕을 타서 숟가락으로 한 모금씩 먹였다. 헌신하는 형제의 모습이 천사 같았다.

그는 겨우 몸을 가누기 시작했고 정신이 들어 조금씩 대화할 수 있었다. 나는 그에게 내가 겪었던 인생의 아픔, 그리고 장애를 입고 멸시를 받았던 이야기, 죽으려고 자살을 기도했던 이야기 등을 해 주었다. 이야기를 주고받으며 마음이 열렸다. 그는 자기 이야기를 해 주었다.

그의 아버지는 군의관이었고 어머니는 간호장교였다. 둘은 결혼식을 하고 제대 후 고향으로 돌아와 같이 살려고 했다. 그러나 아버지에

게는 본처가 있었다. 어머니는 집에 들어갈 수 없었다. 어머니는 바로 옆 동네에 방을 얻어 아들을 낳았고, 아들을 집에 버려 둔 채 가출을 해 버렸다. 뇌성마비를 앓은 아이는 본가로 들어가 학대와 저주를 받으며 자라났다. 어려서부터 자주 가출을 하여 거지처럼 다니다 돌아오기 일쑤였고 여기저기에 다니며 얻어 마시는 술로 어려서부터 술에 절었다. 술에 취하면 집에 들어와 닥치는 대로 부수고 울분을 터트리곤 했다.

공장에 취직이 되어 잔심부름을 하면서 용돈을 타서 썼으나, 공장에서는 제대로 봉급을 주지 않았다. 그는 공장 높은 굴뚝에 올라가 자살 소동을 한 적이 있는데, 소방차 몇 대가 몰려와 겨우 설득하여 내려오는 것으로 마무리되었다. 약도 먹고, 목도 매고, 자동차에 뛰어들기도 했으나 목숨은 모질었다. 자살 시도는 원망과 분노만 그의 마음에 채울 뿐이었다.

나는 그에게 복음을 증거하며 예수님을 믿도록 청하였다. 그는 영접기도도 하고 같이 예배도 드리고 성경을 읽어 가며 더불어 살기 위한 첫걸음을 뗐다. 몸이 회복되면서 그는 나를 잘 따르기 시작했다. 유치장이나 병원 선교를 다닐 때마다 기우뚱거리는 걸음걸이로 나를 안내하려고 항상 내 앞에 서서 내 손을 잡고 자기 어깨에 얹었다.

나는 처음에 불편할 뿐만 아니라 우리 둘의 모습이 너무 초라한 것 같아 얼굴이 뜨끈했다. 정상인 형제가 나를 인도해 주었으면 하는 마음이 들었다. 그러나 이내 그의 마음을 헤아리지 못한 내 자신이 부끄러워졌다. 그에게 진심으로 감사하면서 언제나 그를 앞세워 그를 따라가기로 했다.

여름 수련회 시즌이 되었다. 기독교 방송에서는 전국의 개척교회 중고등부 청소년을 모집하여 3박 4일 동안 수련회를 열었고 수백 명이 참여하였다. 그런데 처음 만나는 형제자매들이라 서로 어색하여 마음이 열리지 않아 방송국 담당자들이 애를 먹었다.

나는 함께 숙식하며 둘째 날 저녁예배 간증을 하기로 했다. 모두들 예배가 시작되기 전 그 형제가 불편한 걸음으로 나를 강단까지 안내하는 모습을 지켜본 것 같았다. 마음에 감동을 받은 아이들의 마음이 열리기 시작했다.

나는 인생을 포기했던 우리가 예수님을 믿고 유치장, 병원, 교도소를 다니며 복음을 전하고 있다는 간증을 하였다. 그날 기도에서 회개의 울음이 터졌다. 성령께서 뜨겁게 역사하여 은혜로운 시간을 가졌다. 학생들은 나와 그 형제를 찾아왔고, 그는 너무 좋아하며 함께 울며 기도했다.

그 후로 그는 기도가 점점 간절하고 구체적으로 변해 갔으며, 시간도 한 시간 두 시간씩 늘어 갔다. 우리는 금요일마다 한월산기도원에 가서 연합 철야기도회에 참여하였다. 기도 생활을 하던 어느 날 그는 지하철공사에서 각 역마다 장애인에게 자판기와 신문가판대 등을 운영할 수 있도록 혜택을 준다는 신문 기사를 읽었다. 그와 나는 지하철 자판기를 신청하고 선정될 수 있도록 간절히 기도했다.

그때 나는 한월산 기도원 건축을 위해 기도하면서 건축헌금을 작정했다. 나는 그에게 작정헌금 백만 원을 봉투에 써 달라고 했다. 그는 놀라며 말했다.

"이런 큰돈이 어디서 나겠습니까? 목사님, 오십만 원만 쓰시지요?"

그는 딸 등록금과 아들 학비로 쪼들리는 우리 가정의 형편, 그리고 선교회의 어려움을 너무 잘 알고 있었다. 그러나 나는 그대로 써서 내 달라고 했다.

우리는 계속 기도했고 감사하게도 나는 5호선 구름다리에, 그는 아현동 전철역에 당첨되었다. 더 감사한 것은 커피 재료를 공급해 주는 업체를 만난 것이었다. 그 회사에서에는 재료를 공급해 주고, 미리 3백만 원을 지급해 주기로 했다. 딸의 등록금이 마련되지 않아 눈물로 기도했는데, 백만 원 건축헌금을 하고 십일조를 드리게 되었고 딸의 등록금까지 다 해결된 것이다.

그는 생각지도 못한 하나님의 복을 받게 되어 감사하며 앞으로 어떻게 살 것인지를 놓고 진지하게 기도하기 시작했다. 돈을 모아 작은 가게라도 하여, 자립하고 가정도 갖고 싶어 했다. 좀 더 신앙생활을 제대로 하기 위해 신학교에 가서 공부도 하고 싶어 했다.

그러나 중독자들이 그러하듯이, 그도 돈이 손에 들어오면서 처음에는 헌금, 십일조를 하며 감사해하다가 점차 집으로 돌아오지 않고 밖으로 겉돌기 시작했다. 돈 앞에 변질되고 사탄의 유혹에 끌려가는 모습이 안타까웠다.

어느 날 술에 취해 전화가 왔다. 도봉산이라고 했다. 곧 들어오겠다더니 몇 시간이 지나 다시 전화가 왔다. 안양 유원지라며 소리를 쳤다. 가슴이 아팠다. 그를 잡으려 애썼지만 만날 수 없었다. 그는 이따금 술에 취하면 전화를 했다. 자판기 당첨이 안 되었으면 좋았을 것을. 그러나 그를 위해서 기도할 뿐이었다.

도저히 만날 수 없었던 그는 교도소에 수감되었고 우리는 비로소 만났다. 그동안 그는 계속하여 알코올에 시달리며 살았다. 금단현상 때문에 환청과 환시가 생겼다. 이 때문에 방화를 한 것이다. 나는 그를 만나 다시 성경과 기도로 신앙을 회복하도록 애썼다.

어느 날 놀랍게도 친어머니가 그를 찾아왔다. 그는 삼십 평생 얼굴도 모르던 어머니를 만나 너무 좋아했다. 출소 후에 그는 동해에 살던 어머니를 찾아갔고, 함께 살았다. 그러나 행복도 잠시였다. 그는 또 술에 취해 전화를 하였다. 다른 남자와 살던 어머니는 아들을 감당하지 못했다. 그에게 더 큰 분노가 일었다. 자판기 수입과 장애인 수당으로 모은 돈을 어머니에게 빼앗겼다며 고소까지 하였다. 그러는 동안 상처는 더 깊어져 폭음을 했고, 그러던 어느 날 사고를 당했다.

평생 병원 신세를 져야 하는 몸이 되었다. 그러나 감사하게도 그의 마음속에 가득한 분노와 증오가 오랜 병원 생활을 통해 조금씩 잦아들었다. 병상에서 주님을 다시 만난 것이리라. 이제는 어머니를 예수님의 이름으로 용서해 달라며 기도하고 살게 되었다고 하였다. 지금도 그는 병원 생활을 지속하고 있다.

그러면서도 수급을 받은 얼마 되지 않는 돈을 매달 고집스럽게 후원금으로 보내고 있다. 나는 보내지 말고 본인을 위해 쓰라고 하였지만, 자기의 작은 믿음과 마음을 무시하지 말라고 하니 받을 수밖에 없었다.

오직 하나님 아버지와 주 예수 그리스도로 그의 마음에 은혜와 평강이 항상 함께하기를 기도 한다. 주여 불쌍히 여기어 주옵소서.

재개발 계획으로 인해 이웃집이 한 둘씩 철거되던 어느 날이었다. 딸아이가 어렵게 말을 꺼내며 울먹였다. 그동안 갈빗집 아르바이트로 등록금을 마련했지만 부족하여 걱정만 하고 있는데 내일이 추가등록 마감인 것이었다. 대책이 없던 나는 오늘밤 하나님께 기도할 테니 너도 열심히 기도하라며 걱정 말라고 했다. 나는 그 날 밤 눈물로 기도했다.

착한 딸 혜정이. 대학교에 입학하여 아르바이트를 해서 첫 달 봉급을 타 왔던 날, 가방에 넣어두고 외출한 사이에 어떤 형제가 훔쳐 가버렸다. 얼마나 서럽게 우는지, 울음을 그치지 못하는 딸을 붙잡고 같이 울었다. 감사하게도 그 다음 달에 봉급을 받아 돼지고기와 상추를 사 와서 형제들에게 고기 파티를 해 주었다. 하나님께 얼마나 감사했는지. 형제들을 미워하지 않고 섬기는 마음을 주신 하나님을 찬양했다.

밤새 기도를 하고 유치장 선교를 마치고 돌아오자 손님이 기다리고 있었다. 해군본부 중앙교회 여전도부 집사님으로 전에도 모포와 갖가지 식재료와 후원금을 가지고 방문했던 분이었다. 집사님은 남편의 진급을 놓고 기도하다 찾아왔다고 했다. 다른 진급 대상자들은 선물을 들고 여기 저기 찾아다니고 있지만 집사님은 기도로만 하나님께 매달리고 있다가 하나님께서 감동을 주셔서 찾아왔다며 기도를 부탁했다. 진실한 믿음을 보면서 은혜를 받았다. 함께 기도를 드렸다.

"아버지를 찾아온 이 딸의 간절한 기도를 받아 주십시오. 이 나라 이 땅이 부패해 가고 있습니다. 한나의 기도에 응답하여 주신 사무엘과 같이 이 나라를 지키며 빛과 소금되는 주의 종을 세워 주옵소서. 마구간에 오신 주님을 생각하며, 다 쓰러져 가는 작은 자들의 집을 찾아온 집사님의 정성을 외면하지 마옵소서. 훌륭한 목사님들도 많은데 부족하고 보잘 것 없는 저희를 찾아온 이 마음을 기쁘게 받아 주옵소서."

기도를 마치자 진급을 위해 오직 하나님께 드리기로 하여 작은 헌금을 가지고 왔다며 내 손에 쥐여 주었다. 놀랍게도 모자란 등록금과 같은 금액이었다. 눈물이 솟구쳤다. 형편없고 정말 부족하기 짝이 없는 내 기도를 들으시고 딸의 등록금을 보내주신 하나님의 사랑을 확인시켜 주신 것이 너무 감사했다.

며칠 후 집사님이 자가용을 몰고 오셨다. 진급이 되어 승용차를 지급받았으므로 쓰던 차를 선교회에 드리기로 했다며 자동차를 서류와 함께 놓고 갔다. 우리는 하나님께 크게 감사했다. 모든 사정을 형제들과 나누며 열심히 기도해 왔기에 우리는 더욱 기뻐했다.

다시 새 보금자리에서

어느 날 쿵, 쿵 울리는 소리와 함께 천장과 벽에서 흙더미가 쏟아져 내려, 집 안에 있던 형제들이 밖으로 겁에 질려 뛰어나갔다. 나는 사무실 방에 혼자 앉아 기도를 하고 있었는데, 집이 심하게 흔들리며 곧 무너질 것 같았다. 형제들이 뛰어 들어와 나를 붙잡고 밖으로 나가자고 했다. 나는 걱정하지 말라 하며 기도를 마쳤지만 형제들의 큰일 난다며 소리치는 소리에 걱정스러운 마음에 밖으로 나가 보았다.

옆집이 한창 포클레인으로 철거를 하고 있었다. 우리 집도 이제 헐릴 시기가 턱밑에 온 것이다. 집 주인도 이사를 가도록 독촉했다. 우리가 가진 거라곤 천오백만 원의 보증금뿐이었다. 아무리 이사 갈 곳을 찾아다녀도 단칸방 사글세 보증금도 안 되는 돈이었다. 벌써 우리는 열대여섯 명을 왔다 갔다 하는 대식구가 되었다. 막막했다.

이러한 형편에도 우리는 '지극히 작은 자들이 드리는 찬양의 밤' 제2회를 준비하며 기도하고 있었다. 점점 봉사자들이 늘어 가면서 기도 모임도 뜨거워졌고 간절해졌다. 요일별로 나누어 '성북 경찰서 유치장 전도를 위해 봉사자 기도회', '시립 동부병원 행려 환자들 방문 선교를 위한 기도회', '교도소 선교를 위한 기도회', '유치장 전도와 찬양제를 위한 기도 모임' 등으로 매일 기도회를 열었다.

이뿐만 아니라 유치장, 병원, 교도소 선교를 함께 다니게 된 차 권사님과 연결되어 중국 장춘 명성교회를 위해서도 기도하고 있었다. 그 교회의 성도들은 수십 리를 걸어 와서 예배를 드리고, 마을마다 전도를 하면서 다닌다고 하였다. 차 권사님은 전도를 다닐 때 장애인도 만났지만 아예 장애인은 전도할 생각도 못 했다고 했다. 그런데 한국에 와서 맹인 목사가 이렇게 전도하며 다니는 것에 동참하면서 울며 회개했다고 하였다. 중국의 장애인들은 예배를 드리고 싶어도 교회에 올 수 없고 누가 업고 올 만한 사람도 없다고 했다.

우리는 중국에 있는 교회 근처에 장애인들을 위한 집을 마련해 주기 위해 찬양제를 통해서 헌금을 할 수 있기를 기도하며 준비했다. 특히 그 교회 집사님에게 일주일에 2시간씩 성경공부를 시켜 장애인들을 돌보는 봉사자로 세우기로 했다.

횃불회관에서 찬양의 밤이 열렸다. 기독교 방송 김삼일 PD가 헌신해 주었으며 복음성가 가수 김석균, 박종오, 최미, 옹기장이 엘칸토 중창단, 양남규 집사 등이 찬양을 연주했다. 우리 형제들의 찬양과 간증도 올려졌다. 감사하게도 5백만 원의 헌금이 모였다. 그동안 적극적으로 후원해 주며 동참해 준 윤병옥 집사 부부를 통하여 중국에서 '지극히 작은 자들의 집'을 5백만 원에 매입하였다.(그 후 장애인들이 그곳에서 생활하며 예배와 성경공부를 했다.) 우리는 감사하며 그들을 위해 기도했다. 우리 자신의 거처 문제도 제대로 해결하지 못하는 주제에 무슨 중국에 집을 사 주느냐며 비아냥거리는 사람도 있었지만 그래도 하나님의 은혜로 우리도 쓰임 받고, 중국의 지극히 작은 자들에게 한 것이 예수님께 한 것이라는 생각에 감사했다.

1994년 봄. 재개발 위원회에서는 재촉이 심해졌다. 겨울 추위도 지났으니 더 이상 배려해 주기 어렵다는 것이었다. 그러던 중 우리의 거처를 백방으로 알아보던 복덕방 집사님이 찾아오셨다. 우리 어려운 형편을 아는지라, 지나가는 말처럼 어느 다가구 주택이 경매에 넘어가게 되었다는 말을 해 주었다. 무리가 될 것이지만 마지막 기회인 것 같다고도 덧붙였다. 1층은 주차장이고 2, 3층은 두 가구씩 네 가구가 전세로 들어 있고 4층은 주인이 살고 있는 집이었다.

집사님은 형제들과 현장을 답사했다. 주차장을 개조하여 통째로 예배실과 숙소로 쓰고, 한쪽을 막아 주방과 화장실을 만들어 사용할 수 있을 것 같았다. 우리는 기도하기 시작했다.

신협에 찾아가 알아보니 이자가 2천만 원으로 연체가 밀려 있고 원금도 5천만 원 이상이 밀려 있었다. 우리는 담당자와 협의를 시작했다. 담당자는 먼저 연체된 이자를 상환할 것, 그 다음에 현재 주인이 살고 있는 4층에 전세를 놓아 밀린 원금 5천만 원을 갚을 것, 그리고 매달 이자를 연체 없이 낼 것. 이를 잘 지키면 3년을 연장해 주고 추후에 계속 연장이 가능하다고 했다.

우리는 그날그날 하나님께서 주시는 대로 일용할 양식으로 살아가는 사람들이다. 교도소 선교도 때로는 후원 통장으로, 때로는 봉사자들에게 지원받아 어렵게 꾸려 나가고 있는 형편이었다. 즉, 한 마디로 상상도 할 수 없는 일이었던 것이다. 그래도 다른 방법이 없는 우리는 릴레이 금식을 시작했다. 모든 봉사자와 교도소 형제들에게도 밤 10시에 함께 기도를 하자고 부탁했다.

교도소 집회가 있던 어느 날이었다. 우리 형제 중 하나가 집회 중에 형제들이 거처를 위해 금식을 하며 기도하고 있다며 울면서 기도했다. 이때 차량 봉사를 하는 한 집사님이 그 형제를 보고 크게 은혜를 받으셨다. 그 집사님은 자기 아버지 집을 담보로 2천만 원 대출을 받아 주셨다. 연체를 해결하면서 선교회의 이름으로 그 집의 소유권이 이전되었다.

소식을 들은 세입자들이 찾아왔다. 경매가 되면 한 푼도 받지 못하고 쫓겨날 수밖에 없었는데 자기들을 살려 주었다며 감사 인사를 했다. 그러나 나는 오히려 저희들이 앞으로 잘 부탁드리겠다고 하며 그 분들에게 몸을 굽혀 절을 했다. 틀림없이 앞으로 우리 형제들 때문에 어려움들이 있을 것이었다. 죄송한 마음이 들었다.

이제 1층 주차장 공사에 필요한 자금, 옥탑에 우리 부부와 딸 아들이 잠을 잘 수 있는 작은방과 화장실, 주방을 만들 수 있는 공사비가 필요했다. 그런데 감사하게도 우리의 건축을 담당할 건축업자 사장님이 4층에 전세로 들어오게 되어 신협과 약속을 지킬 수 있었다. 다시 큰 은혜의 선물을 받은 것이다. 얼마 지나지 않아 2천만 원을 후원받아 자바라로 칸을 막아 공사를 하게 되었다. 기쁨으로 예배를 드리며 감사했다.

주차장을 개조하여 보일러를 깔았다. 아래 차고가 약 10평 정도, 2층은 7평 정도로 큰 홀이 되었다. 자바라로 셔터를 내리고 막았지만 틈으로 바람이 술술 들어왔다.

새벽 QT를 마치면 형제들이 셔터 앞에 한 줄로 앉아 담배를 피우며 시시덕거리곤 했는데, 이를 동네 사람들이 곱지 않은 눈초리로 보기 시작했다. 간간히 술에 취해 비틀거리며 골목을 배회하는 형제들 때문에 동네 사람들의 불평이 커졌다. 술 취해 소리치며 욕을 하고 싸우는 소리를 듣고 나와 우리를 쫓아내야 한다며 웅성거리기도 했다. 반상회가 열렸다. 동네 사람들은 당장 쫓아내자고 흥분했다. 나는 감히 반상회 근처에 가지도 못하고 애만 태웠다.

바로 우리 건물 앞 건너편 2층에 혜성교회 권사님이 살고 계셨다. 교수님 사모로 5미터도 안 떨어져 있어, 우리 추태가 가장 잘 보이고 들리는 곳으로 어려움을 당하고 있는 집이었다. 그런데 그 권사님이 조심스럽게 사람들에게 이야기를 해 주셨다. '앞도 못 보는 맹인 목사가 불쌍한 사람들 도우려고 저렇게 애쓰는데 도와주진 못할망정 쫓아내서야 되겠습니까? 내 자식, 내 남편이 저렇게 되었다면 얼마나 어렵겠습니까. 저들을 치유해서 가정으로 돌려보내는 좋은 일이니 우리가 조금만 참아주면 되지 않겠습니까.'

권사님의 간곡한 설득으로 회의를 잘 마쳤다는 소식을 듣고 얼마나 감사했는지 모른다. 우리는 오직 기도로만 갚을 수 있다며 권사님뿐만 아니라 동네 분들을 위해 기도했다. 그날 이후 감사할 일들이 하나하나 일어났다. 어느 날은 이웃 한 분이 김치를 담아 가지고 오는가 하면 헌옷을 쌓아 놓고 가기도 하고, 만두를 빚어 오고, 후원금도 보내왔다. 권사님은 교회로부터, 그리고 본인 집에서 갖가지 필요한 부엌살림, 가구 등을 계속 날라다 주었다.

금요일 철야예배를 드리고 토요일에 목욕탕에 가는 전통은 계속 이어졌는데, 목욕 후에 새로운 깨끗한 옷으로 갈아입으면 동네 사람들도 지나가다가 웃으며 인물들이 훤해졌다고 한마디씩 하고 지나갔다.

어느 날이었다. 누가 찾아왔다고 하여 나가 보았다. 그가 나에게 다가왔을 때 나도 모르게 입에서 "아이쿠 냄새야." 소리가 나오며 고개를 돌렸다. 시궁창 냄새가 코를 찔렀기 때문이다.

내 말이 떨어지자마자

"네놈이 목사냐! 냄새가 나? 하나님 사랑이 그런 거냐!"

그는 욕설을 내뱉으며 성큼성큼 되돌아갔다. 나는 뒤를 따라가며 죄송하다고 소리쳤지만 그는 퉷, 퉷 침을 뱉고 돌아가 버렸다. 형제들에게 가서 데리고 오도록 했지만 그들도 욕만 실컷 얻어먹고 왔다. 나는 조용히 무릎을 꿇었다. 예수님의 큰 사랑을 받았는데 그까짓 냄새 때문에 잃어버린 양, 하나님이 보내 주신 귀한 영혼을 쫓아버린 나를 돌아보게 되었다. 자격이 없게 느껴졌다. 다시 한 번 보내 주시면 그를 잘 왔다고 꼭 껴안아 줄 수 있는 마음 주시고, 냄새를 아예 맡을 수 없는 코가 되게 해 달라고도 기도했다. 기도를 계속한 지 열흘쯤 지난 후였다. 밖이 요란했다.

"목사놈 나와! 냄새나는 놈 왔으니까."

나는 급히 뛰어나가 꼭 껴안고 잘 왔다고, 정말 미안하다고, 잘못했다고 했다. 그는 놀랐는지 잠잠했다. 내가 손을 끄니 순순히 끌려왔다. 그는 비틀거리면서도 떠들어 댔다. 형제가 나와 함께 부축하며 한쪽 구석에 자리를 잡고 이부자리를 깔아 주었다. 그는 이내 못 이기는 척 누웠다. 오랜 기간 계속 술에 찌든 형제들이 그렇듯 그는 토하기 시작했다. 음식을 먹지 못했고, 얼마 가지 않아 파란 위액을 토해냈다. 물도 넘기지 못하고 소주까지도 토해 내는 중증이었다. 우리는 이런 형제들에게 칡물을 입에 넣어 주고 있었는데, 그는 칡물은 간신히 넘겼다. 그는 계속 식은땀을 흘리며 금단으로 인한 환시와 환청으로 자기를 죽이려 왔다는 등 요란스럽게 날뛰었다. 약국에서 산 수면제도 듣지 않아 밤새도록 떠들어 댔다. 자바라를 뒤흔들며 소란을 피워 밤을 꼬박 뜬눈으로 새우게 했다.

형제들은 그를 정성스럽게 돌보았다. 쌀 물을 갈아 주고 죽을 끓여 주며 속을 달래 주니 그는 조금씩 회복이 되어 갔다. 그는 계속하여 이불을 둘러쓰고 잠을 잤다. 우리는 식사시간에 상을 차려 주고 손을 끌어 죽을 먹게 했다. 다른 형제들은 냄새 때문에 슬금슬금 피해 식사를 했지만 나는 항상 그 옆에서 식사를 했다. 감사하게도 기도한대로 고약한 냄새가 별로 나지 않았다. 하나님의 은혜요 은사였다.

그렇게 며칠을 지내던 어느 날이었다. 그는 스스로 일어나 갈아입을 속옷과 이를 닦을 칫솔을 달라고 했다. 그는 샤워를 하고 깨끗이 옷을 갈아입고 나에게 왔다. 놀랍게도 정중하게 사과를 했다. 나는 아직 그에게 미안한 마음이 있었으므로 내가 오히려 미안하다고 했다. 그리고 복음을 전하면서 영접기도를 시켰다. 그는 영접기도를 하면서 울먹였다. 그러고 나자 그는 예배도 기도도 열심히 참여했다. 그러다가 부엌에서 봉사할 수 있도록 해 달라고 했다. 그는 정성을 다하여 식사를 준비했고 형제들은 그의 식사 솜씨에 좋아하며 기뻐했다.

이렇게 한 영혼을 하나님께 돌아오게 하는 과정이 나를 회개하게 하였다. 항상 기도로 준비해야 한다는 것을 알았다. 말 한마디로 상처주어 영혼을 잃어버리지 않도록 해 달라며 간절한 기도를 드렸다. 그리고 온 식구들과 함께 어느 누가 오든지 다 환영하고 기쁘게 맞아 대접하는 선교회가 되게 해 주십사고 기도하였다. 이 이후로 교도소와 병원, 유치장 등을 통해 형제들이 계속 들어왔다.

밤손님과 시험에 든 간사

우리 식구들과 봉사자들은 청주교도소 장애인 직업 훈련소의 장애인들과 함께 예배도 드리고 장애인의 날 특별잔치도 함께 했다. 그러면서 우리는 많이 가까워졌다. 그 당시에는 모포를 세탁할 수 있는 세탁기가 비싸 장애인 직업훈련소에서는 이를 사기 어려웠다. 장애인들이 빨래를 하기 불편한 것을 안타깝게 여긴 우리 선교회에서 이를 구입해 주었다. 이런 저런 일들로 우리는 감사 편지를 받았는데, 답장이 오고가며 그들의 아픔과 눈물을 함께 나누다 보니, 만날 때는 어느덧 형제처럼 반가움이 와락 밀려들고는 했다.

이 청주교도소 훈련원 출신으로, 소아마비 때문에 다리를 심하게 저는 형제가 출소를 하여 우리 선교회에서 양육받고 있었다. 어느 날 선교회 간사 전도사님이 교회의 교육전도사 사역을 맡아 떠나게 되어 우리는 청주교도소 출신의 형제에게 선교회 간사로 행정 일을 맡겼다. 그는 그날그날 업무일지와 선교일지 등을 쓰고 회계장부도 기록하며 열심히 봉사했다.

어느 날 밤늦은 시간이었다. 청송감호소 출소자 형제와 폭력 전과가 많은 형제 둘이 이 간사를 질질 끌고 내 사무실 방으로 들어왔다. 평소에 그 둘은 짝짜꿍이 되어 형제들을 괴롭히고 난폭한 언어로 분위기를 흐려 왔다. 나는 이 때문에 기도하던 중이었고, 그들에게 몇 번이나 간곡하게 부탁을 하기도 했던 터였다.

그들은 나에게 험한 목소리로 위협했다. 들어오는 후원금을 나누어 쓰자며 밥상을 칼로 툭툭 치며 협박을 했다.

"이 자식 간사 놈을 뒷골목으로 끌고 가 몽둥이로 작살내려고 했지……."

간사 형제를 협박한 모양이었다. 그러나 후원금은 통장으로 입금되고, 선교회에서 받은 헌금도 봉사자를 통해 통장으로 입금하고 있는 터였다. 간사를 협박해도 소용없는 일이니 나에게 온 것이다. 나는 속으로 기도했다. 은근히 겁이 났다.

'아버지 하나님, 불쌍히 여겨 주세요.'

간신히 숨을 몰아쉬며 계속 기도했다. 칼을 들고 있던 형제가 화를 벌컥 내며 소리를 질렀다. 칼끝이 나를 향한 것 같았다. 그때였다. 다른 형제가 그를 덥석 잡아끌며 돌려세웠다.

"아무리 우리가 나쁜 놈이라도 목사님한텐 안 돼!"

싸우는 소리, 욕하는 소리가 들렸다. 비명소리가 들렸다가 이내 멈췄다. 서로 칼부림을 한 것이다. 경찰이 왔고 그들은 연행되었다. 나는 둘이 싸우고 있을 때 인천에 있는 왕 형제에게 전화하여 급히 와 달라고 했다. 왕은 새벽 3시에 쏜살같이 달려와 경찰서에 끌려간 형제들의 문제를 하나씩 해결했다.

그러나 이 사건으로 간사 형제가 시험에 들어 슬그머니 사라졌다. 며칠을 찾았으나 찾을 수 없었는데 어느 날 밤늦게 강남의 룸살롱에서 전화가 왔다. 간사 형제가 그곳에서 술을 잔뜩 마시고 퍼져 우리에게 연락하라고 했다는 것이다. 형제들이 달려갔으나 이미 파출소에 넘겨졌다. 그는 무전취식으로 사기 전과가 많았다. 우리는 본인이 얘기하기 전에는 묻지 않는 것을 원칙으로 하기 때문에 그 형제의 문제를 자세히 모르고 있었다. 그는 룸살롱에 들어와 큰소리치며 양주를 시키고, 웨이터와 아가씨들에게 술을 돌리면서 기고만장했다고 했다. 종업원들은 뭔가 이상하다고 느꼈지만 장단을 맞춰 주었다. 그 형제가 원체 노련하게 사람들을 다루었다고 했다. 그러다 화장실을 간다며 창문을 넘어 도망치다 잡혔다. 그는 무릎을 꿇고 싹싹 빌면서 용서해 달라고 했다. 화가 난 종업원들은 주먹으로 때리고 발로 밟고 걷어찼다. 술값은 무려 몇 백만 원이라 하였고 경찰서로 넘어가 다시 교도소로 갈 수밖에 없는 상황이 되었다.

그는 나에게 매달리며 살려 달라고 사정했다. 우리의 사정을 뻔히 알면서 울며불며 사정하는 것이 애처롭고 불쌍할 뿐이었다. 그는 자기의 형 전화번호를 알려 주며 전화를 걸어 해결해 달라고 매달렸다. 우리는 전화를 걸었다.

"그 자식 한두 번 아니고 우리도 이제는 더 이상 감당 못 합니다. 온 식구가 같이 죽을 수는 없잖아요?"

통화는 그것으로 끝이었다. 아침이 밝았다. 술이 깨면서 조용해지긴 했으나, 간절함은 더했다.

"저는 공장에서 봉제 바느질을 했었습니다. 봉제일이건 막노동이건 어떻게 해서라도 벌어서 갚겠습니다."

나는 술집 주인에게 저 사람 교도소에 넣어 봐야 돈도 못 받고 점점 더 망가지니 우리 선교회에서 최선을 다해 조금씩 갚아 보겠다며 용서해 달라고 간절히 부탁을 했다.

그는 처음에는 펄펄 뛰며 안 된다고 했으나 상황이 이렇게 된 것을 받아들였다. 우리는 일주일 안에 우선 30만 원을 보내 주기로 약속하고 데리고 왔다.

나는 유치장에 갇혀 있는 두 형제도 면회했다. 그들은 죄송하다며 용서를 빌었다. 그러나 간사 형제는 편지 한 장을 남기고 어디론가 떠나가 연락이 끊어졌다. 룸살롱에서 독촉 전화가 왔다. 우리는 약속한 술값을 조금씩 보냈다. 그를 위해서 할 수 있는 것은 기도뿐이었다.

청량리 이쁜이, 금고털이, 그리고 유 형제

어느 날 한 형제가 술에 만취되어 밤늦게 찾아와 소란을 피웠다. 손을 잡고 끌다시피 하여 내 방으로 데리고 와 밤새 그의 술주정과 신세타령을 들었다.

자기를 '청량리 이쁜이'이자 전국구라고 소개했다. 전국의 조직 깡패 두목이라고 큰소리를 치며 한 달 전 청송 2교도소에서 출소하여 이곳저곳으로 부하들을 찾았으나 이놈들이 슬슬 피해 달아난다며 가만두지 않겠다고 분통을 터트렸다. 교도소에서 독방 생활을 하면서 뉴스에 나오는 유명한 이들을 자기 부하인 양 말하였다. 교도소에서 옆방에 수감된 사람이 미쳐서 밤새 웃고 헛소리를 하면 자기도 귀를 막고 밤새 주기도문을 외우하면서 견뎠다며 하나님이 자기를 지켜 주었다고도 했다.

새벽이 되어 술이 깨면서 어느 정도 정신이 돌아왔다. 이렇게 술로 살면 얼마 살지 못해 미치든지 죽든지 할 것 같아 살 길을 찾다 청송 2교도소에서 집회에 갔을 때가 기억나 찾아왔다고 했다. 그는 나를 도와주겠다고 했다. 나는 은근히 두려웠고 감당하기 어려워 난감했다. 다만 그래도 교도소에서 집회에 나왔었고 주기도문을 외우며 어려움을 이겨냈다는 말도 했던 터라, 여기서 살려면 신앙 훈련을 열심히 받아야 한다며 약속을 하도록 했더니 내 손을 덥석 잡으며 열심히 하겠다고 약속했다.

며칠은 술을 자제하는 듯하였으나 이내 슬쩍슬쩍 마시기 시작했다. 때로 잔뜩 취해 형제들에게 거칠게 소리치며 본성을 드러냈다. 그의 거친 말과 행동으로 분위기도 좋지 않았다. 형제들의 원망의 소리가 커져 갔다.

이 와중에 감호소에서 출소한 두 형제가 알코올 중독으로 술에 취해 갱생 보호소등 이곳저곳으로 쫓겨 다니다 오게 되었다. 그들은 어떤 금고도 열 수 있는 특별한 기술을 가진 금고털이 전문가로 교도소에 들어가면 수발하는 이들이 있고 필요한 영치금과 모든 것을 계속하여 공급해 주는 이도 있다고 하였다. 출소하면 교도소와 앞에서 자기들을 기다리는 이들이 유흥비 등을 공급해 주며 최고의 대접을 받았었다고 하였다.

그러나 세상은 변했다. 외면당한 괴로움과 아픔 등을 술로 풀다 보니 그들은 알코올 중독자가 되었다. 이들은 '청량리 이쁜이'와 자주 부딪치며 다투었다. 자바라로 막은 공간은 순식간에 아수라장이 되었고 그들의 횡포에 실망하며 돌아가는 형제도 있었다. 이쁜이는 자칭 전국구라며 도둑놈과 자기는 다르다고 큰소리 쳤다. 금고털이들은 자기들은 이곳저곳 업소들을 괴롭히는 깡패와는 다르다고 소리를 치니 치고박고 싸우기도 예사였다.

그들도 때로 자기들의 죄를 회개하면서 눈물을 흘리기도 하였지만 오래 가지 못했다. 문제는 술이 들어가면 형편없는 모습으로 바뀌는 것이었다. 이들을 위해 기도하면서 나는 못하겠다고 부르짖었다. 이 일을 계속할 수 있을까, 중단해야 되지 않을까 고민했다. 기도로 매달릴 수밖에 없었다.

매주 금식하며 부르짖다가 하나님의 마음을 조금씩 알아 갔다. 마태복음 9장의 말씀을 읽었다. 마태를 제자로 부르시는 예수님. 그의 집에서 세리와 죄인들과 함께 음식을 잡수시면서 바리세인들의 잘못된 시각을 지적하시던 예수님. 병든 자들에게 의사가 필요한 것처럼 죄인과 세리들에게 필요하신 예수님. 긍휼을 말씀하시며 죄인들을 부르러 오셨다는 말씀이 가슴 깊이 다가왔다.

그렇지만 현실적인 문제들 앞에서는 대책이 없어 힘들었다. 내 자신이 준비도 없고 경험도 없고 무지한 것을 한탄했다. 이러면서 새벽 QT와 오전예배, 오후 성경 쓰기, 저녁예배와 10시 기도회를 매일 계속했다.

감사하게도 이런 상황 속에서도 예배 시간과 기도회 시간에 은혜를 받으며 눈물로 회개하면서 변화되는 형제들이 늘어 갔다. 성경 필사를 열심히 하며 기도하는 형제들에게 감사했다.

어느 날 갑자기 성북구청 철거반 반장이 철거하는 사람들을 데리고 왔다. 주민의 신고가 들어와 옥탑에 불법으로 건축한 알루미늄 새시 사택을 철거하러 왔다고 했다. 그 소리를 들은 이쁜이, 감호소 금고털이들과 교도소 출소자들이 흥분하며 옥상으로 올라가는 계단을 막아섰다. 절대 안 된다, 차라리 우리를 죽이라며 고래고래 소리를 쳤다. 웃통을 벗고 대들면서

"우리 같은 놈들을 이렇게 돌봐 주는 곳이 어디 있어? 도와주지는 못할망정 손바닥만 한 창고 같은 집을 부순다는 게 말이 돼?"

하며 악을 썼다. 나는 구청 직원들에게 철거에 응할 테니 30분 후에 오도록 부탁을 했다. 형제들을 모아 놓고 타이르며 그 마음에만은 진심으로 감사를 표했다. 여러분에게 법을 지키도록 권면하면서 법을 지키지 못한 내가 부끄럽다고 했다. 한 형제가 소리쳤다.

"옥상에 알루미늄 새시를 한 집이 한두 군데가 아니지 않습니까! 어떻게 이럴 수가 있어요!"

나도 불법인 줄 모르고 다들 그렇게 하기에 따라 했지만, 법대로 철거하도록 따라야 한다고 했다. 그들은 조금씩 수그러들며 우리 가족들을 걱정했다. 마침 아이들은 학교를 갔다. 아내는 속상해할까 봐 몇 시간 외출을 하도록 했다.

철거반원들은 우리 형제들 때문에 마음이 상했는지 알루미늄 새시

를 손바닥 만 하게 부수었다. 형제들은 가구도 없는 작은 살림 위에 폭탄을 맞은 것 같이 조각난 새시들을 하나하나 주워서 버려 주었다. 아내는 눈물만 쏟았다. 나도 모르게 눈물이 났다. 기도가 끝난 후 한 형제가 천막이라도 쳐야 되지 않겠냐며 남대문 시장으로 달려갔다. 그러나 최소 90만 원은 있어야 한다고 했다. 일용할 양식으로 하루하루 생활하는 우리 형편에는 어려운 돈이었다.

그런데 마침 후원회 회장 윤 집사가 지나는 길에 들러 이 사실을 알게 되었다. 후원회로부터 후원을 받아 천막을 구입하여 겨우 비를 피했다.

천막집은 비바람이 심하게 불면 천막이 날아가 살림살이와 아이들 책이 젖어 엉망진창이 되었다. 갖가지 벌레들이 생겼다. 여름에는 천막 안이 43도까지 올라갔다. 밤 11시까지 들어가지 못하고 옥상 바닥에 박스를 갈고 모기향을 피워 놓고 온도가 내려가기를 기다렸다. 학교에 다니는 아이들 때문에 아내는 너무 힘들어했다.

사실 아내는 새 집으로 이사 오기 전에 나와 별거 생활을 하던 중이었다. 아내는 동생에게 넘겨 준 사업이 부도났을 때 친정에서 상처를 받은 후 미움과 분노가 마음에 가득해졌다. 나에게도 미움이 생겨 연락도 하지 않고, 연락을 해도 받지 않았다. 딸에게만 연락하였다. 이런 상태로 1년이 지났다.

딸에게는 "하나님께서 엄마를 돌아오게 하실 거야." 하며 계속 기도하라고 했다. 어느 날 처형 집에서 지내던 아내는 낮은 문턱을 내려오다 발이 삐끗하여 걷기가 어려워졌다. 기도하라는 신호임을 깨닫고 기도원으로 올라가 금식하며 회개했다. 앞 못 보는 남편을 도와 선교회로 돌아가라고 하시는 음성을 듣고, 하나님께 혼날 것이 두려워 돌아왔다. 자존심도 강하고 고집도 대단한 아내가 스스로 돌아오니 하나님께 얼마나 감사했는지 모른다. 돌아온 아내에게 앞으로 잘하겠다고 손을 굳게 잡고 그렇게 좋아했었던 터였다.

그러니 천막살이로 고통을 당하는 가족에게 더욱 미안하였다. 때로는 술 취한 형제가 옥상 천막으로 올라와 천막 문을 열고 들어오는 일도 있었다. 바지를 벗는 모습에 기겁하여 소리치면 형제들이 끌고 내려오는 일도 있었다. 돈도 훔쳐가고, 값이 나갈 만한 아이들 책과 아내의 소지품도 없어졌다. 어느 날은 아내와 아이들이 울고 있었다. 핸드백에 있는 아이들의 교통비가 털린 것이다. 너무 화가 났다.

"이 자식들이 해도 해도 너무 하지 않아!"

화가 치밀어 흥분한 채 계단을 내려오다 그만 미끄러져 넘어졌다. 온몸 이곳저곳이 아파 일어나지 못했다. 그때 마음속에서 세미한 음성이 들렸다. 죄인을 용서하시고 사랑하시는 예수님이 십자가에 못 박히시고 피 흘리시는 모습이 떠올랐다. 형제들에게 너흰 인간도 아니라고 욕을 하려 했던 내가 부끄러웠다. 회개했다. 그들을 불쌍히 여기시고 범죄하지 않도록 해 달라며 기도할 수 있었다. 기도를 하고 난 후에 화가 풀어졌다. 아내와 딸이 상처받지 않게 해 주십사고 기도하였다.

어느 날 서울시 경찰국 강력계 형사로부터 전화가 왔다. '청량리 이쁜이'가 사고를 저질렀다는 것이다. 어느 호텔 사장에게 찾아가 우리 목사님 아파트를 사 주든지 전세라도 얻어 달라면 반 사정, 반은 협박을 했다. 나는 형사에게 죄송하다고 말하며 다시는 그런 행동을 하지 않도록 하겠다고 했다. 호텔 사장에게도 사과의 말씀을 전해 주십사 부탁했다. 나는 가슴이 뭉클했다. 세상 사람들이 나쁜 놈, 돼지만도 못한 놈이라고 하는 그가 우리 가족을 걱정하여 마음을 쓰고 있다는 것에 '그렇구나 그가 내 이웃이구나, 고맙다.' 마음이 들었다.

그에게는 그런 방법은 범죄이니 기도해 주는 것이 가장 좋다며, 정말 나를 위한다면 금식하며 기도해 달라고 했다. 이런 일을 겪으며 예배는 은혜가 넘치고 눈물의 기도는 더 간절해졌다. 우리 가족을 위한 형제들의 눈물과 금식의 기도가 감사했다.

매서운 한파가 찾아왔다. 천막에서 더는 살 수 없었다. 홀로 단칸방에 사시던 장모님이 아내와 두 자녀를 한 방에서 같이 살 수 있도록 배려해 주어 이사를 했다. 장모님에게 부끄럽고 죄송하고 감사했다. 아내는 친정 가족에게 눈총을 받으며, 믿지 않는 혈육으로부터 업신여김을 당하는 것을 속상해했다. 전도의 길이 막힐까 봐 걱정하는 아내에게 아무 말 못하고 기도만 했다. 그래도 추위에 떨지 않고 겨울을 피할 수 있게 하신 하나님께 감사했다.

청송 감호소에서 온 금고털이 형제가 예배를 통해 은혜받고 기도하기 시작했다. 어느 날 조용히 찾아와 말했다. 자기를 찾는 공범들이 자기가 여기에 있는 것을 알게 되었다며 그들을 만나면 또다시 범죄에 빠지게 된다는 것이었다. 더 신앙 훈련을 받고 싶지만 떠날 수밖에 없다고 했다. 이제 믿음으로 양육되어 가는 과정이어서 아쉬움이 많았다. 서로 기도하면서 하나님의 인도함을 받기로 하고 좋은 곳으로 인도해 달라며 형제들과 기도했다. 그는 포천에 있는 철공소에 다니기로 했고 그 근처 교회에 나갈 것이라며, 머뭇거리다가 잡히면 낭패라며 급히 떠났다. 한 달이 지난 후 주일에 와서 예배를 드렸다. 그는 눈물로 감사기도를 드리며 첫 봉급을 받았다고 100만 원을 헌금했다. 자기 인생에 처음 땀 흘려 번 돈으로 하나님께 바치게 되어 감사하다고 했다. 우리는 함께 기뻐했다. 술 취해 욕을 먹고 그에게 상처받고 싫어했던 형제들도 손을 잡으며 축하해 주었다.

오래 전부터 치루가 생겨 많이 불편하였는데, 점점 심해져 걷기 힘들 만큼이 되었다. 우리를 후원하는 집사님이 이런 사정을 알게 되어 그분의 도움을 받아 5일 동안 병원에 입원하게 되었다. 병원에서는 목회자 할인을 해 주었다. 병원에게도 집사님에게도 감사할 뿐이었다.

입원해 있는 동안 부산에서 노숙하다 온 유 형제가 간호를 해 주었다. 길에 쓰러져 있던 그 형제는 시립동부병원에서 만났다. 알코올 간경화를 앓고 있었다. 의사가 술을 마시면 죽는다고 경고했지만, 우리와 지내면서도 몰래 숨어서 마시곤 했다. 나는 그에게 간병을 부탁하며 함께 병원에서 성경을 읽고 기도도 했다. 그는 정성스럽게 챙겨 주었다. 화장실, 치료실을 부지런히 따라다니며 도와주었고 침대에서는 다리를 주물러 주었다.

퇴원 후에 서울역 전도를 통해 우리에게 오게 된 형제를 만났다. 그는 두 다리가 불편하여 제대로 걷기가 어려웠다. 노숙 알코올로 형편없었고 몸도 마음도 다 망가졌다. 샤워를 몇 번이나 시켰지만 냄새가 진동하였고 주민등록이 말소되어 천주교에서 운영하는 미아리 성가병원에서 진찰을 받았다. 엉덩이뼈가 썩어 가는 괴사가 있었고 폐병도 심각하여 병원에서도 안타까워했다. 일단 폐를 치료한 후 괴사병 수술과 망가진 몸들을 치료해야 한다고 했다. 담당 수녀님은 수술비 등 병원비가 적어도 5천만 원 이상 들 것이라며 감당할 수 있냐고 물었다. 우리는 사정을 얘기하고 무료로 치료해 준다고 해서 데리고 왔다고 했다.

병원에서는 일단 폐를 먼저 치료하기 위하여 입원을 시켰다. 폐병만 성가병원에서 무료 치료가 되고, 괴사 등은 큰 병원에서 수술해야 하기 때문에 병원비가 필요하다고 했다. 우리에게 치료비를 최대한 준비하라고 했고 자기들도 이곳저곳에 도움을 청하겠다고 했다. 우리는 밤마다 형제를 위해 간절히 기도했다.

그는 10개월간 성가병원에서 폐병을 치료받아 완치되었다. 병원에서는 수술비를 얼마나 준비하였는지 물었다. 우리 형편으로는 계속하여 기도할 수밖에 없었다. 한 달이 지난 후 성가병원 수녀님에게서 기쁜 소식이 왔다. 캐나다 한인 성당에서 수술비 전액을 내기로 했다며 좋아했다. 나도 너무 기뻤다. 한편으로는 우리 교회를 통해 후원하도록 해 주시지 않은 하나님께 섭섭함이 스쳐 갔다. 그래도 하나님께서 우리 기도를 외면하시지 않았음을 감사했다. 수녀님은 간병은 우리가 해야 한다고 했다. 얼마 후에 의정부 성모병원에서 수술받기로 하여 내가 수술받을 때 간병을 해 주었던 유 형제를 보냈다. 그는 그 동안 그를 위해 기도하고 있었고 간병을 자청했다. 수술도 이곳저곳을 해야 해서 회복에 몇 개월이 걸리니, 힘이 들면 교대하기로 했다. 수술을 계속하면서 환자가 좋아지고 있다며 시시때때로 유 형제에게서 전화가 왔다.

어느 날부터 전화가 오시 않이 병실에 연락을 했다. 유 형제에는 연락이 되지 않았고, 병원에서 간병인을 보내 달라고 했다. 다른 형제를 보내고, 유 형제를 찾아 다녔다.

형제들이 노숙인들과 술을 마시고 있는 유 형제를 찾아 데리고 왔다. 그는 만취하였고 술에 취해 주정을 하였다. 이 사람 저 사람에게 시비하고 주먹질을 했다. 원점으로 돌아온 것이다. 우리는 들어오지 않는 그를 찾아다니다 술에 취해 골목에 쓰러져 있는 것을 발견하여 데리고 오곤 했다. 너무 지저분하고 냄새가 나 탕 속에서 때를 불려 씻긴 것도 여러 번이었다. 형제들이 겨우 씻겨서 방으로 데리고 오면 욕을 하고 괴롭혔다. 나는 그에게 기도해 주며 조용히 잠을 자도록 사정했다. 그리고 나를 살뜰히 간병해 주었던 일, 의정부 병원에서 수고한 것들에 고마움을 전하며 달래 주었다.

어느 날 자신이 폐를 끼친 것에 미안함을 느꼈는지, 조용히 화장실에서 혼자 잠을 자도록 해 달라고 했다. 이따금 형제들은 목욕실 욕조 위에 합판을 잎이 담요를 깔고 잤다. 화장실과 벽을 막아 소리도 적당히 차단되어 술에 취해 들어 온 형제들이나 코고는 소리에 잠을 이루지 못하는 형제들이 목욕실에서 잠을 청했다. 넓은 방에서는 밤늦게까지 불을 켤 수 없으니 합판에 앉아 새벽까지 성경을 읽는 형제도 있었다. 합판 위에 담요를 깔아 주고 이불을 덮어 주며 잠을 잘 수 있도록 해 주었다.

이튿날 형제들이 새벽예배를 드리기 위해 일어나 유 형제를 깨우다 숨을 쉬지 않는 것을 보고 황급히 달려왔다. 우리는 너무 놀랐지만 침착하게 112에 신고했다. 우는 형제도 있었다. 요란한 소리를 내면서 경찰차가 왔고 경찰서장까지 와서 지휘를 하였다.

의정부에서 유 형제를 데리고 온 형제들과, 골목에 쓰러져 있는 유 형제를 업고 온 형제, 목욕탕에 잠자리를 마련해 준 형제까지 9명이 줄줄이 불려가 조사를 받았다. 폭행의 흔적은 없었으나 책임자인 내가 기소되었다. 검사의 조사를 받을 때에는 혼자 받게 되어 홀가분하였다. 재판에 넘어갔다. 경찰에서와 같이 담담하게 조사를 받았다. 부검 결과 간경화로 인한 사망이었다.

기도원 등에서 알코올 중독자와 정신 질환자들을 폭행하는 사건이 보도되어 이슈가 되던 시기였다. 우리도 그런 사건이 아닌가 해서 조사를 한 것이었다. 그런 사실이 없으니 검사 조사도 어려움 없이 마쳤다. 재판을 한 판사도 큰일이 될 수 있는 사건이지만 사인이 밝혀져 다행이라며 오히려 위로해 주었다.

그러나 선고를 받으면서 마음이 많이 아팠다. 집행유예가 선고되었다. 항소를 해야 한다고들 했지만 기도하며 울부짖다가 나의 부족과 무지함을 돌아보면서 가슴이 저려 왔다. 나의 잘못을 회개했다.

장례를 치러야 했다. 부산에 있는 가족은 그 자식 잘 죽었다며 전화를 끊었다. 다들 너무하지 않느냐고 했지만 오죽하면 그렇게 했을까. 모든 것을 우리가 해결해야 했다. 저렴한 수의와 관을 준비했다. 냉동실 비용, 장례비, 화장 비용이 만만치 않았다.

결국 60만 원이 부족하여 발을 동동 구르면서 하루가 지나갔다. 시간이 흐를수록 경비가 늘어나니 돈을 구하려 애쓰며 기도했다. 도저히 구할 수가 없어 후원하는 집사님에게 차마 달라고 할 수 없어 잠시 빌려 달라고 했다. 형제들의 수고와 함께 어렵게 장례를 마치고 와서 피곤에 지쳐 잠들었다. 잠깐 사이에 꿈을 꾸는데, 유 형제가 나타나 경상도 사투리로 말했다.

'목사님 너무 고맙심더. 예수님 믿게 해 주셔서 천국에 오게 됐다 아입니꺼.'

잠에서 깨어난 후에도 그의 목소리가 들렸다. 내가 입원했을 때 그렇게 사랑을 나누어 주었고 열심히 봉사한 그에게 미안했다. 그리고 구원해 주신 은혜를 하나님께 감사하였다. 조금만 더 살려 주셨으면 얼마나 좋았을까 생각을 하면서도 하나님의 주권 앞에 머리 숙여 무릎 꿇었다.

얼마가 지난 후 한겨레신문 기자가 찾아왔다. 나는 이 사건을 취재하러 온 줄 알았다. 그러나 담당 형사가 무료로 어려운 형제들을 먹이고 함께 사는 우리를 보고, 감동을 받아 기자에게 이야기를 전한 것이었다. 그는 좋은 기사를 써 주었다. 이를 계기로 몇몇 곳에서 찾아오기도 했고 중독자 가족들이 와서 상담을 하고 들어오게 되었다. 담당 형사의 소개를 받은 한 사설 학원에서는 매달 몇 년을 후원해 주기도 했다.

하나님이 하시는 일들

시립 동부병원 매주 목요일 2시부터는 행려 환자실 3개 방을 다니며 예배를 드린 후에 간식을 나누며 한 사람 한 사람씩 전도를 하였다. 그때 우리는 20세가 갓 넘은 청년을 만났다. 그는 요도협착으로 인해 옆구리에 비닐주머니를 채워 소변을 해결하고 있었다.

일가친척 하나도 연락이 끊어져 어려서부터 가게나 공장 등을 전전

하며 심부름이나 잡일을 하며 근근이 살아왔다. 알루미늄 창틀 공사를 따라다니다 어느 정도 기술을 배워 간단한 아파트 베란다 등 공사를 하게 되었다. 어느 날 2층에서 공사를 하다가 떨어져 크게 다쳐 입원하여 몇 개월 치료를 받게 되었다.

마땅히 갈 곳이 없어 우리 선교회로 왔다. 그는 매일 새벽 QT가 끝나고 기도하는 시간에 간절한 기도를 드렸다.

'하나님 아버지, 이 죄인을 불쌍히 여겨 주세요. 오줌통을 떼 내게 해 주시고 정상적으로 소변을 볼 수 있게 해 주세요. 결혼할 수 있게 해 주세요.'

어눌한 말로 아침저녁으로 한 시간씩, 때로는 두 시간 이상도 크게 울면서 애절하게 기도했다. 그 기도 소리를 듣는 형제들이 불쌍하다며 같이 기도해 주기 시작했다. 10개월이 넘어갔다. 어떤 형제는 기도 소리가 너무 시끄럽다며 병원에서 수술을 할 수 없는 지경이라는데 기도한다고 소용 있겠냐며 비아냥거렸다.

마침 파키스탄 선교사로 사역하는 신학대학원 동기이자 의사인 선우형식 선교사가 방문하여 집회를 하였다. 예배를 마친 후 선교사에게 그 형제의 상황을 설명하고 기도를 부탁했다. 그런데 선우 선교사는 비뇨기과 전문의로, 한국에서도 과장으로 근무한 적이 있었다. 게다가 영등포역 앞 요셉병원 원장이 사촌형님인데 그곳에서 노숙자 등 가난한 이들을 무료로 치료해 준다며, 거기서 그 형제를 직접 진찰해 보겠다고 했다. 요셉병원은 신림동 시장에서 치료 봉사를 시작했을 때부터 형제들을 내가 데리고 다녔었던 병원이었다. 선우정식 원장님과도 안면이 있었다.

약속한 날이 되어 영등포역 요셉병원에 갔다. 지금껏 우리가 방문한 모든 병원에서 포기한 터였다. 그러나 나는 그 형제의 눈물의 기도에 기적을 은근히 기대하고 있었다. 진찰받는 것을 기다리며 나는 속으로 조용히 기도했다. 기다리는 시간이 길게 느껴졌다.

선우영식 선교사가 크게 소리치며 나왔다. 바늘귀보다 작은 구멍이 생겼다며 큰 병원에 수술을 부탁해 보라고 했다. 우리는 의사 소견서를 들고 큰 병원을 전전하며 사정하였으나 성과가 없었다. 우리는 계속 기도했고 형제는 더 크게 통곡하며 울부짖었다. 그 기도 소리는 우리를 울렸다. 기도에 동참하는 형제들이 늘었다.

어느 날 기도를 하는데 아산병원(그 당시 중앙병원)에 가고 싶은 감동이 왔다. 병원 사회사업과로 찾아갔다. 나는 앞이 창창한 형제가 일도 하고 결혼도 하고 이 사회에 유익한 국민으로 살 수 있도록 해 달라며 통사정을 했다. 결국 윗분에게 잘 말씀드려 보겠다며 연락을 주기로 하는 약속을 받았다.

우리의 주특기인 릴레이금식을 했다. 얼마 후에 연락이 왔다. 무료로 수술해 주기로 결재가 나서 병원에서 날짜를 잡아 통보해 주었다.

수술을 했다. 병문안을 간 우리는 깜짝 놀랐다. 다름 아닌 특실이었기 때문이었다. 간호사실에서도 특실에 있게 된 이유를 몰랐다. 감사와 감격이 더 커졌다.

그는 마침내 정상적으로 소변을 볼 수 있게 되었다. 건강한 모습으로 퇴원하여 돌아왔다. 우리는 하나님께 크게, 크게 감사하며 영광을 드리면서 살아계신 하나님, 사랑의 하나님, 기도를 외면하시지 않는 하나님께 감사했다. 다리를 조금 절며 걸으며 돌아왔던 그는 점점 더 건강해져 자기가 거처했던 화곡동으로 돌아갔다. 근처 교회를 다니며 집사 임명도 받고 필리핀에서 온 자매를 만나 결혼도 했다. 그 형제는 천국 가정을 세워 주신 하나님께 헌신하며 열심히 살아가고 있다.

출소한 20대 후반 청년이 왔다. 건들거리며 예배 시간에는 딴짓을 하고 떠들거나, 10분도 안 되어 나가 버리곤 했다. 몇몇 형제가 예배 방해도 되고 어른에게도 함부로 하는 형편없는 놈이라며 쫓아내야 한다, 여러 사람이 시험에 든다, 하며 계속 나를 찾아왔다.

그러던 어느 날 하나님께서 그를 찾아와 만져 주기 시작했다. 새벽 QT 시간이었다. 히브리서 12:15 **'너희는 하나님의 은혜에 이르지 못하는 자가 없도록 하고 또 쓴 뿌리가 나서 괴롭게 하여 많은 사람이 이로 말미암아 더럽게 되지 않게 하며'**를 놓고 한 형제가 자신의 쓴 뿌리를 내놓으며 알코올 중독자 아버지로부터 받은 상처를 울면서 발표했다. 형제들이 성령의 감동으로 같이 울었다. 그날 청년은 나를 찾아왔다. 자기도 큰 상처와 쓴 뿌리가 있다며 털어 놓았다.

어머니는 중학교 때 수영을 잘하였다. 수영 개인레슨을 받았는데, 그 코치와의 사이에서 그가 태어나게 되었다. 미혼모의 아이로 자랐고 어머니는 어디론가 시집을 가 버렸다. 청년은 사춘기부터 경찰서를 자기 집 드나들듯 하며 살았다. 항상 그랬듯 외가에 연락만 하면 곧바로 경찰서에서 풀려났다. 범죄 소굴로 굴러다니며 별별 범죄를 다 저질렀다. 한 번도 나타나지 않는 얼굴도 모르는 아버지에게 받은 상처가 커져 갔다. 만나면 죽여 버리겠다는 증오심이 들끓었다. 권력인지 돈인지 모르나 문제만 있으면 해결해 주는 어머니에게도 반감이 생겼다. 그는 무자비한 증오심으로 양심은 이미 화인 맞아 있었다.

그 증오의 마음으로 인신매매단을 따라 다녔다. 연약한 여성들을 팔아넘기며 흉악한 죄를 범했다. 작은 시골 마을에서 돌쟁이 아기의 엄마를 납치하였다. 어느 날 밤 인적 없는 시골 마을에서 그녀를 납치하여 서울로 끌고 집단 성폭행을 하고 팔아 넘겼다. 살려 달라며 애걸하는 그녀를 사정없이 발로 걷어차며 폭행했던 일이 떠올라 괴로워하며 잠을 이루지 못하고 있다고 털어 놓았다.

나는 듣고 있기가 너무 고통스러웠다. 그러나 청년의 진지한 태도에 들을 수밖에 없었다. 청년의 이야기를 듣고 나서 예수님 옆에 같이 십자가에 못 박히면서 마지막 죽음에서 회개하여 구원받는 강도 이야기를 해 주었다. 그 강도를 용서하시는 예수님을 너도 믿는다면 용서받을 수 있다고 말해 주었다. 그는 갑자기, 나 같은 놈은 절대 용서하지 않을 거라며, 울음을 터뜨렸다.

나는 예수님은 의인을 구하려고 오신 것이 아니고 우리 같은 죄인을 죄에서 구하시려고 십자가에 못 박혀 피 흘려 죽으셨음을 말해 주었다. 너의 죄를 지고, 십자가에서 너를 위해 피 흘려 죽으신 예수님을 믿기만 하면 모든 죄를 용서받게 된다고 전하고 영접기도를 같이했다. 그 청년은 눈물을 뚝뚝 떨어뜨리며 통곡했다.

그날부터 청년은 성경을 읽고 쓰면서 변해 갔다. 몇 달 후 청년은 세례를 받았고 기도하며 말씀을 묵상하다 요한복음 8장, 간음한 여인을 구원해 주신 예수님의 말씀을 자기에게 주셨다며 다시는 범죄하지 말라는 말씀대로 절대 복종하고 새로운 삶을 출발하겠다고 했다. 그는 내 손을 굳게 잡았다.

하나님께 감사했다. 죄인 하나가 회개하고 돌아오면 천국에 있는 의인 아흔 아홉으로 인하여 기뻐하는 것보다 더 하리라, 그 말씀에 감사했다. 그 청년이 주님을 만나지 못하고 아직 그 끔찍한 짓을 하고 다녔다면 어땠을까? 1년에 10명, 10년이면 100명, 또 그 가정들은, 그리고 그 주변의 사람들은 도대체 몇 명이며, 얼마나 끔찍한 고통 속에 살아야 했을까. 파괴된 가정을 생각하니 고통스러웠다. 그러나 하나님의 은혜로 한 사람이 회개하고 돌아오는 것이 하나님이 하시고자 하는 일임을 깨달았다. 그 일에 심부름할 수 있는 것에 감사했다.

매월 마지막 금요일은 청주 남자, 여자 교도소 소그룹 집회를 하는 날이다. 장기수들 중 많게는 15명에서 10명 정도 신앙훈련을 시켜 교도소 내에서 선교하는 작은 선교사로 세우고 있는데, 방 사람들을 전도하여 양육하는 일들을 할 수 있도록 교도소마다 훈련을 해 왔다. 그들이 수감 생활을 하는 데 필요한 최소한의 것들을 구입하고 전도 대상자에게 간식 등을 대접하는 영치금이 필요했다. 우리는 영치금을 마련하고, 예배 후에 교제하며 나누는 떡과 빵, 과일 등을 준비해 갔다.

그날도 아침 일찍 서둘러 출발을 하려고 구두를 신으려는데 아무리 찾아도 보이지 않았다. 형제들이 가끔 술에 취해 아무 신발이나 신고 나가 버리는 일들이 빈번하였지만 다시 신고 들어오곤 했다. 심지어 구두를 맡겨 놓고 소주를 외상으로 마시고 후에 찾아오는 경우도 있었다. 할 수 없이 찌그러진 신던, 낡아빠진 구두를 끌고 나섰다.

교도소 선교를 떠날 때에는 미리 은행에서 돈을 찾아 준비를 해야 하는데 그날도 입금된 선교비가 없었다. 믿음으로 교도소로 출발할 수밖에 없었다. 흔한 일이었다. 교도소 근처에서 9시 은행 문을 열 때를 기다렸다가 통장을 확인하면 틀림없이 그날 교도소 선교에 필요한 만큼 후원금이 들어와 있곤 했다. 이런 일을 밥 먹듯 하니 동행하는 봉사자들도 놀랐다. 하나님은 정확하시고, 필요한 봉사자를 붙여 주시고 필요한 물질도 틀림없이 보내 주셨다.

고속버스를 타고 청주에 내려 은행 문 열기를 기다려 통장을 확인했다. 그런데 돈이 입금되지 않았다. 이런 일은 처음이었다. 잠시 당황하며 머뭇거렸으나 여기까지 왔으니 빈손으로라도 가야 하지 않겠냐며 시내버스를 타고 교도소로 들어갔다. 교도소 정문을 들어가는데 뒤에서 “목사님!” 하고 부르는 목소리가 들렸다. 왕 형제의 누나였다. 목사 사모가 되어 가끔 교도소 선교에 동참해 주었다. 항상 미리 연락을 했었는데 그날은 갖가지 과일 떡 등을 준비해 갑자기 나타났다.

나도 모르게

"하나님 감사합니다, 감사합니다!"

소리치며 기뻐했다. 왕 사모와 동행한 집사님도 나에게 인사하며 남편이 교도소 선교를 간다니 헌금을 주었다며 건네주었다. 또다시 "하나님 감사합니다!"를 반복했다. 그 집사님도 기뻐하면서 남편이 선물을 받았다며 구두티켓을 건네주었다. 이럴 수가! 예비하시는 하나님! 틀림없이 다 채워 주시고 해결해 주시는 우리 하나님, 좋으신 하나님을 찬양했다.

그 후로는 돈이 없어도, 과일과 떡이 준비되지 않아도 교도소 선교를 포기한 일이 없었다.

"**믿음은 바라는 것들의 실상이요 보이지 않는 것들의 증거니라.**"(히 11:1)

청주교도소에서 출소한 형제가 신앙훈련을 3개월 받은 후 어느 날 형제들 셋을 데리고 사라졌다. 알코올 중독 형제들에게 술을 사 주겠다고 하며 데리고 갔다고 하였다. 얼마 후 강남의 한 교회 목사와 선교회를 만들고 큰 교회를 소개받아 교도소와 알코올 중독자 사역을 한다며, 후원을 받아 치유 공동체를 한다는 소식이 들렸다. 출소한 지 몇 개월 안 되고 그의 신앙 상태를 알고 있는 우리는 걱정이 되었지만 그를 위해 계속 기도했다. 기독교 방송에도 출연하여 유명해지면서 우리 형제들을 한두 명씩 데리고 가기도 했다.

10개월 쯤 지난 어느 날 새벽, 숨을 헐떡이며 내 방으로 들어오는 사람이 있었다. 무슨 일이 있느냐고, 누구냐고 물었다.

"접니다. ○○입니다."

하며 울음을 터트렸다. 소리를 죽여 흐느끼는 울음이 그칠 때까지 기다렸다. 그는 내 손을 잡으며

"목사님, 잘못했습니다. 저도 목사님처럼 좋은 일하고 사람들로부터

칭찬받고 싶었습니다. 아내와 애들에게 버림받은 인생에서, 보란 듯 훌륭하게 변화된 모습을 보여 주고 싶었습니다. …… 목사님, 사고가 났습니다. 서로 싸우다가 사람이 죽었습니다. 너무 떨리고 무서워요. 목사님 생각만 났습니다. 저 기도 좀 해 주세요."

"하나님 일은 열심히 해 보겠다 해서 할 수 있는 게 아니야. 돈 있다고, 똑똑하다고 할 수 있는 것도 아니고."

나는 법적인 문제를 지혜롭게 해결받고, 하나님께 매달려 주님의 도구로 써 달라고 간절히 기도하도록 권면했다. 그리고 쓰임받는 주의 종이 되게 해 달라고 기도해 주었다. 그는 다음에 다시 찾아뵙겠다며 황급히 나갔다.

항상 부족한 우리 선교회를 돌아보며 하나님의 일은 돈으로나 사람으로 하는 것이 아니고 오직 하나님께서 하신다는 것을 다시 한 번 생각하게 되었다.

술에 취한 형제가 초등학교 3학년 아들과 함께 찾아왔다. 그는 아들 손을 꼭 잡고 다녔다. 아이는 똑똑하고 아버지 말을 고분고분 잘 들었다. 아이는 찬양도 기도도 잘했고 예배 시간에도 아버지 옆에서 술에 취해 있는 아버지 손을 잡고 예배를 드렸다. 그러나 그는 아이와 함께 나가 만취되어 들어오곤 했다. 며칠씩 들어오지 않는 경우도 종종 있었다. 어느 때는 돼지고기도 사 오고 생선도 사 왔다. 어느 버스회사 이사이기 때문에 자기 통장으로 수입금을 분배하여 보내 준다고 했다. 그러나 돈이 들어오면 모텔 등에서 생활하며 술과 유흥으로 며칠 만에 다 탕진해 버렸다. 아이 엄마는 세상을 떠났고 돈이 떨어지면 아이를 시켜 엄마 친구들을 만나게 했다. 그들이 측은한 마음에 아이에게 용돈을 주면 그것으로 술을 마셨다. 그는 술에 취해 횡설수설할 때마다 나에게 깍듯이 선배님, 하고 불렀다. 우리 대학 ROTC 후배라며 군 생활의 추억을 자랑하기도 했다.

이런 사실은 그가 온 지 한 달이 지나면서 알게 되었다. 우리는 그가 알코올 중독이고, 아이를 자기가 필요한 대로 이용하고 있음을 알게 되었다. 때로는 청량리의 좋지 않은 곳도 서슴없이 데리고 다녔다. 우리는 아이를 학교에 보내 정상으로 살게 해야 한다고 그를 설득했다. 그러나 친척 집이나 아이를 보살필 수 있는 곳에서 살아야 하지 않겠냐는 말만 꺼내면 나가 버렸다. 우리에게 알려 준 주소도 가짜였다. 나는 그 아이를 생각하며 기도할 때마다 눈물이 났다.

그가 간교하게 아이를 이용하는 것이 미웠다. 자기 아들이지 않는가. 아이를 보호해야 했다. 안타까움에 기도만 하던 어느 날 그를 지푸라기 잡는 심정으로 ROTC 중앙회에 연락해 보았다. 그의 이름이 있었고 전화번호를 알아냈다.

기대감으로 전화를 걸었다. 그를 찾는 이름을 대자, "접니다." 하는 목소리가 들렸다. 그러나 그가 아니었다. 친 동생의 이름이었던 것이다.(그는 이미 모든 가족으로부터 버려져 있었다.) 동생을 통해 형제의 진짜 이름을 알게 되었다. 아이를 학교에 보낼 수 있는 방법을 찾아 동사무소와 초등학교를 며칠 동안 다녔다.

그는 아이를 학교에 보내자고 하면 또 나가 버릴 것이었다. 주소도 이름도 알려 주지 않는 그가 일을 망칠까 봐 기도하면서 여러 방안을 모색하였다. 감사하게도 학교 선생님과 경찰이 도와주었다. 서울로 주소를 옮기고 삼선교에 있는 초등학교를 다니게 했다.

그러나 그는 학교를 찾아가 아이를 다시 끌고 나왔다. 힘이 빠졌다. 그러던 중 우리가 앞으로 이사를 가기로 한 청평 집사님이 나섰다.

"제가 맡아 학교를 보내겠습니다."

다시 아이는 청평 초등학교로 전학하고 그곳에서 생활했다. 그는 아들을 찾아 몇 번이나 만났지만 그 집사가 아들은 학교에 다녀야 한다며 강하게 설득했다. 그는 강력한 설득 앞에 풀이 죽었다. 그 아이도 아버지를 따라가지 않겠다고 버텼다. 강제로 끌고 가면 도망쳐 왔다. 지난한 싸움이었다. 아버지가 마침내 포기했다. 아이는 감사하게도 공부도 잘하고 같이 생활하는 장애 아이들도 잘 도와주며 잘 자라고 있었다.

이혼 후 가정이 회복되고 신학교를 다니던 양 형제는 교육 전도사로 사역하면서 기독교 방송 '새롭게 하소서'에 나가 간증을 했다. 방송을 들은 많은 분들이 연락을 해 왔다. 그 방송이 끝나면서 부천에서 전화가 왔다.

한 청년이 본드를 마시고 2층에서 공사를 하다가 떨어졌다고 했다. 우선 가까운 병원으로 가서 치료받은 후에 데리고 오면 좋겠다고 했는데 아무 연고도 없는 그를 119 소방 구급차로 선교회로 보내 왔다. 황당했지만 서울의료원 응급실에 급하게 입원을 시켰다. 안타깝게도 그는 본드로 너무 많이 망가져 외부 상처는 치료가 되지만 본드 후유증으로 죽어 가고 있었다.

그는 죽음을 맞으면서 예수님을 영접했다. 가정환경과 그 아픔과 고통을 본드로 해결하려 했던 자기를 회개하면서 예수님을 일찍 믿었으면 얼마나 좋았을까 하며 아파했다. 그래도 예수님 믿어 이렇게 하나님께 가게 해 주어서 감사하다며 눈물 흘렸다.

하나님께로 간 이 젊은 청년 때문에 한동안 가슴이 너무 아팠다. 그러나 한 생명이라도 구원받게 하는 일이 얼마나 귀한 일인지를 깊게 깨닫게 해 준 그 청년을 기억하면서 더 생명 살리고 영혼 살리는 일에 감사하게 된다.

제4부

지경을 넓히시는 주님

제 4 부

지경을 넓히시는 주님

배움에 대한 갈급

안산의 한 교회에서 집사님이 찾아왔다. 본드로 미치광이가 되어 거리를 배회하는 아이들이 어느 때에는 몰려와 본드를 마시고 교회를 엉망을 만들고, 심지어 교회 안에 똥을 싸기도 한다는 것이었다. 교회 목사님과 성도들은 어떻게 해야 할지 몰라 고민했다. 나는 함께 예배하고 기도하자고 했다.

우리는 아이들과 함께 그 교회에서 먹고 자며 2박 3일 동안 같이 지냈다. 아이들도 우리 형제들도 좋아했다. 그 후로 목사님, 사모님과 아이들은 우리에게로 함께 와서 지내기도 하고 기도원에 함께 가서 철야기도를 하면서 더 가까워졌다. 몇몇 아이들은 우리와 함께 며칠씩 지내다 가기도 했다.

그런데 아이들이 본드를 하기 시작했다. 민망할 정도로 형편없는 모습이 되어 동네 사람뿐만 아니라 우리 형제들마저 싫어했다. 이런 와중에 믿음으로 은혜를 받고 믿음 생활도 잘하던 형제가 마약을 해 구속되기도 하고 몇 개월 동안 술을 입에 대지 않던 형제가 술에 잔뜩 취해 전화를 해 오기도 했다.

중독자는 영적으로 마귀에게 잡힌 사람이다. 오직 술만 찾고 가족도 자식도 없는 철면피가 된다. 자기도 망치고 가족도 망치며 사회에 큰 해를 끼친다. 파괴하는 것으로 분을 푼다. 부인이 공장을 다니며 철야 근무로 마련한 아들 등록금을, 마감 전날 사정사정해서 가불한 그 등록금을 밤중에 훔쳐 밤새 룸살롱에서 먹어 없애는 이가 바로 알코올 중독자다. 그러고 나서도 아들과 아내의 통곡에도 무감각하다. 아들이 화가 나서 멱살을 잡고 흔들고 욕을 했다는 게 억울해서 선교회에 와서 큰 소리로 울부짖는 것이 알코올 중독자의 영적 상태이다.

때로는 이게 사람인가 싶다. 짐승만도 못하다. 그럼에도 불구하고 하나님은 버리지 않고 사랑하신다. 그것이 좋으신 하나님의 큰 사랑이다. 중독자들을 사랑하시는 좋으신 사랑의 하나님이시다.

나는 이런 형제들을 보면서 중독에 대해 기본적인 공부를 해야겠다고 결심했다. 가끔 열리는 중독 관련 세미나도 찾아갔다. 그러나 내가 찾아간 곳들은 아직 외국 서적을 번역하여 가르치는 수준이었다.

나는 당시 보사부 마약과를 찾아가 자문을 구했다. 직원들이 국립 정신병원을 찾아가 보라고 하여 국립 정신병원 의사를 찾아갔다. 그곳에서 또 권위 있는 의사를 소개받아 찾아갔다. 또 세브란스 병원 간호과장을 찾아가 청소년 약물에 대하여 묻기도 하였다.

이런 과정에서도 배움에 대한 갈급함은 잘 풀리지 않았다. 답답한 나는 한국의 권위자로 매스컴에서 소개하는 김경진 박사도 찾아갔다. 이러한 과정에서 점점 중독에 대해 지식적으로 알아 가면서 중독에 대해 알지 못하고 무모하였던 것이 부끄러워 형제들에게도 새삼 미안했다.

마침 이화여대 평생교육원에서 약물중독 전문 상담 과정이 개설되어 공부를 시작했다. 야간에 공부할 수 있어 감사했고 복지관에서 일하는 분, 선교사 등 다양한 분야에서 일하는 분들과 함께 수업을 들었다. 시각장애를 가진 나는 어려움도 많았지만 중독에 대한 지식을 쌓을 수 있었다. 좀 더 형제들을 다양한 측면에서 바라볼 수 있게 되었다. 감사하게도 러시아의 임 선교사가 가까이서 도와주어 많은 도움을 받았다.

임 선교사는 우리 선교회를 방문하고 우리 사역에 큰 관심을 가졌다. 봉사자로 우리 형제들을 섬겼을 뿐만 아니라 내가 수업을 빠지면 녹음을 하여 보충해 주기도 했다.

십자가선교회의 태동

저녁예배가 끝나고 간식을 먹으며 한가롭게 이야기를 나누던 여유로운 시간이었다. 갑자기 문을 크게 두드리며 고함을 치고 "목사 어디 있느냐!" 하는 소리가 들렸다. 문을 열어 주자 4층에 세 들어 사는 건설회사 사장이 몇 사람과 함께 신발을 신은 채 들어오면서 내 앞에서서 고래고래 소리를 질렀다.

"어떤 놈이 감히 우리 집에 와서 마누라에게 소주 한 병만 달라느니 소주 살 돈을 달라느니 협박을 한다는데 어떤 놈인지 당장 끌고 와!"

같이 온 이들도 덩달아 소리쳤다. 흥분한 이들과 크게 부딪칠까 봐 겁이 덜컥 났다. 겨우 진정을 시켜 자리에 앉도록 사정하여 그들 대여섯과 둘러앉고 잘못했다고 빌기만 했다. 그들 중 하나가 소주 두 박스를 방 가운데 퉁 소리를 내면서 내려놓고 자기네끼리 마시면서 별 욕설을 다하며, 죽여 버리겠다는 둥 불을 질러 버리겠다는 둥 험한 소리를 계속했다. 그 사장은 당장 전세금 5천만 원을 가지고 오라며 내놓지 않으면 한 발짝도 움직이지 않겠다고 소리쳤다. 나는 내일 방을 당장 복덕방에 내놓고 속히 빼 주도록 최선을 다하겠다며 사정했지만 막무가내였다. 당장 꾸어 오던지 무슨 수단을 써서라도 가져와야 일어서겠다며 계속 소주를 마시고 아무데나 던져 버렸다.

이 와중에 어디선가 한 형제가 외치는 소리가 들렸다.

“목사님은 저렇게 당하고 계시는데 네놈은 어떻게 소주를 마실 수 있냐!”

이 틈을 타서 한 형제가 살며시 소주 상자에서 술을 꺼내 구석에서 마시고 있었던 것이다. 이를 본 형제가 핀잔을 주자 그들은 서로 이렇게 저렇게 다투기 시작했다. 중독자의 추한 모습을 보면서 한마디씩 하고 그 사장도 어이가 없는지 혀를 찼다. 새벽까지 난장판이 이어졌다. 그 사장도 지쳤는지 내일까지 시간을 줄 테니 돈을 갖고 오지 않으면 가만 안 두겠다며 돌아갔다. 사고가 생기지 않은 것에 감사하고 서둘러 정리하고 다들 잠자리에 들게 했다. 잠을 이룰 수가 없어 기도로 밤을 새웠다.

이튿날 왕 형제를 인천에서 불러 사정을 말하고 함께 그 사장을 찾아가 한 달 시간을 얻었다. 각서를 써 주고 돌아와 부동산 이곳저곳에 전세를 내놓았다. 그러나 좀처럼 계약을 할 수 없어 다시 찾아가 사정하며 연기를 받았다. 또 욕설과 갖가지 수모를 당할 수밖에 없었다. 설상가상으로 아버지 담보로 2천만 원 은행대출을 받아 빌려 주었던 집사님이 우리가 두 번 제 날짜에 이자를 내지 못하자 빌린 돈을 갚아 달라고 했다. 그의 아버지의 신용이 나빠졌기 때문이었다.

부동산에서 연락이 왔다. 전세는 작자가 없고 다세대 주택 전체를 구입하고자 하는 사람이 있다고 했다. 우리는 아무 대책 없이 시달리다 지쳐 집 전체를 팔기로 했다. 빚과 주위 외상값을 갚게 되면 빈털터리로 나갈 수밖에 없었다.

청평에 작은 집과 땅이 있는 집사님이 그곳으로 불러 주겠다고 하여 그곳으로 가기로 했다. 옆집 할머니의 등쌀도 견디기 어려웠다. 옥상

알루미늄 새시가 불법 건축물이라고 구청에 신고한 사람도 그 할머니였다. 우리는 동네 사람들에게도 눈엣가시였던 것이다. 이사를 간다는 소문에 앞집 권사님은 매우 섭섭해 하셨지만 많은 사람들이 가시가 뽑힌 것처럼 시원해 했다.

1996년 3월, 청평으로 이사를 위해 준비를 했지만 어디로 갈지 쉽게 정해지지 않았다. 할 수 없이 우리는 20여 명을 데리고 한월산기도원에서 생활하며 집회에 참석하고 틈틈이 한쪽 구석에서 우리끼리 예배와 기도를 드렸다. 부목사님은 서울에서 출퇴근했지만 나는 우리 형제들과 성전 한쪽에서 같이 생활했다. 그곳에서도 교도소와 청송감호소, 공주치료감호소를 다녔고, 안양교도소와 천안소년교도소를 다니며 집회를 했다.

약물전문가 상담 과정을 공부하기 위해 일주일에 두 번씩 학교를 가야 해서 형제들을 돌보는 시간이 부족했다. 형제들이 소주를 사 가지고 와 숲속에 감추어 놓고 마시는 일이 벌어졌다. 어느 날은 기도원 집회 중 설교를 하고 있는데 청송 출신의 형제가 강단에서 강사 목사님을 끌어내리는 소동이 벌어졌다. 술에 잔뜩 취한 그가 설교가 형편없다며 차라리 우리 목사를 시키라며 떠들어 댔다. 형제들이 달려 올라가 끌어내렸지만 기도원에서는 크게 화를 내며 나가 달라고 했다. 우리는 근처 기도원을 이곳저곳 알아보며 갈 곳을 찾았지만 마땅한 곳이 없었다. 이 와중에 술 취한 형제가 기도원 주방에서 쌀을 훔쳐 소주와 바꾸어 마시고, 주방으로 쌀을 훔치러 가다 들켜 망신을 당했다. 죄송하기도 하고 창피하기도 해서 나갈 수밖에 없었다. 그러나 갈 곳이 없었다.

나는 기도원에서 멀리 떨어지지 않은 중앙기도원에 올라가 기도원 원장님을 만나 사정을 간곡히 말씀드렸다. 우리 사정을 듣던 원장은 조건을 제시했다. 기도원 밖으로 나가지 않도록 철저히 관리해 줄 것과 매달 사용료를 내야 하며, 7월부터는 여름 수련회가 각 교회와 계약되어 있으니 6월 말까지 틀림없이 철수해야 한다는 것이었다. 기도원 시설물이나 기타 물건이 없어지거나 파손되면 배상하겠다는 각서도 썼다. 우리는 기도원 장로님과 직원들에게 감사를 드리고 중앙기도원으로 옮겼다. 한월산기도원은 많은 이들이 기도하러 오는 곳이기 때문에 관리가 어려웠으나 이 기도원은 외부 성도가 거의 없어 조용했다. 자체적으로 예배와 기도 훈련 등이 진행되어 점차 안정되었다. 부목사님도 내가 공부하는 날과 교도소 가는 날에는 기도원에서 숙식하며 열심히 동역해 주어 감사했다.

우리는 갈 곳을 위해 계속 기도했다. 경기도 광주에 소 먹이던 축사가 있는 산을 기증하겠다고 하여 함께 하나님께 감사예배를 드렸던 곳은 지하수 문제와 민원 등으로 곤란했다. 그래서 다시 하남의 비닐하우스 등을 헤매고 있던 어느 날이었다. 청평 집사님이 찾아와 가평 외서면 상천리 작은 양옥집으로 우선 들어가 생활하면서 그곳 땅에 건축을 하기로 하자고 하여 그곳으로 이사를 하였다.

한 사람 누울 수 있는 방과 세 명 정도 생활할 수 있는 방에 책상과 의자를 놓고 사무실 겸 숙소로 사용했다. 또 다른 방은 빼곡하게 다섯 명이 누워 잘 수 있었다. 작은 거실에는 때로 10명까지 빽빽하게 누워 자곤 했다. 작은 부엌에서도 세 명이 끼여 잤다. 서울에서 멀어져 찾아오는 형제들이 줄어들었다.

그래도 항상 20명이 넘어 생활이 불편하니 서로 짜증을 내기도 했다. 처음에는 등대교회에서 장애인들과 함께 예배를 드리다가 우리 형제들만 거실에서 예배를 드리게 되었다.

8월에 '중독자 치유 세미나'를 열기로 하여 기도하며 준비했다. 마침 숙소 앞 약 50미터 되는 곳에 10미터 정도의 폭으로 흐르는 냇가가 있었다. 주위에는 큰 밤나무 여러 그루가 있어 여름에는 그늘과 흐르는 시냇물로 시원했다. 그곳에 개울을 막아 세미나 장소로 사용하면 최고의 장소가 될 것 같아 기도를 시작했다.

어느 날 성남 모 교회 사찰로 있던 오기열 집사가 작은 트럭에 부식과 쌀을 싣고 찾아왔다. 우리의 기도 제목을 듣고 그는 성남 고물상을 뒤져 필요한 것을 찾아보겠다고 했다. 감사하게도 며칠이 안 되어 오 집사는 가철거한 합판이 있는데 거의 새것 같으니 싣고 오겠다고 했다. 몇 차례 실어 날랐다.

형제들 중 목수 출신이 나서 하나하나 강단을 만들어 갔다. 냇물 위에 아름다운 강단이 만들어졌다. 밤나무 그늘 밑에서 흐르는 냇물 소리를 들으며 매미 소리와 함께 기쁘고 감사의 예배와 찬양을 드리게 되었다.

국민일보에서 기사를 내 주었다. 감사하게도 전국 곳곳에서 관심 있는 목사님을 비롯한 성도들이 100명 이상이 참여했다. 총신대 권성수 교수님이 주 강사로 강의를 해 주시고 중독 전문가들을 초청하여 2박 3일을 은혜롭게 진행했다. 나는 사회를 보면서 권성수 교수님을 소개하다 강단 옆 화분을 넘어뜨리고 물병을 엎어 작은 소동을 일으켰지만 여유 있는 교수님의 위트로 오히려 분위기가 더 은혜롭게 되었다. 교수님과 하나님께 감사했다.

마지막 날 아침 강의 때였다. 한 형제가 몽둥이로 방마다 걸려 있는 선풍기를 때려 부수는 소동이 일었다. 내가 중독자 치유 강의를 하던 중이었다. 몽둥이를 들고 미치광이처럼 날뛰고 있어 어쩔 줄 모르고 있다고 하였다. 나는 양해를 구한 뒤 그를 찾아갔다.

"무슨 일이 있었어? 누가 화나게 했어?"

물으면서 그를 안아 주었다. 그는 사람들이 자기를 무시하고 자기는 밥이 모자란다고 주지도 않고, 간식도 저희끼리만 먹고 안 주었다고 울면서 내 품에 폭 안겼다. 나는 미안하다고 말하며 쓰다듬어 주었다. 강의가 끝나면 내가 챙겨 주겠다고 약속한 후 손을 잡고 가까운 곳에 앉혔다.

강의가 무사히 끝났다. 참석자들은 장정들도 감당 못 하는 그를 앞 못 보는 내가 해결하는 것에 감탄했다. 그러나 이는 특별한 능력이 아니라 평소에 맺은 신뢰와 전적인 하나님의 은혜의 결과였다. 버림받은 아픈 이들의 눈물을 보고 그들의 마음을 헤아릴 수 있는 마음을 주신 하나님께 감사했다.

세미나에 참석한 분들 중 화성에서 목회를 하는 목사님이 알코올 중독자를 데리고 왔다. 그는 술을 마시고 그 교회를 찾아왔었는데, 처음엔 사찰집사를 시켜 돌려보냈다고 하였다. 그런데 며칠 후 또 술을 먹고 찾아왔다. 목사님은 그의 손을 잡고 목양실로 데리고 와 커피 한 잔을 손수 타 주면서

"속이 많이 상하셨군요."

한마디 하였는데, 그는 펑펑 울며 목사님이 자기 마음을 알아주고 이렇게 대접해 주니 감사하다며 아픔을 털어놓고 눈물을 흘렸다. 목사님은 같이 울어 주었다. 우리 선교회를 소개하니 흔쾌히 오겠다고 하여 함께 왔다고 했다.

그는 목사님의 기도 속에서 빠르게 치유되었다. 하나님의 은혜로 3개월 훈련을 마치고 세례를 받았다. 목사님을 찾아가 세례증서와 수료장을 내놓고 자랑하였다. 그 후 그 교회의 새벽예배에 나오는 노인들을 운전하여 모시는 봉사를 하여 목사님의 수고를 덜어 주었다. 수시로 심방도 동행하고 심부름도 하였다. 교회의 작은 전도사로, 성도들이 기뻐하는 일꾼으로 쓰임 받았다. 성도들과 함께 떡과 과일을 들고 선교회를 심방하여 찬양과 예배를 드리며 기뻐했다.

지독지독한 알코올 중독자

세미나 후에 부산의료원에서 원목으로 사역하는 목사님이 현대그룹 연구소에서 근무하던 알코올 중독자를 직접 데리고 왔다.

그는 지독한 알코올 중독자로, 하루에 소주 15병에서 20병을 마시는 사람이었다. 술에 취하면 온 부산을 헤매며 때로는 공동묘지에서 성묘를 오는 가족들에게 술을 얻어 마시거나 남기고 간 술을 주워 마시는 등 항상 술에 절어 살았다. 몸이 병들어 쓰러지면 주위 사람들의 신고로 부산 의료원에 자주 입원하던 단골손님이었다.

몇 번이나 죽을 고비를 넘겼던 그는 원목 목사님의 기도와 사랑으로 우리 선교회에서 신앙치유 훈련을 받으며 행정업무 봉사를 했다. 곧 팀장이 되어 팀별 QT 모임 등에서 리더로 세워졌다. 중독자들이 항상 그렇듯이 술만 마시지 않으면 순한 양같이 착하게 봉사를 잘했다. 나는 교도소에서 오는 편지에 답장을 쓰느라 새벽까지 시간을 보내곤 했는데 이 형제가 도와주어 시간이 많이 절약되었다. 〈작은 자들의 메아리〉를 편집하고 갖가지 일들을 감당해 주어 선교회에 활기가 돌았다. 교도소 선교 등에 동행하며 나의 눈이 되고 손발이 되었다.

몇 개월이 지난 어느 날 그와 담소를 나누었다. 그가 혼자 있는 것이 아까워 혹시 사귀었던 아가씨는 없느냐고 물었다.

그는 아버지가 일찍 돌아가셨다. 아버지는 이북에서 피난해 왔다. 술을 마시면 고향에 두고 온 가족에 대한 그리움으로 "두만강 푸른 물에~" 노래를 부르며 슬퍼했다. 누나와 남동생이 있지만, 그는 각별한 사랑을 아버지께로부터 받았다. 그래서인지 아버지 술심부름을

하면서 취한 아버지가 주는 술을 받아 마시며 어릴 때부터 자연스럽게 술을 마셨다. 그렇게 끔찍이 자기를 사랑하던 아버지의 죽음은 그에게 큰 아픔이었다. 그래도 공부를 잘해 경북대 공대에서 장학생으로 공부하였고 졸업과 함께 현대그룹연구소에 취직하였다. 그러나 깊이 사랑했던 애인과 헤어진 것을 계기로 폭주를 하면서부터 술이 늘었다. 술 때문에 직장생활에 어려움을 겪기도 했다.

어느 날 술에 취해 부산 집에 들어가면서 크게 충격을 받은 것이 더 해졌다. 모르는 남자와 어머니가 함께 있었고 그는 아버지를 떠올리며 가슴 아파했다. 어머니가 남자와 희희덕거리는 것이 싫어 술을 더 마셨다. 직장도 그만두었다. 처음에는 이 친구 저 친구와 번갈아 가며 마셨지만 어느 때부터 한 친구씩 만나 주지 않았다. 친구들 사이에 낙인이 찍혀 있었는데 자기만 모르고 계속 전화하고 찾아갔다. 어느 날부터는 이 친구 저 친구로부터 술값을 구걸하다시피 했다. 결국 소줏값 단돈 만 원이라도 달라고 애걸하는 신세가 되고 말았다.

어머니가 돌아가셨다. 누나나 동생도 이미 돌아섰고 그는 노숙인이 되었다. 지나가는 학생들에게 차비가 없다며 구걸하였고 영안실을 전전하며 술을 얻어 마시다 때로는 망신을 당했다. 그러나 오직 소주 한 병을 구하기 위할 뿐이었다. 식당에 들어가 술을 마시는 테이블에 다가가, 손님들에게 소주 한 병만, 한 잔만 달라고 손을 벌렸다. 그에게 식탁 위에 있는 소주병을 주는 이들을 만나면 따라 놓은 술잔을 한 손에, 소주병을 한 손에 움켜쥐고 마셨다.

눈을 뜨면 부산진역 대합실에 누워 있는 날도 있었다. 때로는 해운대 바닷가 백사장, 공동묘지가 있는 길거리에서 새벽에 잠이 깼다. 속이 쓰리고 아리고 아파 올 때면 쇠갈고리로 속을 긁어내는 고통을 참을 수 없어 이리저리 다니면서 모텔 쓰레기통을 뒤졌다. 한 모금의 술이 남아 있는 소주병을 찾아 헤맸다. 쓰레기통에서나 모텔 방 창밖에 버려진 소주병을 발견하면 노다지를 발견하고 좋아하는 사람처럼 기뻐했다.

"로또가 당첨되면 그렇게 기뻤을까요." 하며 쓰게 웃는 그의 웃음소리를 들으니, 그의 마음속은 무엇인가 쓴 뿌리가 깊이 박혀 있음을 알 수 있었다. 그러나 그의 버려진 인생에도 하나님의 간섭이 있었다.

부산의료원에 실려 가 겨우 깨어나게 되는 날이 잦았다. 언제부터인가 누나가 침대 머리맡에서 눈물을 흘리고 있는 모습을 보았다. 그때마다 누나가 다니는 교회의 여전도사님이 함께 있었고 자기를 위해 눈물로 기도해 주는 것이 고마웠다. 누나 집으로 퇴원했다. 함께 누나가 다니는 교회에 나가 예배를 드렸다. 그러나 악순환은 반복되었고 여전도사님은 그를 위해 계속하여 기도해 주었다. 그러나 그는 생의 불이 꺼져 가고 있었다. 우리 선교회에 오기 직전에는 병원에서 마지막 임종예배를 드리는 상태까지 갔다. 얼굴을 덮을 하얀 이불이 준비되어 있었다. 전도사님은 하나님께 눈물을 흘리며 기도했다. '살려 주시면 내가 이 사람과 결혼하여 믿음의 종으로 세울 테니 하나님께 쓰임받게 해 주십시오.' 그는 사경을 헤매면서 멀리서 들리는 듯한 기도와 울음소리에 깨어났다.

그런데 정작 그는 전도사님에게 관심이 없었다. 이미 말기 알코올중독자인 것이다. 결혼이나 이성에 대한 관심보다는 오로지 술이었다. 이럭저럭 선교회에서 회복이 되어 갔다. 나는 살려만 주시면 결혼까지 하겠다던 전도사님을 만나보고 싶었다. 이 지독지독한 알코올 중독자를 살려 달라고 울며, 결혼하여 살리겠다고 기도한 것은 예삿일은 아닌 것이다. 관심 없어 하는 그에게 이 문제를 놓고 기도하자고 했다. 마지못해 대답하는 그의 손을 잡고 기도했다.

그런데 착실하게 예배와 기도를 열심히 하던 그가 어느 날 없어졌다. 형제들이 청평, 가평 이곳저곳을 다 샅샅이 뒤졌으나 찾을 수 없었다. 3일이 지났다. 한 형제가 혹시나 하는 마음에 숙소 근처 낭떠러지 꼭대기에 올라가 보았다. 그가 아차하면 굴러 떨어질 수 있는 낭떠러지에 아슬아슬하게 앉아 병나발을 불고 있는 것을 발견했다. 그를 발견한 형제가 말해 주었는데, 자기는 무서워서 가까이 갈 수 없어, 제발 위로 올라가라고 외치기만 했다는 것이다. 그러나 그는 꿈쩍도 하지 않고 흥얼거리고만 있다고 나에게 허겁지겁 말했다. 우리는 한달음에 달려갔다. 같이 간 형제들도 내려갈 엄두를 못 냈다. 그가 올라올 마음이 들 때를 기다려 겨우 손을 잡아끌고 내려왔다. 그는 태연하게 아무 일도 없다는 듯이 방으로 들어가 쉬겠다고 했다. 그리고 다시는 마시지 않겠다고 몇 번이나 다짐하며 이불을 둘러쓰고 누웠다.

평소 반듯한 행실을 보였기에 믿기로 했다. 그러나 어느 날 예배 시간에 또 사라졌다. 며칠을 찾아 헤맸다. 서울로 가던 형제가 급히 전화를 했다. 청평역 대합실에서 차비를 빌려 달라며 구걸하고 있다는 것이었다. 급히 형제 몇 명을 그곳으로 보냈다.

그는 대합실 의자에 길게 누워 소주병을 끌어안고 미소를 띤 채 홀짝홀짝 술을 마시고 있었다. 며칠을 찾아다녔던 형제가 화가 잔뜩 나서 소주병을 낚아챘다. 대합실 화장실에 세면대에 술을 쏟아 버리자 급하게 뒤따라 온 그가 고래고래 소리를 질렀다.

"그 소주가 어떤 건데, 일억 원을 갖다 줘도 안 바꾸는 거야! 미스코리아를 데리고 와 봐라, 내가 바꾸나!"

소주병을 낚아채서 남아 있는 몇 방울이라도 마시려고 소주병을 흔들다가, 역 밖으로 욕을 하며 나와 병을 내던져 박살을 냈다. 겨우 몇 명이 붙잡아 달래어 데리고 왔다. 그는 사무실 방으로 들어와 소리를 고래고래 지르며 나에게도 욕을 퍼부었다. 소주병을 빼앗아 간 것이 분한 것이다. 한 형제가 이부자리를 깔아 주고 좀 잠을 청해 보라고 했다. 누울 생각은 않고 그 형제에게 물었다.

"당신은 하루에 소주 몇 병이나 마셨는가?"

대여섯 병 마셨다고 하니, 픽 웃으며

"이 호구야, 여섯 병이냐? 나는 열다섯 병에서 스무 병은 마시지."

기고만장했다. 또 묻는다.

"한 번 마시면 몇 달 마시냐?"

한 달 정도 마셨다고 하니 또 큰 소리로 비웃으며

"겨우 한 달이냐? 나는 봄에 마셨다가 깨 보니 겨울이더라."

나는 며칠 동안 그와 한 방에서 자면서 그를 회복시키려고 문을 잠그고 밖에서 열어 주어야 나갈 수 있게 했다. 화장실을 갈 때도 내가 손을 잡고 다녔다.

끈질기게 붙잡고 기도했다. 함께 주기도문을 계속 암송했다. 정신이 없으니 매일 처음 암송을 시작할 때는 제대로 되지 않았다. 약 50번 정도 해야 기억이 살아나는 것 같았다. 때로는 300번 500번 함께 손을 잡고 계속 암송하는 날도 있었다. 어느 날 암송을 하는데 그가 울었다.(그 이후에 주기도문을 암송하면서 많은 형제들이 회복을 시작하곤 하였는데 이 날이 첫 사례가 되었다.)

감사하게도 잘 회복되어 정상으로 돌아왔다. 사무실 봉사와 예배, 기도 생활도 점점 회복되어 갔다. 중독자들의 특성 중 좋은 것은 회복되면 열심히 충성하는 것이다. 그러나 그렇게 열심이다가도 누가 상한 감정이나 자존심을 건드리면 어디로 튈지 몰랐다.

그는 한 달이 못 되어 또 없어졌다. 많은 곳을 찾아 다녔지만 허사였다. 며칠 후 춘천이라며 오늘 들어오겠다고 했다. 그러나 중독자들은 한 잔 들어가면 또 다른 마음으로 순식간에 변한다. 서둘러 춘천으로 차를 보내 시외버스 정류장을 중심으로 샅샅이 뒤지도록 했다. 종일 찾았지만 헛일이었다. 그는 다음날 강릉 경포대라며 "바다가 너무 시원하고 좋다!"라고 소리치며 껄껄거리고 웃다가 울다가 했다.

"그래 실컷 울어. 크게 소리치며 마음껏 울어. 울다가 지치면 돌아와."

전화를 받으며 나도 눈물이 났다.

그는 경포 해수욕장에서 술자리를 이곳저곳 찾아다니며 술도 구걸하고 교통비를 잃어 버렸다며 돈도 구걸하여 경주로, 포항으로, 울산으로 흘러 다녔다. 그렇게 만취된 채 부산까지 갔다. 길거리에 쓰러져 부산 의료원에 입원을 했다. 의료원 원목 목사님과 통화하며 목사님께 여전도사님을 만나 보도록 부탁했다.

의료원 목사님이 그를 선교회로 데리고 오며 말했다. 여전도사님이 똑똑하고 야무져서 그 형제를 꽉 잡을 수 있겠다며, 결혼을 시켜 가정을 가지게 해 보자고 했다. 부산 목사님은 전도사를 맡고 나는 형제를 맡기로 하고 서로 기도하며 결혼을 하여 새 가정을 이루어 회복되게 해 달라며 기도했다.

나는 사모와 함께 부산으로 전도사님을 만나러 갔다. 야무지고 똑똑한 여성이었다. 우리는 살려 주시면 결혼하겠다고 한 기도가 유효한지, 이 지독한 알코올 중독자를 감당할 자신이 있는지, 말기 중독자이니 잘못하면 얼마 살지도 못할 수 있는데도 결혼을 하겠는지 물었다.

전도사는 하나님께서 자기의 기도를 응답해 주셔서 살려 주었다고 믿고 있다고 했다. 그 믿음에 고개가 숙여졌다. 그 하나님의 응답에 감사하고 있었고, 가진 것 없지만 믿음 하나로 결혼하겠다고 했다. 우리는 기도해 왔고 하나님의 은혜로 짝지어 준 것이라 믿는다면 미룰 것 없다고 말해 주었다. 날짜를 잡아 연락하기로 했다. 전도사는 우리 선교회에서 좀 떨어져 있는 집을 수리하여 생활하고, 선교회에서 전도사로 사역하기로 했다. 그 후에 전도사님이 다니던 교회에서 결혼식을 하고 청평 선교회로 와 결혼 생활과 선교회 사역을 시작했다. 하나님의 은혜와 축복이라며 모두 감사하고 축복했다.

그 형제는 부러움의 대상이 되었다 그러나 3개월 쯤 지난 어느 날이었다. 전도사님이 찾아왔다. 며칠 전부터 몰래 밤중에 나가 개울 옆에 술을 숨겨 놓고 마신다고 했다. 이제는 방 안에서도 거리낌 없이 마시면서 사무실에는 몸이 좋지 않아 쉬겠다고 전하라고 시켰다. 나는 조용히 기도하며 지혜를 구했다. 전도사님을 돌려보내고 집으로 전화하여 급한 일이 있으니 사무실로 왔다가도록 했다. 그는 달려와 무슨 일인지 물었다. 나는 급한 일인 것처럼 이것저것 몇 가지 묻다가, 문득 놀라는 척하며 술 냄새가 난다고 했다. 그는 조금 마셨다며 죄송하다고 했다. 결혼한 지 몇 달도 되지 않아 술을 마시면 되겠냐며 함께 기도했다. 그는 다시는 마시지 않기로 하고 돌아갔다.

그러나 중독자들은 한 번 술을 입에 대면 계속하여 마신다. 그는 계속 이렇게 저렇게 거짓말을 했다. 하지만 전도사는 헌신적인 수고로 밤을 새워 지키면서 술을 빼앗고 하여 진정을 시켰다. 그러나 또 한 달이 못 되어 다시 시작되었다. 전도사가 방문을 잠그고 못 나가게 하니 유리창을 깨고 방문을 차며 난동을 부렸다. 달려가 보았으나 이미 그는 집을 나가 버렸고 어디로 갔는지 찾을 수 없었다. 집 안은 난장판이었다. 결혼반지와 패물이 없어지고 지갑도 없어졌다. 전도사님은 방바닥에 앉아 울었다.

며칠 후에 찾아냈다. 이번엔 사무실 방에서 나와 함께 지내기로 했다. 결혼반지를 어떻게 했느냐고 다그쳤다. 50만 원 상당의 패물을 청평 어느 가게에서 소주 두 병과 바꾸어 마셨다고 하였다. 전도사와 몇몇 형제들이 일대를 뒤져 그 가게를 찾아냈다. 마음 좋은 가게 주인이라 쉽게 되찾았다. 이러한 일이 반복되었다. 형제들에게도 손가락질을 받았다. 그는 결국 말리는 손을 뿌리치고 부산으로 내려가고 말았다.

부산에서 그는 술에 빠져 살았고 정신병원 입원과 퇴원을 반복하였다. 어쩌다가 선교회로 오고 싶다고 하여 오게 되면 며칠이 안 되어 전도사님을 찾았다. 그러면서 간경화, 간암 등 갖가지 질병으로 죽을 고비를 몇 번이나 넘겼다. 그때마다 전도사님의 헌신적인 희생과 헌신으로 살아났다.

우리는 함께 신학 공부를 시작하면서 이겨 보기로 하였다. 그의 아내는 목사가 되었고 그는 신학교를 몇 년에 걸쳐 졸업했다. 함께 부산 진역에서 노숙인들을 돌보는 선교회에서 봉사도 하고 양자를 얻어 신앙으로 키웠다.

항상 아내 목사님을 만날 때면 결혼을 하도록 권면했던 것이 미안하고 안쓰러워 어찌 할 바를 몰랐다. 그러나 아내 목사님은 오히려 남편 때문에 하나님을 더 사랑하게 되었다고 하였다. 만일 결혼하지 않았다면 그는 이미 죽어도 몇 번 죽었을 것이다. 그 부부는 어려운 가운데도 헌금을 종종 보내주었고 그 후 선교회 건축으로 어려울 때 은행에서 대출을 받아 1,000만 원을 보내주기도 했다.

남편과 같은 노숙 알코올 중독자들을 찾아다니며 복음으로 예수 사랑을 실천하는 귀한 여종에게 욥에게 주신 갑절의 은혜와 복을 받는 가정이 되게 하소서.

청송에서 온 남자들과 주정뱅이 할머니

청송 감호소에서 형제 둘이 왔다. 한 형제는 키다리로 덩치도 좋고 건강했지만 눈이 녹내장으로 점점 안 보여 어려움이 많았다. 두 형제 모두 두 번이나 감호 생활을 하였고 전과가 많았다.

그들이 청평에 온 날 우리는 헌옷을 후원받았다. 나는 이 형제들이 입을 좋은 옷을 골라 주도록 사무실에 부탁했다. 특히 키가 아주 작은 형제는 고아로 살았기에 옷가지가 변변치 않은 것 같았다.

며칠 후 그들은 이곳은 감호소보다 더하다며 나가겠다고 했다. 이들은 각각 눈과 다리를 수술을 받아야 하는 와중이었다. 무슨 일이냐고 물으니 나누어 주라고 한 옷을 자기들끼리만 나누어 갖고 둘은 쏙 빼 버렸다며 욕을 했다. 그들은 짐을 챙겨 나가 버렸다. 알고 보니 사무실에서는 좋은 옷을 골라 주었는데 키다리 형제는 작아서, 작은 형제는 커서 맞지 않아 마땅히 줄 옷이 없어 허름한 옷을 주었더니 우리가 거지냐며 집어 던지고 욕을 했던 것이다.

며칠 후 전화가 왔다. 의정부에서 보호관찰 신고를 하고 갱생원에 들어갔지만 휠체어를 타야 하는 작은 형제는 걷기가 힘들어 생활이 힘들었고 키다리도 눈이 어두워 어려움을 겪었다고 했다. 돌아오면 안 되겠느냐며 자기들에게 좀 더 관심을 달라고 했다. 그렇지 않아도 회개하며 다시 보내달라고 기도를 해 왔기에 즉시 차를 보내 데리고 왔다. 나는 옷을 사 주고 복음을 전했다. 영접기도를 한 후 신앙고백과 주기도문을 암송하게 했는데, 글을 모르는 작은 형제는 손을 내저으며 암송을 포기했다.

차차 기도를 가르치고 마음을 열고자 했다. 자기들은 감호소에서 기독교 집회에 떡을 얻어먹으려고 참석했고, 마찬가지로 천주교, 불교 집회도 떡 먹으러 참석한 '떡신자'라고 했다.

나는 그들을 영등포 요셉의원으로 데리고 가 선우정식 원장에게 특별히 부탁했다. 그동안 우리 형제들을 치료해 주고, 강남 성모병원 등의 수술과 입원에 많은 도움을 주셨던 분이다. 이 두 형제도 기쁘게 받아주었다. 수술을 위해 여의도성모병원에 입원했다. 입원에 필요한 것들과 간식 등을 사 주고 돌아왔다.

열흘쯤 지난 후 병문안을 갔다. 기도해 주고 과일 등을 같이 먹었다. 병실을 나오면서 혹시 필요할 것 같아 각각 2만 원씩을 쥐여 주었다. 그들은 6인실 병원 환자들과 보호자들이 있는 데서 큰소리로

"우리가 거지새끼냐 이것을 돈이라고 줘?"

하며 돈을 던지며 가지고 가라고 소리를 쳤다. 너무 놀랐다. 가진 돈이 이것뿐이라고 미안하다고 다시 집어 주었다. 그들은 더 크게 소리치며 돈을 내던졌다. 할 수 없이 돈을 주워 병원을 나왔다. 황당하고 괘씸하여 울화통이 터졌다.

'우리가 얼마나 어려운데, 쌀값도 없어 외상이고, 김치와 깍두기로 밥 먹는 것을 알면서 고마워하기는커녕 이렇게 망신을 줄 수 있을까. 감호소 출신은 어쩔 수 없다.'

나는 화가 나서 속으로 욕을 했다.

그날 밤 10시 '야곱의 기도' 시간에 그들을 생각하며 기도했다. 키 작은 형제는 절도로, 키 큰 형제는 소매치기로 전과가 많았다. 실형 2년 이상, 감호 5년 이상을 살다 우리가 신원보증을 하여 7년이 넘어 출소했다. 이렇게 그들은 어느 누구도 찾아오는 사람 없이 외롭게 살았다는 것이 마음에 느껴졌다. 병실에서 다른 환자의 보호자, 친구들이 맛있는 음식을 잔뜩 싸 와 먹는 것을 보면서 신세가 얼마나 서럽고, 먹고 싶은 마음이었을까. 생각을 바꾸어 주신 하나님 앞에 부끄러웠다.

'그들이 지극히 작은 자였는데, 그들에게 한 것이 주님께 한 것이라고 하셨는데, 정말 잘못했습니다.'

다음날, 항상 어려울 때면 부탁하는 집사님에게 전화를 걸어 사정 얘기를 하고 통닭 등을 가져다주도록 부탁하고 용돈도 두둑하게 부탁드렸다. 그들은 집사님이 병문안을 하였을 때 내게 전화했다. 목사님 사정을 알면서도 자기네들이 너무 잘못했다고 말했다. 고마웠다. 이

날 이후 우리는 출소한 사람들에게 그들이 좋아하는 음식을 마련하여 대접하였다.

꺽다리와 키 작은 형제 콤비는 병실에서도 문제를 일으켰다. 병실에서 돈이나 물건이 없어져서 간호사실로부터 몇 번 전화가 왔다. 달려가면 다른 환자들의 눈총을 받았다. 어렵게 치료를 받고 꺽다리가 먼저 퇴원하고 그 후에 작은 형제가 돌아왔다.

우리는 꺽다리의 아픔과 눈물을 '십자가 체험 훈련'을 통해 들을 수 있었다.

6 · 25 전쟁 때 북한을 오가는 특공대로, 하루살이 목숨으로 전쟁을 하면서 포악해졌다. 죽을 고비도 많이 넘기다 수류탄에 맞아 눈을 다쳤고 후송되어 치료를 받고 제대하였다. 고향에 돌아왔지만 배운 것도 없고 눈도 제대로 보지 못하여 어려움을 겪었다. 우연히 소매치기를 만나 훔치는 기술을 배워 교도소와 감호소에서 인생을 보내다 노인이 되어 버렸다.

그는 '십자가 체험'에서 지금까지의 죄악된 인생을 십자가에 예수님과 함께 못 박고 장사를 지냈다. 그리고 부활 체험과 성령 체험을 하며 통곡하였다. 그는 눈물 콧물을 흘리며 오랫동안 회개의 시간을 보냈다. 감사하게도 새벽부터 저녁 야곱의 기도까지 기도를 쉬지 않았으며 옆에 형제에게 성경을 읽어 달라고 하였다.

나는 병무청과 보은처에 6 · 25 때 부상한 사람이 어떻게 보상을 받는지 알아보았다. 그리고 나라를 위해 부상을 당한 그를 불쌍히 여기시고 보상을 받는 길을 열어 주시도록, 그리고 범죄의 인생에서 완전히 구원해 주시기를 형제들과 기도했다. 우리는 도우미 형제와 함께 그의 복무 기록을 찾고 결재를 기다렸다.

그는 오래지 않아 상이군인으로 인정받았다. 처음에는 40만 원 정도 나왔지만 나중에는 100만 원 넘게 받았다. 그는 정부에서 돈을 받게 되었으므로 퇴소하여 미아리에 방을 얻어 가까운 교회 새벽예배를 다녔다. 그러던 중 나이 드신 교회 과부를 소개받아 재혼하였다. 재혼한 아들이 사업을 하고 있었고 자가용을 내주어 청평까지 방문을 했는데, 떡과 빵, 과일을 잔뜩 사 와서 부러움을 샀다.

우리는 예배를 드리면서 지긋지긋한 범죄의 사슬을 끊어 주신 하나님께 찬양을 드렸다. 감사하게도 키 작은 형제도 수술 후에 휠체어 생활을 하다가 목발로 조금씩 걷게 되었다. 그리고 얼마 후 목발을 놓고 걸을 수 있게 되었다. 그는 영세민으로 정부 지원을 받았다. 짠돌이로 소문이 날 정도로 저축하는 재미를 붙였으며 남양주 교회 옆으로 이사하고 고물을 주워 저금통장을 늘여 갔다. 한 달에 한 번 이상 선교회를 찾아와 몸이 불편한 장애인과 나이 어린 형제들에게 옷과 다과를 사다 주곤 하였다. 밤마다 담을 넘어 도둑질을 하며 살던 그가 이제는 에베소서 4장 28절 말씀을 실천하게 된 것이다. **'도둑질하는 자는 도둑질하지 말고 돌이켜 가난한 자에게 구제할 수 있도록 자기 손으로 수고하여 선한 일을 하라.'**

하나님 말씀대로 살아가는 하나님의 아들이 되어 얼마나 감사했는지 우리 모두 함께 찬양과 영광을 하나님께 드렸다.

나는 울산 생명의 전화 상담실에서 있었던 알코올 중독자 상담 세미나 강사로 강의를 했는데, 그 후 그 지역의 중독자들이 선교회로 오기 시작했다. 어느 날 할머니 한 분이 왔다. 우리는 온통 남자들뿐이기에 난색을 표했지만 H자동차에 근무하는 아들은 어머니를 받아 달라며 간곡히 부탁했다.

자기 딸들이 할머니가 술을 먹고 동네를 다니며 춤을 추고 옷을 벗는 등 창피스러운 일을 벌여 따돌림을 받아 학교도 가지 않고 있다고 했다. 게다가 아내도 우울증이 와서 이혼 직전에 있다며 통사정했다. 할머니 자신도 다시 돌아갈 수 없다며 거실 한쪽에서 잠만 자게 해 달라고 했다. 어쩔 수없이 내 방을 비워 주고 나는 사무실 방에서 형제들과 생활했다.

할머니는 경북 영양 시골에서 농사를 짓는 시집으로 시집을 갔다. 가난하여 제대로 먹지 못하여 보릿고개가 오면 풀뿌리와 나무껍질을 벗겨 먹고 보리떡 등으로 연명을 했다. 아이를 낳았으나 그 당시는 분유도 없었고 먹은 것이 없어 젖이 나오지 않아 아기가 젖을 달라고 울면 가슴이 아파 때로는 같이 죽고 싶기도 했다. 시아버지가 막걸리를 마시면 젖이 나온다고 하여 마시기 시작했다. 젖이 조금씩 나왔지만 많이 마셔 취하기 일쑤였다. 농사를 지으면서는 마시지 않다가 아이를 낳으면 폭주를 하면서 알코올 중독으로 서서히 진행되었다.

어느 날 할머니는 동네에 밭일을 해 주고 술에 잔뜩 취해 노래를 부르며 춤을 추었다. 웃옷을 훨훨 벗어 던져 우리들을 놀라게 했다. 겨우 방으로 모셔와 내가 타이르려 했다. 할머니는 통곡하며 자식을 원망하며 욕설을 퍼부었다.

"내가 어떻게 키웠는데…… 새색시가 술에 취해 얼굴이 새빨개도 챙피해도 동네 사람이 비웃어도 내 새끼 젖 주기 위해…… 어떻게 네놈을 키웠는데!"

하며 내 손을 잡고 서럽게 울었다. 할머니의 마음은 깊게 상해 있었고 감정은 병들어 있었다. 며느리, 손녀에게 상한 감정을 쏟아 내는 것을 들어주며 공감해 주니 더 서러워하며 통곡했다. 실컷 우시라며 할머니의 한을 토해 내게 했다. 많은 시간 동안 통곡하며 쏟아 내는 울분이 점점 수그러들면서 술이 깼다. 할머니의 술 취한 행동에 대하여 나누면서 아들과 며느리, 손녀들의 수치심에 할머니 스스로가 공감했다. 그리고 아들과 가족에게 미워하고 원망한 것에 대한 용서를 빌었다. 잘못을 가족에게 편지에 써서 보냈다. 그리고 가족에 대한 섭섭함과 원망 등을 예수님 이름으로 용서하게 되었다. 함께 기도하고 난 후에 할머니는 가슴이 후련하고 시원하다고 했다. 이튿날부터 할머니는 선교회 앞 고추밭을 매고 봉사에 솔선수범했다. 그 입에 항상 찬양이 붙어 있어 형제들도 좋아하며 할머니와 가까워졌다.

미국 연수

이대 교육원 마지막 과정은 2주간의 LA 연수였다. 그러나 본인 부담이 180만 원이라 갈 형편이 못 되었다. 사정을 알게 된 러시아 임 선교사가 100만 원을 후원해 주었다. 감사했다. 그래도 80만 원이 부족하니 기도할 수밖에 없었다. 나는 미국 UCLA 대학 연수에 꼭 참가하고 싶었다. 그곳에서 120년 이상 중독자들을 치유해 온 노하우를 배우게 해 달라고 간절히 기도했다.

미국에서 범죄학 박사로 교수를 하던 김용진 박사를 우연한 기회로 만났다. 한국 담안선교회와 연결되어 교도소 선교, 법무부 형사정책 연구소, 법무부 교정국과 관계를 맺고 있는 한동대 교수로 학생들에게 존경받고 인기가 있었다.

특히 우리나라에 기독교 교도소를 세우기 위해 다양하게 활동하며 이를 추진했다. 중독자 사역을 하는 우리 선교회에 관심을 가졌고 수시로 방문하며 강의도 해 주었으며 세미나 때에는 강사로 동참하였다. 교도소 재소자와 중독자 재활에 관심을 가지고 있었다. 출소자 재활을 위해 세탁소도 운영하였으나 어려움이 있어 경제적으로 손해를 보았다.

기독교 교도소 설립 추진 과정에서 난관에 부딪치면서 어느 날 나를 찾아왔다. 하나님께서 보여 주시는 것을 보고 들려주시는 음성을 듣고, 미국으로 돌아가 신학을 공부하기로 했다고 했다. 나는 하나님의 부르심이면 당연히 주님 뜻대로 가야 되지 않겠느냐고 했다. 가까이 있는 동역자를 잃은 것 같아 섭섭했다. 떠나면서도 기독교 교도소 설립 준비위원들을 독려하였다. 그는 필라델피아 웨스트민스터 신학대학원에서 공부를 시작했다.

1996년 10월. 날씨가 추워 새벽에 살얼음이 얼었다. 매달 마지막 주 금요일은 청송감호소 자매결연 집회가 있는 날이다. 새벽에 서둘러 출발했다. 청평과 마석 사이에 내리막길을 가는 길이었다. 살얼음이 언 도로에서 승합차가 미끄러져 얕은 개울에 빠져 버렸다.

봉사자와 형제들이 힘을 다해 승합차를 밀어 도로로 올리고 출발하려는 순간이었다. 갑자기 "쿵!" 소리가 났다. 뒤에서 오던 차가 미끄러져 우리 차를 심하게 받은 것이다. 우리 차는 다시 개울에 내동댕이쳐졌고. 나는 그 순간 기절했다.

깨어 보니 저녁이었고 마석의 병원에 누워 있었다. 감사하게도 크게 다친 형제는 없었고 병원에서는 검사를 계속해야 한다고 했다. 한 달 진단이 나왔다. 머리가 상처가 생겼고 얼굴이 부었지만 크게 불편함은 없었다.

후원하는 집사님들과 우리 형제들이 병문안을 왔다. 우스갯소리로 나에게 무슨 숨겨 놓은 죄가 있어 선교를 가다 사고를 당했냐고 하셨다. 그 말에 마음은 좀 쓰렸지만 곰곰이 생각하며 기도로 하나님께 묻기로 했다.

하나님과의 관계를 돌아보며 우리 형제들을 떠올렸다. 청평은 밤나무가 있어 밤이 많이 떨어진다. 형제들 중에 밤을 주워 서울-춘천도로에 있는 휴게소에서 밤을 파는 이들이 있었다. 이들은 소주를 사서 산속에 감추어 놓고 마셨다. 주방에서 고춧가루를 훔쳐 소주나 담배로 바꾸는 이들도 있었다.

이런 것들을 생각하니 내 부족함이 절실하게 느껴졌다. 한 사람 한 사람의 고통을 깊게 위로하고 치유하지 못하고 있었다. 그들을 위해 기도하였다. 그러나 다른 것들은 생각이 나지 않았다.

청주남자교도소에서 약 2년 동안 만나 신앙훈련을 받고 출소한 20대 형제가 저녁 늦게 병문안을 왔다. 뇌성마비 장애 때문에 걷는 것, 말하는 것이 어려운 그는 내 손을 잡고 안타까워했다. 그는 내가 화장실 가는 것을 도와주며 간호를 하겠다고 했다. 그의 마음이 예뻐서 그렇게 하라고 했다. 그는 기뻐하며 제대로 움직이지 못하는 손으로 다리를 주물러 주었다.

그가 나를 진심으로 사랑하는 것을 느끼면서 기분이 좋은 한편 미안한 마음이 들었다. "나는 네가 나를 이렇게 사랑하는 것처럼 너를 사랑하지 못했어. 미안해."

그의 손을 잡고 용서를 빌었다. 그는 잘 알아듣지 못하겠는 말로 울면서 말했다.

"우리 아버지, 딴 여자와 살면서 그 아이들한텐 뭐든 다 해 주면서…… 나는 욕하며 나가라고 해서 길거리를 다니다가…… 아무도 거들떠보지 않는데…… 배고파 도둑질하다가 교도소를 몇 번이나 왔다 갔다 했지만, 갈 곳 없는 나를 …… 먹여 주고 입혀 주었는데…… 얼마나 감사해요."

그 말을 다 마치게 될 때까지 많은 시간이 걸렸다. 그의 눈물방울이 내 손에 떨어졌다.

병원에 안산에서 본드를 하던 10대 아이도 병문안을 왔다. 본드 중독이었던 그 아이는 고향으로 돌아가 아르바이트를 하여 돈을 벌어

피자도 먹고 명품 운동화도 사 신고 싶다며 돈을 달라고 떼를 쓰곤 했다. 나는 그때마다 하나님께 기도하면 다 해 주신다고 하며 달래었다.

아이들과 함께 있는데 권성수 교수님이 병문안을 왔다. 반갑고 감사했다. 선교회에서 알코올 중독, 청소년 약물 중독 세미나를 했을 때 은혜로운 강의를 해 주신 분이다. 그 이후로도 항상 관심 가져 주시고 종종 연락을 주셨다.

교수님은 크게 다치지 않아 다행이라며 위로해 주셨다. 간절하고 애타는 기도로 나는 큰 치유를 받았다. 우리 형제들을 생각하는 깊은 마음도 느껴졌다. 교수님은 병문안을 온 아이들과 청년에게 일일이 기도해 주시며 포옹해 주셔서 그들이 좋아했다. 게다가 선뜻 100만 원을 내놓으시면서, 나에게 건강해야 형제들을 잘 돌볼 수 있다고 말해 주셨다.

나는 안산 아이에게 "너 하나님께 기도했구나. 하나님께서 너의 기도를 들으시고 교수님 통해 기도 응답해 주신거야." 하였다. 아이가 금세 웃으며 지금 당장 피자를 먹고 싶다고 했다. 운전하는 형제를 함께 보내 운동화와 피자를 사 주도록 했다. 피자 한쪽을 싸 와서 먹으라고 내 손을 잡고 일으키는 아이의 기쁨이 느껴져 기분이 좋았다.

(이 일을 계기로 이 아이의 인생이 변하기 시작했다. 초등학교를 중퇴했던 그 아이는 하나님이 자기를 사랑하심을 체험하고 선교회에서 가까운 초등학교를 다녔다. 졸업장을 받는 날 우리는 함께 울며 하나님께 감사했다. 그 아이에 대한 소문이 퍼지면서 가출을 하여 본드를 하던 아이들이 17명이나 선교회로 왔다.)

추위가 시작되었다. 권 교수님의 후원금으로 난방용 기름을 준비하고 차량 주유비 등 외상값과 밀린 쌀값을 내어 한시름 놓았다. 아내의 정성스런 간호로 급속도로 회복되었다.

열흘쯤 뒤, 보험회사 직원이 방문하였다. 합의금을 지급해 주겠다는 것이었다. 기대하지 못했던 일이었다. 검사를 마친 후 퇴원하면 80만 원을 지급해 주겠다고 했다. 미주 연수를 갈 수 있는 금액이었다. 나도 모르게 "하나님 아버지 감사합니다!" 소리쳤다. 감사 기도를 했다. 아내와 함께 갈 수 있으면 얼마나 좋을까 하면서도 무리한 욕심 같아 하나님께 죄송한 마음도 들었다.

퇴원 후에 기쁜 소식이 왔다. 이대 김영희 교수님이 아내를 도우미로 무료 동행하도록 해 주셨다는 것이었다. 하나님의 은혜는 인간들의 계산과는 전혀 달랐다. 자동차 사고가 다들 불행이라고 생각했지만 그 사고를 통하여 필요를 채워 주셨다.

미국에 있는 김용진 박사와 연락이 닿았다. 나는 약물상담 전문가 과정에서 UCLA 대학 연수를 하는 소식을 알렸다. 그는 기뻐하며 연수를 마치고 뉴욕과 필라델피아 지역 중독자 시설을 견학하도록 하겠다고 했다. 일행 중 갈 수 있는 사람을 임 선교사가 모집했다. 10명이 동부로 일주일 더 추가를 하게 되었다.

연수를 떠나는 날 공항에 모여 수속하는데 갑자기 "목사님!" 하고 부르는 소리가 들렸다. 가정을 회복하고 칼빈신학대를 다니는 인천 양 전도사가 마중을 나온 것이다.

"목사님, 겨우 20불이지만 마음만 받아 주세요."

눈시울이 붉어졌다. 양 전도사에게 지갑을 털어 환전을 부탁했다. 아내가 얼마를 가지고 가느냐고 물어서 38불이라고 말했다. 한숨을 쉬며 "부산 여행을 가더라도 몇 십만 원은 가지고 가는데……"라고 했다.

걱정스러워하는 아내를 안심시키고 비행기에 올랐다. 나는 밤하늘이 어떤지 아내에게 물었다. 별들이 많이 떠 있어 아름답다고 했다. 몇 시간 지난 후에도 또 물었다. 여전히 별이 떠 있다고 했다. 가까운 하늘에 떠 있는 별을 상상했다. 십억 만 개의 별들이 있는 우주를 창조하신, 또 십억 만 개의 우주를 창조하신 광대하신 하나님을 찬양하며 기도를 드렸다.

도착 다음날부터 강의가 진행되었다. 시차 때문에 졸음과 피곤이 겹쳤지만 우리는 맛있는 갖가지 음식을 먹으며 즐거워했다. 그러나 5일이 지나면서 여기저기에서 속이 느글거린다며 김치를 찾기 시작했다. "김치, 김치, 없어요?" 나는 이때 깨닫게 해 주심을 느꼈다. 그렇구나, 우리는 김치 체질인 것이다. 몸은 김치를 기다리고 김치가 들어오지 않아 갈급한 것이다. 마찬가지로 알코올로 길들여진 몸은 계속 알코올을 찾고, 들어오지 않으면 금단 현상이 일어나는 것이다. 알코올이 온몸 세포에, 머리카락, 손톱에도 들어 있어 알코올을 부르는 것이다.

일행은 남는 시간에 시내 관광을 나갔지만 우리 부부는 숙소에 머물렀다. 느글거리는 속을 달래려고 콜라를 마시면서 지갑이 바닥난 것이다. 같이 나가자 했지만 피곤하다는 핑계를 댔다.

주일을 맞아 선교사와 함께 한인 타운에 갔다. 여기저기 교회 간판이 많았다. 우리는 적당한 교회에 들어가 예배를 드렸다. 성도들이 반갑게 맞아 주었고 교회 식당에서 식사도 대접받았다. 한국 마트에서 먹고 싶었던 김치를 샀다. 마트 입구에 교회 주보들과 신문이 진열되어 있어 가져오고, 한인 사업체와 교회 등의 전화번호부를 사 왔다. 호텔로 돌아와 아내가 혹시 아는 목사가 없는지 하여 교회 주보와 신문도 읽어 주었다.

우리는 사실 찾고 싶은 이가 있었다. 나는 교도소에 있을 때 학교를 다니지 못한 청년들에게 고입, 대입 검정고시를 하도록 권하며 공부를 가르쳐 주었다. 골판지 상자를 책받침만큼 잘라 버터로 잘 이겨 끈적끈적하게 만들고 두툼한 버터 위에 비닐을 씌워 나무젓가락으로 글을 쓰면 글을 읽어 볼 수 있었고 다 쓴 다음 비닐을 위로 올리면 글자가 지워지니 다시 쓰며 공부를 가르쳤다. 그때 26세 된 망나니가 있었다.

위아래도 없이 욕하고 치고 박고 젓가락을 벽에 갈아 위협하는 아이였다. 이 아이가 예수님을 영접하고 변화되어, 매일 성경을 20장씩 읽고 1시간 기도하고 금식도 하면서 검정고시 공부를 했다. '**복음은 복음 그 자체에 하나님의 능력**(롬 1:16)'이라고 말씀하신 그대로였다. 예배를 드리는 수감자들을 방해했던 그였기에 우리 모든 방 사람들이 기뻐했다.

8개월 후에 장애인 교도소 청주교도소로 이감을 가서 고입, 대입 검정고시에 합격하고 5년 후 출소했다. 믿음 좋은 배우자와 결혼했고 감리교 신학을 다니며 교회 개척을 했다. 교도소와 유치장 선교를 하며 출소자, 중독자들과 치유 공동체를 시작했다. 그 무렵 우리 선교회를 찾아왔고 우리는 서로 기도하며 방문하는 사이가 되었다.

어느 날 그는 오산리 금식기도원으로 동행하여 기도를 해 달라고 했다. 그는 조심스럽게 미국으로 유학을 가서 공부하고 싶다며 기도해 달라고 머리를 내밀었다. 나는 그의 영어 실력을 알고 있었기에 속으로 '니가 유학은 뭔 유학이니.' 하는 생각이 들었다. 그러나 그의 진지한 부탁에 유학을 갈 수 있도록, 영어 실력을 갖추어 공부하는 데 어려움 없이 해 달라고 간절히 기도했다.

까마득히 오래 된 일이라 잊고 있던 어느 날 그에게서 전화가 왔다. 바쁘게 준비하느라 찾아뵙지 못하고 미국으로 유학을 가게 되었다며 기도를 부탁했다. 그리고 우리는 소식이 끊어졌다.

그가 LA로 갔으며 얼마 후 순복음신학교 베데스다 신학대학에서 공부를 한다고 한 말을 생각하면서 전화번호를 찾았다. 학교에 전화를 걸어 보았으나 주일이어서 통화가 되지 않았다. 점심시간에 다시 전화를 했다. 학교에서는 감사하게도 그를 잘 알고 있었다. 그는 이미 목사안수를 받고, 유타 주에서 미국인과 결혼한 한국 여성들을 대상으로 사역하고 있었다. 호텔로 들어와 쉬고 있을 때 그에게 전화가 왔다. 반갑게 통화를 했다. 한국 목사님이 사역하는 성화선교회를 방문하여 마약 중독자 사역 현장을 견학하도록 주선하겠다고 했다. 그러나 먼 거리라 만날 수 없어 전화 통화로 만족해야 했다.

그 후 성화선교회의 한 장로님으로부터 전화가 왔다. 본인 아들이 마약 문제로 그 선교회에서 생활하며 섬기고 있다고 했다. 돌아오는 주일에 설교를 할 수 있도록 배려해 주셨다.

주일날 장로님이 사모님과 우리를 데리러 오셨다. 약 20명의 중독자와 그 가족들과 함께 예배를 드렸다. 설교를 하면서 은혜를 나누었다. 몇 명이 찾아와 기도를 요청하였고 우리 선교회에 대하여 물어보기도 했다. 성화선교회 목사님과 사모님과는 서로의 고충을 나누는 대화도 하였다. 우리는 치유 사역을 돕기로 하고 호텔로 돌아왔다. 감사하게도 선교회로부터 강사료를 500불이나 받았고 성도들이 주머니에 넣어 준 헌금도 500불이었다. 생각지도 않게 큰 하나님의 사랑을 받은 것이다.

우리 연수 팀은 2주차에 LA 지역 중독자 시설을 방문하여 상담 재활훈련 프로그램을 소개받았다. 한국에서는 중독자를 폐쇄병동에 입원시켜 특별한 프로그램이 없이 약으로만 치료한다. 회복률은 0에 가깝고 1000명 중 하나라도 술을 끊는다면 성공이라고 했다. 언론에서는 중독자들을 가두고 구타하는 사회 문제가 방송되기도 했다.

그러나 우리가 미국에서 견학한 시설은 울타리를 치고 가두는 체제가 아니고 인권과 자유를 최대한 보장해 주려는, 기본적인 그리스도의 방법이 깔려 있음을 느꼈다. 개방병동을 운영하였고 외래 환자로 병원을 왔다 갔다 했다.

우리나라 환자들은 거의 가족을 통한 강제 입원이었다. 정신병동에서는 강압적으로 독방에 가두고 침대에 손발을 묶어 일명 코끼리주사를 놓았다. 또 침대에서 대소변을 쌓게 두는 등 비인격적인 대우가 문제가 되고 있었다. 환자는 입원시킨 가족에게 분노가 가득하고, 퇴원하여 가족을 만나면 사고가 났다. 이 때문에 다시 입원하는 악순환이 이어져 심지어 20~30년을 폐쇄병동에 갇혀 산 환자도 있었다. 우리 선교회도 무지함을 절감하였다. 그저 같이 방 안에서 뒹굴면서 경비원도 없이 그때그때최선을 다해 대처해 왔지만 알코올 중독자들을 가두지 않는다고 욕도 먹었다.

미국은 보호관찰소에서 보호관찰을 받는 대상자들에 대한 체계적인 시스템이 인상적이었다. 그들이 사회에 잘 적응하도록, 지원을 아끼지 않는 것에 감동을 받았다. 우리나라에서는 보호관찰을 받는 이들이 한 달에 한 번씩 보호관찰소로 출두하여 어디서 무엇을 하고 지내는지 보고하는 정도에 그친다. 감시 대상일 뿐이고 죄인 취급을 당한다. 이에 반하여 LA는 보호관찰을 받는 한 명의 대상에게 보호관찰관, 상담사, 복지사와 직업 담당자와 의료 기관이 연결되어 있었고, 주거를 해결해 주는가 하면 지역 사업가들과 연결해 주고 목사도 이에 함께 동참하도록 되어 있었다. 우리 보호관찰을 받는 형제들과 비교하면서 귀국하면 우리도 이렇게 할 수 있는 길을 찾아보고 싶었다.

우리는 3주 연수를 마치고 토요일에 각각 헤어졌다. 그날 귀국하는 일행도 있었다. LA에는 아내의 외사촌 오빠가 살고 있었다. 그 오빠는 당시 서독의 광부로 갔다가 남미에서 결혼하여 아들 딸을 낳고 LA로 왔다. 두세 개의 직업을 갖고 부지런히 일을 하다가 청소 사업 등을 하면서 자립했다. 외사촌 처남은 수십 년 만의 만남을 그렇게 기뻐했다. 우리는 7인승 밴에 12명이 구겨 타고 샌디애고로 향했다. 일행은 모처럼 이국적인 자연을 즐기며 관광을 했다.

하룻밤을 지내고 함께 예배를 드린 후 뉴욕 행 비행기에 올랐다.

김용진 박사가 마중을 나왔다. 필라델피아로 가 호텔에서 여장을 풀었다. 이튿날부터 여러 마약 치유 시설을 방문하여 강의도 듣고 견학을 했다. 한 시설을 방문했을 때 나는 감동을 받아 조용히 한쪽에서 머리 숙여 기도를 드렸다. 그 시설은 약 만 평이 넘는 대지에 건평도 2000평이 넘었고 건물도 몇 동이나 되었다. 50억이 넘는 좋은 건물이었다. 주에서 정신질환자들을 치료했던 건물이었다. 담당 공무원은 마약 중독자들을 자기 집에서 돌보는 사람이 이 시설에서 중독자들을 치료하는 데 사용할 수 있도록 했다. 그 공무원은 이 건물을 1불에 불하하여 주도록 결재를 받았다. 그리고 유용하게 사용하고 있다는 설명을 들었다. 놀라운 일이었다.

그때 경기도청 복지과 사무관과 보건복지부 과장이 청평으로 찾아왔던 것이 생각났다.

보건복지부에서는 유명 온천 부근에 마약, 알코올 중독자 몇 백 명을 수용할 수 있는 건물을 건축하였다. 무료이며 의사, 복지사와 간호사, 직업 훈련사를 갖춘 훌륭한 시설이었다. 그러나 중독자가 들어오면 한두 달 후 나가 버린다고 털어놓았다. 중독자들이 별로 없어 예산이 낭비되니 골치가 아프다는 것이었다. 그 과장은 형편없는 우리 시설을 보면서

"이런 곳이 뭐가 좋다고 이렇게 몰려오면서 그 좋은 시설에는 왜 오지 않는 걸까요?"

"어린아이는 좋은 집에 맛있는 과자나 장난감이 있어도, 오막살이에

있는 자기 엄마를 찾아갑니다. 이곳에는 하나님이 계십니다. 예수님을 믿지 않으시면 잘 모르실 것입니다."

중독자들을 보내 달라는 부탁을 듣고 병원에 입원하여 치료받는 감호자들을 연결해 주었다. 그 후에 그곳에서 강의하면서 10여 명의 중독자들과 좋은 시간을 가졌다. 좋은 시설이 주님 안에서 쓰임받으면 좋겠다는 아쉬움이 있었다.

우리 일행은 뉴저지 지역의 기독교 운영 시설을 안내받다가 그곳에서 훈련받는 우리 선교회 출신 김세교 목사를 만나 함께 필라델피아로 왔다. 필라 브니엘교회에서 집회를 하고 은혜를 받아 예배를 마치고 나오는데 몇몇 성도가 호주머니에 몇 백 불씩 넣어 주었다. 감사하게도 교회에서도 500불을 강사료로 받고, 경비도 지원받았다. 우리는 후원금 중 십일조를 장학금으로 드렸다.

우리는 쇼핑몰을 다니며 선교회에 필요한 물품들을 샀다. 우리 형제들 선물을 살 때 마음이 기뻤다. 돌아오는 비행기에서 하나님께 기도했다. 많은 것을 배우며 현실을 돌아보았다. 중독자들에 대한 엄청난 인식의 차이가 피부로 느껴졌다. 우리 형제들이 불쌍하여 눈물이 그치지 않았다.

여린 영혼의 치유

귀국해 보니 이런 일 저런 일들이 많이 있었다. 안산에서 가출을 하며 몰려다니던 아이들이 선교회로 찾아왔다. 17명의 안산 청소년들이 그들이었다. 이 아이들은 몰려다니며 싸움 등으로 어른들의 혼을 뺐다. 본드를 하는 날에는 전쟁터가 되었다. 한 아이씩 상담하면서 가정으로 돌려보내기로 했다. 하나님 앞에 깊게 부르짖으며 기도하기 시작했다.

복음을 받아들이도록 기도하며 한 사람씩 복음을 전하면 감사하게도 영접을 했다. 기도를 하면 복음의 놀라운 능력으로 하나 둘 성경을 필사하며 기도하게 되었다. 함께 다니는 형들이 무서워 돌아가지 못했던 어린 아이들의 가족과 연락했다. 학교에도 찾아가 선생님께 보호를 당부했다. 가정과 학교로 돌아가는 아이들이 생겨났다.

네다섯 명 아이들이 돌아가자 큰 아이들은 작은 아이들에게 잡으면 가만히 두지 않겠다는 등 협박을 했다. 그러면서도 한 사람도 빠짐없이 예배에 참석하도록 했기 때문에 때로는 기도회 시간에는 울며 기도하기도 했다. 그러나 여전히 문제를 일으켰다. 얼마 후에 아이들이 몰래 안산으로 돌아갔고 그중 몇 명을 놓치게 되어 아쉬움이 컸다.

서울 휘경동 서울보호관찰소 소장을 찾아갔다. 몇 년 전 본드 때문에 보호 관찰을 받는 청소년들을 위해 기도하다가 인사를 나누었던 분이었다. 교도소 수용에 한계가 있어서 보호 관찰을 대폭 확장할 것이라고 하였다. 우리 연수 팀을 중심으로, 청소년 보호관찰 직원 한 사람이 600명 이상 감당해야 한다고 했다. 행정적인 처리만도 바쁠 수밖에 없는 현실에 새로운 돌파구를 찾고 있었고, 그 대안으로 자원봉사자로 업무를 지원하기로 했다. 함께 미국 연수를 다녀온, 상담 경험이 있는 분을 실장으로 하고 같은 과정을 밟은 젊은이를 간사로 세워 후원하자들과 청소년 약물 상담을 시작했다.

봉사 명령을 받은 청소년을 청평으로 데리고 와서 봉사를 시키는 등 갖가지 교육을 했다. 성인 마약 보호관찰 대상자들의 교육과 훈련도 했다. 입소문을 듣고 온 실력 있는 상담사가 점점 많아졌으며 학위받은 박사들도 봉사자로 들어왔다. 일주일에 2번 이상 상담하는 열정적인 봉사자도 있었다. 진단 과정을 통해 문제들을 구체적으로 파악하여 계획을 세우고 문제 해결을 해 나갔다.

우리는 청소년이 가족, 친구, 물질적인 문제 등으로 인한 범죄로부터 회개할 수 있도록 도왔다. 가족 치유를 병행하고 전도사와 목사를 연결해 주었다. 후원자를 통해 등록금을 지원받았다. 질병으로 고통받는 아이들의 치료와, 특히 문신을 지우는 수술을 의사 자원봉사자들이 맡아 주었다. 자원봉사자들이 100명을 넘었고 좋은 사례들을 발표하면서 소장을 비롯한 공무원들이 만족하였다. 법무부 교정국 등에서도 관심을 가졌다.

우리 선교회는 중독 상담 세미나도 열고, 봉사자 상담원들의 수련회를 1박 2일로 여러 차례 가졌다. 그리고 선교회 후원회도 갖게 되었다. 그 동안 후원해 주었던 나병옥 집사님이 회장으로, 청와대 경호실 과장이자 청와대 신우회 회장이었던 주대준 집사님이 부회장으로 섬기셨다. 많은 분들이 청송감호소 등 교도소 선교에 합력했다. 주 집사님을 통해 탤런트 신우회 회장 정영숙 권사님을 만났고, 매년 우리 선교회와 청와대 신우회, 탤런트 선교회가 청송감호소 집회를 했다. 감호자들이 집회에 많이 참석하여 결신자들 700명 이상이 각각 나왔다. 1400명 넘게 결신하여 크게 기뻐했다.

탤런트들의 간증으로 감호자들은 무릎을 꿇고 눈물로 부르짖었다. 돌아오는 버스 안에서는 돌아가며 간증을 나누었다. 누가 교도소에 있는 이들에게 돌을 던질 수 있느냐며 내가 오히려 죄인이라고 눈물 흘리는 은혜의 시간이었다.

인천에서 식당을 하는 분이 초등학교 6학년 여자아이를 데리고 찾아왔다. 아이는 계속 울고 있었다. 아버지는 안산에 사는 친척에게 소개받고 왔다고 했다. 그 아버지의 친척 아이는 사고를 치고 파출소에 잡혀 가고, 또 훈방되어 데리고 오기를 반복하던 아이었다. 그 아이가 우리 선교회를 다녀간 후에 착실하게 학교를 다니고 있음을 알게 되었다.

함께 온 딸은 식당에 온 손님의 지갑을 훔치기도 하고, 주변 가게에서 돈을 훔치다 잡혀 파출소에서 데리고 오는 일이 수십 번이라고 했다. 백화점에서 새 신발을 신고 나오다 걸려 잡히기도 했다. 가출을 경찰서나 파출소에서 연락이 와야 찾을 수 있었다. 아버지는 매를 때리기도 했고 심지어 목욕탕 물에 얼굴을 집어넣기까지 했으나 소용이 없었다고 했다.

나는 남자들만 득실거리고 할머니 한 분만 있으니 여자아이는 곤란하다며 난색을 표했다. 그러나 아버지는 단호했다. 버리지도 못하고 오랜 세월 이렇게 살았다며 살려 달라고 했다. 딸에 대한 간절함보다 자기 자신의 괴로움이 커 보였다. 나는 훌쩍거리는 아이에게 방도 보여 주고 할머니도 만나게 해 주었다. 이런 곳에서 생활할 수 있겠냐고 했다.

"저는 길거리에서 살았어요. 너무 추울 땐 화장실에서 지냈어요. 여기는 천국 같아요."

그 아이는 기회를 달라고 했고 옆에 앉아 있던 아버지는 잘 부탁한다는 한 마디를 남기고 차를 몰고 가 버렸다. 아이는 똑똑하고 야무졌다. 성경공부도 곧잘 따라오며 성경 암송도 똑소리 나게 잘했다.

'상한 감정 치유' 시간이었다. 3살 때 자기를 버리고 간 친어머니에 대한 미움과 분노가 대단히 크게 터져 나왔다.

아버지는 재가를 했다. 새어머니는 자기 자식만 사랑하고 남처럼 취급당하는 것이 너무 섭섭했다. 아버지도 새어머니와 그 동생들만 아껴 주니 집이 싫어지고 가족이 미워져 같이 살고 싶지 않았다. 친엄마

얼굴도 몰랐다. 엄마를 보고 싶어 눈이 퉁퉁 붓도록 우는 것을 보고 친척 한 분이 친어머니를 만나게 해 주었다.

그러나 보고 싶던 엄마는 냉정했다. 왜 왔냐며 다시는 오지 말라고 하였다. 그 눈초리가 너무 싸늘하여 잊을 수 없었다. 그 생각이 떠오를 때면, 만나면 가만 두지 않겠다고 욕하며 죽여 버리겠다고 소리를 질렀다.

네년이 엄마냐며 짐승도 자기 새끼는 안 버린다며 통곡하는 울음소리에 우리는 함께 울었다. 그 후로부터 어른의 말에 날카롭게 반응하던 싸늘한 아이가 점점 부드러워졌다. 조금씩 기도 시간도 늘어 갔다. 나는 교도소 선교에도 데리고 다녔다. 죄를 범하면 징역을 산다는 것을 깨닫게 해 주고 싶었다. 공주 치료감호소 집회에서 여자들의 방을 보여 주도록 특별히 부탁을 드렸다. 이곳저곳을 둘러보고 사무실 소파에서 앉아 있으니 직원이 차를 갖다 주었다. 나는 아이에게 기도를 하라고 했다. 그러자 찻잔을 앞에 놓고 신발을 벗더니 소파 위에 무릎을 꿇고 기도를 했다. 갑자기 통곡하며 회개하기 시작했다. 식당에서 지갑을 훔친 것 등 갖가지 죄를 용서해 달라며 눈물로 기도하는 목소리가 예쁘게 들렸다. 함께 차를 마시던 여직원은 그 아이를 껴안고 같이 울었고 나도 안아주며 울며 기도하였다.

이후에 '용서 훈련'을 받으면서 자기의 죄를 십자가 예수님의 보혈로 용서받음으로 친어머니, 아버지, 새어머니, 동생들을 용서하며 사랑할 수 있도록 계속 기도했다. 세례도 받고 수료도 하였다. 아버지에게 데리고 가라고 연락하였으나 그는 선교회에서 맡아 학교를 보내 달라고 했다. 그 아이는 아버지에게 섭섭해 하면서도 이곳에서 학교를 다니며 신앙 훈련을 더 받겠다고 했다. 집에 짐을 싸러 가야 해서 집에서 며칠 머물기로 했다.

오겠다던 날이 지나도 소식이 없어 전화를 걸었다. 그 아버지는 아이가 많이 변하여 가족들이 좋아하니 며칠 더 있다가 보내기로 했다고 했다. 며칠 후에 그 아버지는 또다시 가족들과 한 달만 같이 살다 보내면 좋겠다고 하였다.

나는 기뻤고, 가족이 회복될 수 있도록 기도했다. 한 달 후 아버지는 집에서 함께 살기로 했다고 연락을 주었다. 하나님께 감사하며 찬양을 드렸다.

전남 농업기술학교 영어 선생님이 부인과 함께 왔다. 술에 취해 사람을 못 알아보고 먹지도 마시지도 못했다. 칡을 캐서 즙을 내기도 하고 끓이기도 하며 겨우 속을 달래 주었다. 죽을 먹게 되어 조금씩 회복되면서 자초지종을 털어놓았다.

얼마나 술을 많이 마셨던지 심지어 수업 시간에도 마호병에 담아 홀짝홀짝 마셨다. 수업을 제대로 하지 못하여 학생들로부터 비웃음을 당하다 권고사직되었다. 부인이 알코올빔(술에 혐오감을 느끼게 하는 약. 부작용이 매우 심하여 판매 중지됨.)을 몰래 먹였는데 옷을 벗고 밖으로 나가 날뛰었다. 아이들은 타잔이 나타났다고 손뼉을 치고 졸졸 따라 다녔고 그 후 온 동네 사람들이 이 부부를 피하게 되었다.

부인은 교회 권사로, 독실한 신자였다. 남편 때문에 새벽마다 눈물의 기도를 했다. 새벽예배에 항상 남편 구두를 주머니에 넣어 옆에 놓고 남편이 함께 예배할 수 있게 해 달라고 기도했다. 수소문 끝에 우리 선교회를 찾았다.

명문대 영문과를 나온 그는 성경을 읽으면서 은혜를 받고 깨달아 가면서 조금씩 기도와 말씀으로 거룩해져 갔다. 초등학교 여자 아이에게 영어도 가르치고, 한글을 모르는 형제들에게 글도 가르치고 솔선수범하여 청소 봉사도 열심히 했다. 참회의 시간에 부끄러움과 수치심을 하나하나 털어 내며 교장 선생님과 동료 선생들에게, 특히 제자들에게 용서를 빌 때에는 통곡하였다. 우리는 훈련을 통해 죄책감과 양심의 가책에서 벗어날 수 있도록 도와주었다.

선생님들과 제자들에게 가족들에게 참회의 편지를 보내면서 관계가 회복되어 갔다. 세례를 받고 수료증을 보물처럼 가지고 돌아갔다. 하나님의 은혜로 복직하였고 몇 년 후 교감으로 승진하고 교회 장로가 되었다고 찾아와 인사를 했다. 하나님께서 자기 가정을 천국 가정으로 세워 주심을 감사했다.

교도소 선교

어느 날 청주에서 전화가 왔다. 여자 분이었다. 시각장애를 가진 목사가 청주교도소 선교를 온다는 말을 들었다며 자기 집에 찾아와 달라고 했다. 교수 부인으로 남부럽지 않게 살았지만, 어느 날 밤을 따러 갔다 나무에서 떨어져 하반신 마비로 휠체어 생활을 한 지 오래되었다고 했다. 남들 시선이 창피하여 집 안에만 생활하는데 처음에는 가족들이 정성껏 돌보았지만 세월이 지나면서 남편도 멀어지고 자녀들도 자기 공부로 바빠 눈물로 살면서 죽고 싶은 때가 찾아와 견디기가 어렵다고 했다.

집회를 마치고 그분 집에 찾아갔다. 함께 집회를 다니는 시각장애인 복음 가수 양남규 집사와 키보드와 트럼펫을 연주하는 함종윤 목사님과 함께 갔다. 그분은 휠체어를 타고 과일과 빵 등을 탁자에 준비하고 기다리고 있었다. 양 집사는 나면서부터, 나는 서른세 살부터 앞을 못 보며 살다 예수님을 만나 예수님을 증거하며 교도소, 유치장으로 전도를 다닌다고 소개했다. 그리고 하나님께 예배를 드리자고 했다. 양 집사가 기타를 치며 '광야 같은 세상에' 찬양을 했다. 찬양으로 임하시는 성령님이 충만하였다. 부인은 쌓였던 슬픔이 통곡으로 쏟아져 나왔다.

우리는 요한복음 9장을 나누었다. 예수님께서 장애가 부모나 본인의 죄 때문이 아니며 오직 하나님께서 영광을 받으시기 위해서라고 하셨음을 전했다. 우리도 장애가 오히려 영적 재산이 되어 교도소에 있는 이들을 하나님께로 모아 오는 일에 쓰임받게 되었음도 나누었다.

우리는 부인에게 함께 교도소 선교를 하자고 권했다. 부인의 목소리가 밝아지면서 기도로 준비하여 같이 가겠다고 했다. 부인은 다음 달부터 교도소 집회에 동참했다. 눈물의 찬양을 함께 부를 때 하나님께서 부인의 마음속에 찌꺼기들을 뽑아 주셨다.

장애인도 운전을 할 수 있다는 말을 듣고 운전을 배워 몇 달 후에는 차를 몰고 왔다. 교도소 형제자매들에게 문서 선교를 시작했다. 죽고 싶다는 생각은 일찌감치 사라졌다. 하나님께 쓰임받는 인생이 되어 감사하다며 교도소에서 간증도 했다. 이뿐만 아니라 장애인 가정마다 찾아다니며 복음을 전하는 전도자가 되었다. 달동네 장애인들을 찾아다니며 성경을 읽어 주고 필요한 것들을 챙겨 주었다. 몇 달을 계속하여 찾아오는 것을 보면서 많은 재가 장애인들이 마음을 열고 친구가 되었다.

어느 날이었다. 휠체어를 타고 내리막길을 내려오다 미끄러져 아래로 곤두박질쳤다. 비탈길을 굴러 멍이 들고 까졌다. 그런데 마음에 창피함이 없었다. 입은 옷이 엉망이 된 것도 아랑곳 않고 크게 다치지 않을 것을 웃으면서 감사했다.

남편, 자녀들과 재가 장애인들을 위해 눈물로 기도하면서 '에덴하

우스'를 얻어 장애인 공동체를 시작했고, 70명 이상을 돌보며 재가 장애인들의 눈물을 씻어 주었다. 그리고 함께 살면서 예배와 찬양으로 은혜를 나누며 사는 '사랑 예수 공동체'를 맡았다. 지금도 하나님께 영광을 드리는 종으로 살고 있다.

머리가 깨지는 것같이 아프다며 머리를 움켜쥐고 구르는 형제가 청주교도소에서 형 집행 정지로 구급차에 실려 왔다. 병원에서 치료를 받았지만 효과가 없었고 아픔으로 잠도 제대로 못 자고 먹지도 못하여 형편없었다. 고통스러워하는 그의 머리에 손을 얹고 간절히 기도했다. 그는 계속하여 고통을 호소하며 엉엉 울었다. 다음날 큰 병원에 가기로 했다. 애처롭고 마음이 아팠다. 함께 눈물로 기도하며 다시 한 번 머리에 손을 얹고 간절하게 기도했다.

얼마 후에 그는 통증이 많이 사라졌다고 했다. 목소리가 맑아졌다. 우리는 감사예배를 드렸다. 예배 후 나는 다시 머리에 손을 얹고 기도했다. 이튿날 그의 통증이 사라졌다. 다만 오른쪽 눈가에 마비 증세가 있어 눈을 감고 뜨기가 힘들다고 했다.

우리 형제들은 일주일에 한 번 허리나 관절 치료를 받기 위해 포천 '가나안의 집' 허 목사에게 침을 맞으러 가곤 했다. 허 목사님은 맹인으로 침을 잘 놓아 수유리에서도 유명하여 환자들이 줄을 섰다. 그곳에는 맹인, 노인 등 10명 정도가 공동체 생활을 하고 있었다. 허 목사에게 사정 얘기를 했더니 보내라고 하였다.

침을 맞은 그는 눈 주위 마비가 풀렸다. 그는 받은 은혜에 감사하여 화장실 청소, 설거지 등을 도맡아 하며 신앙 치유훈련을 마쳤다. 세례를 받고 수료한 후 단양 시멘트 공장에서 트럭으로 시멘트를 나르는 운전을 했다. 그는 가끔 휴게소에서 전화하며 감사 인사를 했다. 나는 그때마다 하나님께 감사하고 믿음 생활을 잘하도록 부탁했다. 그는 하나님 은혜를 절대 잊지 않겠다고 다짐하고 다짐했다. 그는 후원자가 되었고 감사헌금도 보내 주어 우리 형제들의 좋은 모델이 되었다. 자랑스러웠다.

교도소 선교의 시작은 1989년이다. 청주교도소에서 직업훈련을 받는 100여 명의 장애인을 위하여 음식과 떡, 과일 등을 준비를 하면서 교도소 선교가 시작되었다. 그간 유치장과 시립동부병원 행려 환자들을 선교하였다.

물질적인 어려움이 많아 총신 신대원 동기 송영식 목사와 함께하였다. 송 목사는 신학대학원을 다닐 때도 옆에서 도와주었다. 시험을 볼 때마다 시험 준비를 해 주며 리포트 등도 도와주었다. 어려울 때마다 부탁하면 한 번도 거절하지 않아 미안한 마음이 가득하다(나는 오직 기도로 갚는다고 하면서도 제대로 기도를 하지 못할 때가 많아 찔림이 많았다.).

청주 장애인 형제들과의 집회는 은혜 중 은혜였다. 나도 교도소 출신이니 형제들이 공감하였다. 우리는 함께 울고 웃으며 아픔을 나누었다. 성령 하나님의 감동으로 기쁨의 잔치가 되었다. 또 서광교회 성도님들의 정성스러운 대접으로 장애인 형제들이 기뻐했다. 그들은 찬양대회에서 푸짐한 선물을 받아들고 돌아갔다. 집회와 잔치를 준비해 준 서광교회 목사님과 성도들에게 돌아오며 감사했다. 그 후 시간이 서광교회는 교도소 선교에 자주 동참하여 큰 도움을 주었다. 매달 선교 후원을 해 주어 감사했다.

매달 마지막 금요일은 청주교도소 장애인들과 소그룹 자매결연 집회를 하였다. 예배가 끝난 후 15명에서 20명을 만나 통닭과 떡 등을 나누며 교제하였고, 한 사람당 2만 원의 영치금을 넣어 주었다. 교도소 안에서는 돈 몇 천 원이 없으면 어려움이 많다. 만 원은 있는 사람에게는 아무것도 아니지만 교도소 형제들에게는 정말 감사한 돈이었다.

아내는 우리 형편에 유치장과 병원을 다니는 것도 무리인데 멀리 청주까지 선교를 간고 불만이 있었다. 친척들에게 진 빚도 갚지 못한 것으로 부부싸움이 잦아졌다. 설상가상으로 출소한 형제가 술에 잔뜩 취해 전화로 나를 찾곤 했다. 아내는 그들과 옥신각신하며 지쳐 갔다.

어느 날은 밤새 싸웠다. 아내가 다음날 교도소 선교를 막았기 때문이다. 못 간다, 가야 된다 하며 다투다 새벽이 되었다. 아내는 양복, 넥타이, 구두를 감추고 갈 테면 가 보라면서 잠자리에 들었다. 나는 하나님께 기도하고 찾기 시작했다. 구석에 숨겨놓은 옷을 찾아냈다. 방바닥 밑에 숨긴 넥타이, 양말도 찾았다. 할렐루야! 옷을 입고 나섰다. 그런데 더듬거리며 아무리 찾아도 구두가 없었다. 혹시, 하고 쓰레기통을 들어 보니 묵직하였다. 구두를 바닥에 감추고 그 위에 쓰레기를 덮어 놓아 찾기 어려웠던 것이다.

구두를 신고 계단을 내려오는데 찬송가 355장이 떠올랐다. 콧노래를 조용히 부르며 조심조심 내려왔다.

“부름 받아 나선 이 몸 어디든지 가오리다. 괴로우나 즐거우나 주만 따라 가오리니. 어느 누가 막으리까 죽음인들 막으리까.”

아내의 도움 없이 살 수 없는 나였지만 그래도 찬양이 나왔다. 새벽 일찍 찾아온 봉사자와 함께 전철을 탔다. 집회는 형제들이 눈물로 회개하며 기도한, 잊을 수 없는 감사의 예배였다.

“좋으신 하나님 이렇게 써 주심을 찬양합니다.”

돌아오는 고속버스 안에서 밀려오는 감사와 기쁨을 만끽하며 돌아왔다.

감사하게도 청주교도소에서 근무하던 교도관들이 대전, 천안, 청송, 영등포 등으로 발령을 받게 되면 그곳 교도소에서 집회 요청이 왔다. 이렇게 선교의 지경이 넓어지면서 선교비가 만만치 않았다. 많게는 700~800명이 참석하니 떡값만 100만 원이 넘게 들었다. 그런데 전기요금을 내지 못해 연체되어도 교도소 집회의 경비는 취소된 적이 없었다. 놀랍게도 때마다 후원하는 교회나 후원하는 분이 나타났다.
대 집회 때는 엘칸토 중창단 등 찬양 팀들과 연합 집회를 하였다. 함종윤 목사님의 색소폰과 트럼펫 연주, 양남규 집사와 맹인 자매들이 함께하는 '소리보기' 중창단은 20년 이상 함께하여 감사하고 있다.

어느 날 청송교도소 김신웅 장로님으로부터 전화가 왔다. 감호를 받는 젊은 형제가 사고로 고환이 터져 소변 주머니를 차고 살게 되어 낙심을 했다는 것이다. 절망에 빠져 죽고 싶다고 하며 성질이 사나워져 사고를 저지를 것 같다고 했다. 다시 한 번 현대중앙병원에 찾아가 사정했다.

"이 사람은 하룻밤에 수십 집을 털면서 수많은 사람에게 피해를 주었습니다. 그래서 사회뿐만 아니라 가족에게도 사랑받지 못하고 손가락질 받아 마음속에 증오가 가득 차 있습니다. 그렇지만 병원에서 치료되면 틀림없이 새사람이 될 겁니다. 눈물을 흘리며 자기 병을 고쳐주면 앞으론 절대 죄짓지 않고 하나님 잘 믿고 살겠다고 기도하고 있습니다. 이 사람을 미워하고 계속 가두기만 하면 범죄로 인생을 끝낼 뿐만 아니라, 이 사람 때문에 선량한 사람들이 피해를 받게 됩니다. 부탁합니다. 수술해 주시면 어떻게 해서라도 붙잡고 기도하여 새사람으로 변화시키겠습니다. 완쾌되면 병원과 선생님들께 받은 사랑으로 변화될 것입니다."

담당자는 수술을 받을 수 있도록 노력하겠다고 했다. 형제들과 매일 기도하며 소식을 기다리던 어느 날 병원에서 수술해 주기로 결정되었다고 소식이 왔다. 수술비 등 수천만 원이 필요하였지만, 하나님의 은혜로 무료 수술을 받게 해 주셨다. 기도의 응답을 체험한 형제들도 자기 문제를 하나님께 기도했다. 좋으신 하나님은 수술을 받는 그 형제뿐 아니라, 우리에게도 살아 계신 하나님의 응답하심을 보이심으로 일거양득의 은혜를 받게 하셨다. 이 형제는 지난 번 형제보다 더 좋은 1인실 특실에 입원되었다.

그는 이런 사랑을 받을 자격이 없는 죄인 중에 죄인도 하나님께서 사랑해 주셨다고 눈물로 감사하며 기도했다.

아내에게서 전화가 왔다. 몹시 흥분해 있었고 말을 잇지 못하고 울먹였다. 장모님이 집에서 나가라고 했다는 것이다. 장모님은 딸이 옥상 천막에서 사는 것을 보고, 자기 단칸방에서 함께 살자고 하셔서 아내와 아이들과 함께 사시던 중이었다. 그런데 올케가 남묘호랑개교를 다니면서 장모님을 데리고 가는 일이 벌어졌다. 아내는 이 일로 장모님과 다투다가 쫓겨났다. 방을 얻어 달라며 훌쩍이는 아내를 달래기 어려웠다.

항상 일용할 양식과 그날그날 선교에 필요한 선교비가 주어지는 삶이어서 어떻게 해야 할지 몰랐다. 아내는 고바위 꼭대기에 가장 싼 방이 하나 있는데 보증금 200만 원에 월세가 30만 원이라며 200만 원을 해 달라고 졸랐다. 나는 어쩔 줄 모르며 기도만 했다.

아내가 와서 나를 데리고 서울로 왔다. 막상 찾아갈 만한 사람은 없었다. 우리는 을지로 미싱 골목을 몇 번이나 돌았다. 아내는 윤 집사님에게 부탁하라고 했다. 윤 집사님에게는 우리 형제 장례식 때 빌린 60만 원도 갚지 못해 미안함과 부담이 있어 부탁하기 어려웠다. 빌려는 주시겠지만 우리 형편에 언제 갚을 수 있을지 몰랐다. 뿐만 아니라 매달 사글세도 크게 부담스러웠다. 때로는 아이들의 등록금도 교통비와 용돈도 제대로 주지 못해 어려움을 겪는 처지라 숨통이 조였다. 아내는 이삿짐 보따리가 길에 있고, 그만한 방은 얻을 수 없다며 발을 동동 굴렀다.

윤 집사님을 만나 200만 원을 빌려 달라고 어렵게 말했다. 가능한 빨리 갚을 수 있도록 하겠다고 했다. 집사님은 선뜻 빌려 주셨다. 게다가 형편이 될 때 갚으라고 하셔서 너무 감사했다.

돌산 꼭대기에 지은 집이었다. 골목길은 비탈진 돌 위를 걸어 올라가고 내려와야 하는데 내가 올라가기는 너무 힘들었다. 나를 부축하고 앞에서 끌어 주며 힘들게 올라가고 내려와야 했다. 아이들은 가족이 단란하게 살 수 있는 작은 방을 갖게 되어 좋아했다. 그러나 아내는 친정어머니까지 자기를 멸시한다며 눈물을 그치지 못했다.

나는 형제들이 봉천동 요셉병원으로 치료를 받으러 갈 때 함께 서울로 오면서 그들의 부축을 받고 집에 들를 수 있었다.

IMF 한파가 오기 시작하던 때였다. 사글세를 내지 못해 밀리기 시작하고 주인의 독촉으로 어려움을 당했다. 마침 삼선교에 홀로 살던 처형이 영세민 아파트를 얻었다. 처형은 아이가 없어 조카들을 끔찍이 사랑하였고 그곳으로 이사할 수 있도록 해 주었다. 7평짜리 아파트였지만 방도 두 개라 너무 좋아했다. 밀린 사글세를 계산하여 보증금 200만 원에서 제하고 나니 겨우 이사 비용이 나왔다. 윤 집사님께 너무 미안하여 사정 얘기를 했다. 집사님은 또 걱정하지 말고 형편 되는대로 갚으라고 했다. 너무 감사했다.

딸이 대학을 졸업하고 취직되어 직장 생활을 하면서 조금씩 형편이 나아졌다. 아들 치영이는 인하전문 실내건축과를 다니면서 왕복 5시간을 전철 타고 버스 타고 통학했다. 1년을 마치고 군대를 갈 무렵이었다.

보호관찰소 사역

서울 보호관찰소 상담실은 나날이 활기를 띠었다. 상담 전공을 한 분들이 소문을 듣고 모여 들었다. 상담은 청소년 상담과 성인 상담으로 나누어 이루어졌다.

부유한 집에서도 그 나름의 아픔이 있는 아이들이 있었다. 부모가 자들에게 관심 없는 가정, 집에서 사랑을 느끼지 못하는 자녀들이었다. 이들은 친구들과 어울리며 술 마시고 도둑질도 하였다. 이들은 소년원을 거쳐 보호관찰을 받으러 왔다. 부모와 아이들을 함께 상담하며 문제를 풀어 갔다. 아이들은 한둘씩 회복되어 학교로 돌아갔다. 대학에 진학하여 찾아와 감사 인사를 하는 학생과 부모들도 있었다. 이와 반대로, 어려운 가정 형편 때문에 좌절하는 아이들도 있었다. 친구들과 어울리며 본드도 마시고 범죄를 저질러 보호관찰을 받는 소년들이었다. 그들에게는 학업을 계속할 수 있도록 후원자를 맺어 주었다. 그들 역시 학교로 돌아갈 수 있었다.

상담 봉사자들은 교회 직분자가 많았다. 다니던 교회에서 지원받기도 하고, 결연을 맺어 학생들을 돕는 교회도 생겼다. 상담 봉사자들은 보호관찰을 받는 성인 마약사범의 교육을 맡아 80~120시간을 교육했다. 마약 사범들은 상담 치유 프로그램을 통해 새 인생을 시작했다. 밑바닥부터 시작하는 분들은 중고 트럭을 사서 생선, 과일 장사도 했다. 그들은 장사가 잘되면 청평까지 생선과 과일을 싣고 오기도 했다. 우리는 장사가 잘되지 않으면 원가로 구입하기도 하고 후원 교회와 후원 회사에 팔아 달라고 부탁도 했다. 이렇게 격려와 관심으로 항상 교회와 관계를 맺을 수 있도록 하였다.

상담 봉사원이 보호관찰을 받는 한 청소년을 방문하였다. 상습적으로 본드를 마셔 보호관찰을 받는 아이였다. 몇 차례나 보호관찰을 받으며 절도를 저지르는 등 범죄의 사슬에 매여 있었다.

이혼한 어머니와는 어려서 헤어졌다. 알코올 중독인 아버지와 함께 살았다. 아버지는 건설노동자로 집에 친구들을 불러 술을 마시고 노름을 하였다. 소년은 가출을 몇 번이나 했고 소년원을 자기 집 다니듯 하였다. 건물 옥상에서 본드를 마시던 날이었다. 어머니가 보고 싶어 가지고 다니던 어머니 사진을 꺼내 놓고 울었다. 자기를 버리고 간 어머니에게 욕을 했다. 사진을 쓰레기통에 던지고는 죽고 싶은 마음이 들어 옥상에서 뛰어내렸다. 큰 나뭇가지에 걸렸고 주민이 발견하고 신고했다. 119의 구조를 받았다. 다시 옥상에 올라가 옥상에 버렸던 어머니 사진을 찾았다. 그래도 그 사진으로 어머니를 볼 수 있는 것이었다. 본드를 마시면 또 찢어 버릴까 봐 코팅하여 안주머니 넣고 다녔다.

그 아이는 청평으로 와 신앙훈련 과정을 받으면서 나의 도우미가 되었다. 나는 길 안내와 심부름을 부탁했는데, 이를 통해 남을 돕는 보람을 느끼도록 하였다. 목사를 돕는다는 자부심을 심어 주니 자존감이 살아났다. 사람대접을 받지 못했던 그가 목사로부터 인정받으니 신이 나서 예배도 잘 드리고 성경 읽기, 필사 등을 열심히 잘 따라 했다.

소년이 점차 회복되어 가던 어느 날 SBS 〈그것이 알고 싶다〉 팀이 찾아왔다. 본드로 국립 정신병원에 입원한 소년들을 취재하다 회복되어 가는 이 소년을 알게 되어 취재하려는 것이었다. 예배와 성경적인 프로그램 등을 보름 이상 취재하여 중독에서 회복되는 좋은 사례로 방송하려 했다. 그러나 종교적인 색채가 짙다는 이유로 방송을 못 하게 되었다. 담당 PD가 너무 아쉬워했다.

어느 날이었다. 새벽 두 시쯤 되었는데 뻐꾸기 울음소리가 유난히 슬프게 들렸다. 잠에서 깬 나는 '뻐꾸기가 새벽에 참 슬프게도 운다.' 생각하며 기도를 시작했다. 기도 가운데 마음이 아파왔다. 화장실을 가는데 한 형제가 따라오면서 소년이 보이지 않는다고 했다. 놀라서 함께 찾아 나섰다. 멀리 불빛이 비치고 있다고 하여 그곳으로 갔다. 맨땅에 촛불을 켜 놓은 소년이 엄마 사진을 바라보며 울고 있었다.

그 소년을 꼭 안아 주자 뻐꾸기가 울듯이 울었다.

"네가 엄마가 보고 싶어 우는 걸 보고 뻐꾸기가 슬프게 울었나 보다."

"목사님, 우리 아버지도 여기 오면 안 되나요?"

그 소년은 알코올 중독자 치유를 통해 망가진 어른들이 회복되는 것을 보면서 자기 아버지도 여기에 오게 달라고 기도했다고 했다.

그렇지 않아도 상남 봉사지가 몇 번이나 아버지를 찾아갔던 터였다. 아버지가 술을 끊어야 아들도 바뀐다고 해도, 술에 취해 소리를 지르며 그 자식은 틀려먹었다고 욕만 한다고 했다. 소년과 나는 아버지를 위해 기도했다. 용기를 낸 소년은 어느 날 집으로 가 아버지를 어찌어찌 데리고 왔다. 아버지는 오는 도중에도 술을 가져 오라고 욕을 하고 못살게 굴었다.

소년은 어느 날 말없이 나갔는데, 자기가 있으면 아버지가 치유되지 않는다며 당분간 아르바이트를 하면서 아버지가 좋아지면 다시 오겠다고 전화했다. 나는 돌아오라고 했지만 그 소년은 연락하지 않았다. 소년이 또 잘못될까 봐 걱정하였지만 기도할 수밖에 없었다.

그의 아버지는 감사하게도 믿음을 가지게 되었고 아들을 위해 눈물로 기도도 하게 되었다.

천사들을 만난 이야기

청주교도소에서 출소한 형제가 갑자기 찾아왔다. 그의 집은 안양이었으나 집에도 들르지 않고 찾아왔다. 그는 9년 동안 수감생활을 해 왔던 형제이다.

청주교도소에서 수감 생활의 어려움, 죄책감과 우울증으로 불면증에 시달리다 우리 선교회 집회에 왔다. 마침 맹인 목사가 설교를 하는데 가슴이 뜨거워졌다. 눈물이 쏟아져 나오면서 자기 죄를 회개했다. 그 후부터 매주 집회에 나갔다. 애통해 하며 성경을 읽다가 하염없이 흐르는 눈물로 자신의 죄를 회개하며 수감 생활을 하였다.

출소가 가까워 오면서 기도하는 중에 우리 선교회가 떠올라 결단을 하고 찾아왔다며 큰절을 하였다. 나도 얼떨결에 맞절을 하였다. 그는 봉투를 꺼내며 9년 동안 징역을 살면서 공장에서 일하여 받은 수당을 그대로 가지고 왔다고 하였다. 받을 수 없는 돈이었다.

"사회에 나가면 필요한 것이 많을 테니 마음만도 고맙고, 받은 것보다 더 감사합니다."

그러나 그는 울먹이며

"이 선교회는 생명의 은인입니다. 예수님을 믿은 그 시간부터 인생 최고의 시간을 가졌어요."

그는 계속 고맙다며 봉투를 내 손에 쥐어주었다.

"나는 이렇게 건강하니 걱정 없어요. 인생 첫출발하면서 최고의 것을 하나님께 바치고 출발하게 되어 감사합니다."

80여 만 원이었다. 겉봉에는 몇 십 몇 원까지 적혀 있었다. 우리는 손을 꼭 잡고 기도했다. 자기를 예수 믿는 새사람으로 살게 해 주신 하나님께 감사하며 범죄에서 완전히 벗어나 하나님 앞에 착한 일꾼으로 살아가게 해 달라고 기도했다. 어려운 일이 있으면 연락을 하라고 몇 번이나 말을 하며 꼭 잡은 손을 놓고 헤어졌다. 그때의 그 감동을 잊을 수 없다.

1997년 겨울, 심한 한파와 함께 IMF가 밀려왔다. 세상은 빠르게 경직되었다. 후원 교회와 후원 단체, 개인 후원자까지도 점점 줄어 바닥에 가까웠다. 어려움이 몰아쳤다. 쌀, 보일러 기름, 기본 부식이 바닥나면서 수제비를 먹기 시작했다. 때로는 봉지쌀로 끼니를 넘겼고 보일러 기름을 한 말씩 사서 추위를 면했다. 시장에서 채소 부스러기를 주워 어렵게 부식으로 먹는가 하면 어느 때는 고추장과 간장만으로 반찬을 했다.

감사하게도 어려움 속에서도 교도소, 유치장, 병원 선교는 이어졌다. 하나님께서는 봉사자나 후원자를 통해 영치금과 떡을 한 번도 빠짐없이 보내 주셨다. 돌아올 때 자동차 연료 등에 빨간불이 들어와 난감할 때에도 천사를 보내 주셔서 연료를 채울 수 있었다.

하나님께서는 어려움 속에서 천사들을 만나게 해 주셨다. 몇몇 형제들은 채소를 주우러 가락시장에 가곤 했는데 이를 본 상인 중 몇 분은 팔다 남은 야채를 주었다. 특히 믿는 분들은 주변 가게에 돌아다니며 라면, 밀가루, 된장, 생선토막 등을 얻어 주어 형제들의 눈시울을 적시었다. 그곳에서 채소를 모아 어려운 분들을 돕는 원로 목사님도 청평에 부식을 실어 오셨다.

어려운 것은 우리만이 아니었다. 거리마다 노숙인이 쏟아졌다. 지자체에서 감당 못 할 정도였다. 노숙인 알코올 중독도 큰 문제였다. 이미 시립정신병원이 환자들로 넘쳤다. 게다가 병원에 입원을 시켜도 빠져나와 거리에 눕는 노숙 알코올 중독자들은 감당할 수 없었다.

어떻게 소문을 들었는지 각 구청 사회복지과 직원들이 알코올 중독자들을 실어 왔다. 처음에는 데리고 와 사정하더니 방마다 형제들이 가득 차 자리가 없게 되자 몰래 실어다 놓고 뺑소니를 했다.

그런 와중에 노숙에 익숙한 한 형제가 소를 먹이던 막사를 청소하고 난로를 피우더니 합판을 깔고 눕기 시작했다. 그 곳에 한 사람씩 따라 눕더니. 급기야 70명이 빽빽하게 찼다. 우리는 그곳에 비닐로 바람막이를 하고 난로를 몇 개 더 피웠다. 함께 예배도 드리고 식사도 하고 하여 피난민 같은 생활이 시작되었다.

어느 날 새벽이었다. 송파구청 사회복지과 직원이 만취한 알코올 중독자를 싣고 왔다. 일전에 올림픽 공원에서 술에 취해 모닥불을 피우고 자는 것을 보고 얼어 죽을까 봐 병원에 입원을 시킨 사람이었다. 그러나 또 다시 병원을 나와 모닥불을 피워 놓고 자다 바지에 불이 붙었다. 그 직원이 마침 눈밭에 뒹굴어 불을 끄는 것을 목격하고 데리고 왔다. 그는 저러다간 얼어 죽을 것 같아 싣고 왔으니 살려 달라고 사정했다. 눈물 섞인 애원을 들으니 덩달아 눈물이 났다. 이렇게 한 생명을 소중히 여기는 공무원이 있음에 감사하면서 자랑스럽기도 했다.

그러나 5명이 자기에도 비좁은 내 방에는 7명이 자고 있었다. 일단 내 자리에 그 형제를 눕혔다. 그는 끙끙 앓으면서 잠이 들었다. 나는 그가 잠꼬대로 하는 욕을 들으며 기도를 시작했다. 그의 몸에서 불에 탄 냄새가 났다. 나는 새벽예배를 마치고 돌아와 한 형제에게 그를 샤워시키고 옷도 갈아입히도록 부탁을 했다. 얼마 되지 않아 그를 도와주던 형제가 황급히 달려왔다. 그의 바지가 불에 타서 오른 발에 붙어버렸다고 했다. 술에 취해 있을 때는 감각이 없어 몰랐던 것이다. 술이 조금씩 깨면서 아픔을 호소했다. 잠언 23장 말씀이 마음에 다가왔다.

그것이 마침내 뱀 같이 물 것이요 독사 같이 쏠 것이며 또 네 눈에는 괴이한 것이 보일 것이요 네 마음은 구부러진 말을 할 것이며 너는 바다

가운데에 누운 자 같을 것이요 돛대 위에 누운 자 같을 것이며 네가 스스로 말하기를 사람이 나를 때려도 나는 아프지 아니하고 나를 상하게 하여도 내게 감각이 없도다 내가 언제나 깰까 다시 술을 찾겠다 하리라

중독자들의 삶을 어쩜 그렇게 정확하게 말씀하셨는지. 급하게 청평에서 치료를 할 수 있는 병원을 찾았다. 한 장로님이 운영하는 병원이었는데 그 형제는 장로님의 극진한 치료를 받았다. 며칠 후 장로님은 쌀을 가지고 선교회를 방문하셨다. 그 후부터 우리 형제들이 장로님 병원에서 주 1회 치료를 받게 되었고, 특별한 경우에는 수시로 갔다. 그 동안 서울 미아리 성가병원이나 요셉병원 등에 가야 무료 치료를 받을 수 있었으므로 일주일에 한 번이나 급하면 두 번 서울을 오가야 했다. 그러니 얼마나 감사한 일이었겠는가. 우리 형제들은 중독으로 인해 병든 이가 많았고, 겨울을 나느라 감기 환자도 끊이지 않았던 터였다. 우리는 하나님께서 천사 장로님을 보내 주심에 감사했다.

하루하루 사는 것이 기적

소문을 듣고 대전, 부산, 울산, 포항 등 전국 지자체 복지과에서 연락이 왔다. 심지어 제주도에서도 비행기로 오기도 했다. 어느 날 다 죽어 가는 여자 분에게 전화가 왔다. 여수라고 했다. 동생의 술주정에 두 조카와 시달리다가 물어물어 우리 선교회를 알게 되었다고 했다. 당장 데리고 온다면서 주소를 알려 달라고 했다.

그러나 더 이상 누울 자리가 없었다. 나는 안타깝지만 사정 얘기를 하면서 받을 수 없다고 했다. 그분은 받아 주지 않으면 조카들과 농약을 먹고 죽어 버리겠다며 통곡했다. 잘 곳이 없으면 화장실도 좋으니 받아 달라고 했다. 가슴이 아파 그렇다면 데리고 오라고 하고 말았다.

그는 몇 달 동안 취해 있는 상태였다. 물을 마셔도 토하고 소주만 마셨다. 손을 떨고 생 땀을 흘리면서 헉헉댔다. 환청과 환시에 시달리며 고함을 치고 괴이한 행동을 했다. 형제가 칡을 캐 와서 즙을 내고 끓이고 먹여 주었다. 밤새 사람들을 괴롭히던 그가 잠을 자기 시작했다. 쌀뜨물을 마셨고, 시간이 지나자 죽도 먹었다.

그는 여수에서 선장이었다. 고기잡이배를 몰며 사업을 하다가 실패하여 부인이 빚쟁이들을 피해 일본으로 건너갔는데 연락이 끊겼다. 중학교, 고등학교를 다니는 두 아들은 술 취한 아버지의 술주정에 지쳐 있었다. 누나가 가끔 와서 돌보아 주었지만 어떻게 해야 할지 몰라 울고 한숨만 쉬고 살았다.

놀랍게도 그는 빨리 회복되었다. 하염없이 눈물을 흘리며 기도하였고 성경에 밑줄을 그어 가며 밤낮으로 읽다 울고, 울다가 읽었다. 그는 이곳저곳을 깔끔하게 청소했으며, 술 취하여 고통당하는 형제와 병원 치료를 받는 형제를 알뜰하게 보살펴 주는 전도사급 봉사자가 되었다. 그를 받지 않았다면 어땠을지 생각하니 아찔했다. 그 가족들도 계속 어려움을 당했겠지만, 우리 선교회도 크게 도움을 받게 되지 않았는가.

그 이후부터는 아무리 사정이 어려워도, 오겠다는 이를 거절하지 않았다. 그는 몇 개월 지난 후에 아들들을 가르치기 위하여 돈을 벌었으면 좋겠다고 했다. 서울에 있는 노숙자 쉼터에서 일을 하였다. 더 나은 직장으로 옮겨 선교회를 떠났다. 지금은 자녀들이 모두 결혼하여 천국 가정을 세웠다.

세상은 여전히 IMF 구제금융 여파로 혼란스러웠다. 문 닫는 가게들이 속출하고 건물마다 급매물이 쏟아졌다. 우리도 다음날을 장담하기 어려웠다. 그러나 엘리야에게 까마귀를 통하여 먹게 해 주신 하나님께서는 우리를 하루도 굶기지 않으셨다. 그날 먹을 것을 주시고 그날의 기름을 구하게 하셔서 배곯지 않고 살아갔다.

80명의 형제들이 모였다. 관리만 하기도 힘에 부쳤다. 하나님께 전적으로 매달리기 위해 우리는 금식하며 기도했다. 기도원으로 철야를 다니며 부르짖었고 예배를 늘여 갔다. 새벽 QT와 오전예배, 오후 2시 팀별 모임, 저녁 7시 예배를 드렸다. 그리고 저녁 10시 야곱의 기도회에서는 인원 점검을 했다. 예배를 통하여 하나님과 관계 맺기에 최선을 다했다. 감사하게도 성령께서 강하게 역사함으로 은혜받는 형제들이 많았다. 성경 읽기와 필사로 하루하루를 보내는 형제들이 모델이 되어 새로 입소하는 형제들에게 선한 영향력을 행사했다.

그러나 몰래 휴게소에서 구걸하거나 훔치거나 해서 술을 마시고 힘들게 하는 형제들도 있었다. 눈물의 기도를 멈출 수 없었다. 그날그날 하나님의 은혜로 살아가는 것 자체가 기적이었다.

그때 LA에서 목사님이 찾아왔다. 예전에 교도소에서 공부 가르쳐 주었던, 미국에서 신학을 공부했던 그 목사였다. 미국 연수 때 만나지 못해 많이 아쉬웠다며 찾아온 것이었다. 어쩜 이럴 수가. 하나님께서는 후원이 끊긴 상황에서, 장애인 전과자로 소외받으며 살던 이 작은 자를 통해 우리 지극히 작은 자들을 돌보셨다. 하나님의 오묘하신 사랑 앞에 눈물뿐이었다.

그 목사는 내 아들을 미국에 데리고 가 공부시키고 싶다고 했다. 말이라도 너무 감사했다. 그러나 아들은 군대 날짜를 기다리는 중이었다. 그러자 그는 딸이라도 미국에서 공부하는 것이 어떻겠냐며, 생각이 있다면 생명의 빚을 갚고 싶다고 했다. 그 당시 딸 혜정이는 대학을 졸업하고 직장을 다니는 중이었다. 일본에서 장애인 복지를 공부하기 위해 돈을 모아 유학 준비를 하고 있었다. 딸은 대학 때 기독 학생 동아리 IVF 활동을 했는데, 리더를 맡아 일본 IVF 회원들과 서로 방문도 하면서 관계를 맺고 있었던 터라 선뜻 대답하지 못했다. 우리는 이 문제를 놓고 기도하기로 했다.

나는 딸의 일본 유학도 도움을 주지 못할 형편이었다. 나는 미국에서 온 목사가 도움을 주겠다니 미국을 권했다. 딸도 마음을 돌렸다. 그동안 모았던 약 2000불로(미국에서는 차가 없으면 안 된다고 하여) 중고차를 사고 아르바이트를 하면서 시작하기로 했다. 딸은 그 목사의 도움으로 쉽게 학생 비자가 나와 출국 준비를 시작했다.

추방된 이들을 위하여

필라델피아 김용진 박사로부터 전화가 왔다. 첫 마디는 IMF로 얼마나 어렵냐는 것이었다. 기도하다 미 동부 지역 교회에 초청 집회를 하여 모금을 하면 좋겠다는 생각이 들었다면서, 자기는 교회를 섭외할 테니 비자를 받으라고 했다. 하나님의 인도하심에 감사가 나왔다.

비자를 받기 위해 여행사에 갔다. 직원은 재산 등을 묻더니 비자가 나오지 않을 것이라 했다. 더욱이 목사들은 미국에서 나오지 않는 경우가 많아 웬만한 목사는 비자가 나오지 않는다고 했다. 혹시 통장에 4~5천만 원 잔고를 만들 수 있냐며, 그렇게라도 시도는 할 수 있다고 했다. 그만한 돈은 빌릴 수도 없고 만들 수도 없었다. 그는 인터뷰라도 해 보겠다면 서류를 만들어 주겠다고 했다.

나는 길이 열리는 줄 알았다가 실망하고 돌아왔다. 일주일을 금식하며 부르짖었다. 인도하시는 이는 하나님이라고 하신 잠언 말씀에 의지하여 인터뷰에 갔다. 서류를 점검하던 여행사 직원이 통장을 들여다보더니,

"아이고 잔고가 2만 원이잖아요? 이것 가지고는 안 됩니다."

했다. 작년에는 이대가 보증하여 3개월 비자가 나왔지만 지금은 사정이 다르다는 것이었다. 아내와 나는 기도하면서 차례를 기다렸다. 인터뷰가 시작되었다. 영사는 나에게 왜 미국에 가느냐고 물었다. 나는 우리 선교회에 노숙인, 출소자들이 몰려오는데, 감당을 못하는 것을 미국의 지인이 알고 모금을 해 주겠다고 해서 가는 것이라고 했다. 그리고 중독자들을 회복하는 일을 계속할 수 있게 비자를 2개월이라도 내주면 감사하겠다고 했다. 영사는 통역을 듣고 나서 서툰 한국말로 "잘 다녀오세요."라고 했다. 그 한마디가 감사해서 울컥 눈물이 쏟아졌다. 하나님께서 인터뷰에 믿음 있는 영사를 보내 주신 것을 알았다.

며칠 후 여권이 배달되었다. 아내가 나에게 달려왔다. 1개월짜리 비자도 감사하다고 생각했는데 10년짜리 멀티플 비자가 나온 것이었다. 하나님께 감사했다.

미국 집회를 위해 금식하며 준비했다. 내가 없는 기간에 여러 목사님들을 모시고 부흥회를 하도록 부탁했다. 서광교회 송영식 목사가 돌봐주었다. 서미옥 전도사와 김홍제 부부에게 사무 일을 부탁했다. 신용카드를 만들어 비행기 표를 샀고 부족한 것은 딸에게 신세졌다. 쌀가게와 주유소에 외상을 부탁했다. 선교회 각 팀장에게 인원 관리, 환자 관리 등을 맡겼다. 이를 위해 특별 훈련과 기도회를 했다. 성경필사를 잘 한 형제에게 상을 주기로 약속했다. 열심으로 경쟁하며 성경 필사 쓰는 분위기가 되었다.(이는 성공하여 지금까지도 계속하고 있다.)

딸과 함께 LA에 도착했다. 마중 나온 이 목사가 사택으로 데리고 가 딸이 살게 될 방을 안내했다. 사모와 자녀도 반갑게 만났다. 필라델피아로 가기 전 가까운 해변에 갔다. 이 목사는 고향 생각이 날 때 여기서 기도하며 마음을 달랜다고 했다. 그 말 속에 묻어 나오는 아픔이 느껴졌다.

우리는 함께 기도하고 비행기를 탔다. 마중 나온 김 박사를 반갑게 만나고, 시온 장로교회 목사님 부부와 장로님들과 식사 대접을 받았다. 숙소는 세탁소를 하는 집사님 집으로 마련해 주셨다. 주인 집사님이 열쇠를 주셔서 마음 편하게 드나들며 지낼 수 있었다. 그 분은 유학생들에게 방을 무료로 내주기도 하고 냉장고를 채워 놓고 마음대로 조리해 먹을 수 있도록 섬긴다고 하였다.

나는 오랜만에 조용하게 지내는 시간을 가졌다. 마당 잔디가 좋아 눕기도 하고 앉아 기도하기도 했다. 선교회가 걱정되었지만 이곳에서 할 수 있는 것이 없었다. 기도하면서 하나님 손에 올려 드리니 마음이 가벼워지고 집회를 위해 편안히 기도할 수 있었다. 선교회의 삶을 생각하니 하루도 편한 날이 없던 나날이었다. 항상 긴장 속에서 잠을 자고 새벽에도 작은 소리에 놀라 깨곤 했다. 이곳에서 마음껏 자고 기도도 하니 감사했다. 그동안 아내와 별거 아닌 별거 생활을 했으니 좋은 시간 갖게 해 달라고 기도했다.

수요일에 필라 초대교회에서 집회를 하고 금요일부터 시온장로교회 부흥 집회를 했다. 하나님의 은혜가 임했다. 성도님들은 집회가 끝날 때마다 인사말과 함께 내 주머니에 후원금을 넣었다. 장로님 댁 등에서 계속 식사 대접을 받았다. 심지어 아침에 찾아와 자기가 식사 대접에 빠져 있어 하나님께서 마음을 편하게 해 주시지 않는다며 식당에 데리고 가 후원금과 선물을 안겨 주시는 분도 있었다. 송구스러웠다. 내가 누구기에 이 사랑을 받게 하시는지 부끄러웠다.

부흥회를 은혜롭게 마쳤다. 집사님은 자기 집에 머물기를 원했지만 김 박사는 자기 집으로 우리를 데리고 갔다. 우리 부부가 방을 빼앗아 불편을 주었다. 김 박사는 한 푼이라도 아끼자며 강권했지만 사모님과 자녀들에게 미안했다. 김 박사는 필라델피아 교회들에서 간증하도록 해 주었다. 한국노인회에도 방문하여 강의를 했다.

주일날 볼티모어 장로교회 설교를 1부에서 3부까지 하던 날이었다. 교회의 한 안수집사님이 앞에 앉아 세 번의 예배를 연달아 드리셨다. 예배가 끝난 후 그분께 식사 대접을 받았고, 함께 장애인 모임에 참석했다. 많은 장애인 가족을 만나 교제를 나누었다. 이 안수집사님이 남달리 관심을 가지게 된 것에는 가정의 아픔이 있었다.

첫아이를 출산하게 되어 기뻐하였는데 뜻밖에 장애 아이를 낳았다. 눈물과 기도로 하나님께 매달리며 치유를 기다렸다. 금식도 하고 유명한 치유 목사도 찾아다녔으나 기적은 없었다. 하나님에 대한 원망이 크게 일었다. 사업은 안정되었지만 하나님께 버림받은 것 같았다. 건강한 둘째 아이를 달라고 매달렸다. 둘째도 장애 아이로 태어났다. 충격과 아픔으로 고통을 당했다. 아이들을 보면 하염없이 눈물이 났다.

집사님은 평소처럼 1부 예배를 드리고 돌아가려 했다. 그러나 요한복음 9장, 오직 하나님의 뜻을 이루기 위하여 장애를 갖게 되었다는 말씀에 은혜를 받았다. 나는 나 같은 죄인도 장애를 통하여 하나님께 쓰임받게 되었다는 간증을 했는데 그분은 이에 감동을 받았다고 했다. 그는 다시 기도하며 하나님의 뜻을 이루어 드리는 삶을 살기로 했다. 그 후로 미국 집회를 갈 때마다 그 집사님을 자주 만났다. 그분은 그 지역 장애인 부모를 위로하는 데 쓰임받고 있었다. 같은 아픔을 가진 부모들이 그 집사님을 통해 위로받았다. 위로하며 전도하는 일에 귀히 쓰임받음에 감사했다.

하트포트 한인 장로교회의 철야집회 날이었다. 김한요 목사를 만나 의사당 등을 다니며 함께 사진을 찍었다. 선교회에 조금이라도 도움을 주고자 목사님이 애를 썼는데 그 마음에 눈시울이 뜨거웠다. 그 후

몇 번이나 집회에 초청해 주었다. 특히 주공로 장로로부터 큰 사랑을 받았는데, 주 장로님은 출장을 갔다가도 달려와 집회에 참석하고 대접을 하였다. 몇 년 후(김한요 목사가 옮겨간 LA 교회를 방문했을 때의 일이다. 서재에 목사님 책상 앞에 하트포트에서 우리 부부와 함께 찍은 사진이 있었다. 항상 함께하는 마음이라는 말씀에 기쁘고 감사했다. 잊지 않고 기도해 주는 목사님의 사랑을 느끼며 나같이 부족한 목사를 생각해 주는 주의 종들 때문에 내가 사역하고 있음을 알았다. 나도 우리 출신 목사들과 기억하고 기도해야 할 분들을 떠올렸다.)

문을 닫을 수밖에 없었던 선교회의 위기는 미국 선교를 통해 극복했다. 약 1만 3000불의 후원금을 받았다. 빚진 쌀값과 난방비 등을 갚았다. 더 놀라운 일은 쌀이 떨어질 때나 어려움이 있을 때마다 미국 동포 교회에서 후원금이 오고 한국을 방문하는 동포들이 찾아와 후원하고 가는 것이었다. 필라 시온 장로교회에서는 우리 선교회에 단기 선교를 왔는데, 보호관찰소 상담실과 유치장, 교도소 등에서 형제들과 은혜를 나누었다. 우리는 이런 일들을 겪으며 미국 동포 교회와 동포들에게 진 빚을 갚아 달라는 기도를 드렸다.

미 영주권자가 그곳 교도소에서 1년 이상 살면 추방을 당한다. 아는 이 없는 한국으로 추방을 당해 갈 곳 없는 이들이 선교회에 오기 시작했다. 또 미국 치료 기관이나 병원에서 고치지 못한 마약, 알코올, 도박 등 중독자 형제들도 왔다. 이는 하나님의 응답이었다. 동포들에게 진 사랑의 빚을 갚도록 하신 것이다.

우리는 컨테이너를 사서 그들이 침대에서 자도록 했다. 한국 음식을 먹기 어려워해서 때로는 햄버거를, 때로는 고기를 따로 대접하니 기존 형제들이 불만을 가졌다. 나는 그들에게 우리의 위기 때 미국 동포들이 후원하였음을 말해 주었다. 또 그들이 시시때때로 후원하며 또 내가 미국 집회를 갈 때마다 도와주니, 우리가 보답하는 의미로 미국서 온 형제를 섬겨야 하지 않겠냐고 했다. 이후로 우리 형제들이 미국 형제들을 잘 섬겨 주었다. 좋으신 하나님께서 이렇게 섬기는 훈련도 시켜 주심에 감사했다.

미국에서 한 형제가 LA에서 설교를 들었다며, 우리에게 와서 훈련을 받고 싶다고 하였다. 그는 영하 17도의 겨울, 티셔츠와 얇은 청바지를 입고 공항에 내렸다. 우리는 그를 싣고 올림픽대로를 달려 선교회로 향했다. 그런데 갑자기 그가 창문을 열면서 내려 달라고 소리쳤다. 내릴 수 없다고 하자 창문으로 몸을 내밀며 뛰어 내리겠다며 발버둥 쳤다. 몸을 껴안고 차를 돌려 세우자 그는 쏜살같이 사라졌다. 아내와 함께 찾아다니다 포기했다. 마약을 하다 잡히지 않게 해 달라고 기도했다.

며칠 후 전화가 와서 반갑게 데리고 왔다. 혼자 생활하는 있는 방을 달라고 하여 내 방을 내 주고 나는 형제들과 생활했다. 그는 금단 때문에 환시에 시달렸다. 침대 밑에 숨기도 하고 괴성을 지르며 뛰어 나가기도 했다. 새벽 3시에 자고 있는 나를 발로 차면서 FBI가 잡으려 한다며 숨겨 달라고 하였다. 이런 일들이 며칠 동안 계속되었다. 토하고 엎질러 엉망진창이 된 방을 형제들이 정성스럽게 닦아 주고 살뜰하게 챙겨 주었다. 형제들의 정성 속에서 조금씩 회복되어 갔다. 컴퓨터를 잘하여 사무실 봉사를 시작했다. 치유 훈련을 받으면서 아픔을 하나하나 치유하게 되었다.

이민 가정 막내인 그는 어렸을 때부터 교회를 다녔다. 기타를 치며 찬양을 부를 때면 사람들에게 칭찬을 받았다. 장성하여 가게를 열었는데 장사도 잘 했고 결혼하여 알뜰하게 살았다. 그런데 LA 폭동 때 가게가 불에 타 막대한 손해를 입었다. 돈을 빌려 주었던 사람에게 돈

을 갚으라고 독촉했으나 만나기 어려웠다. 수소문 끝에 라스베이거스 도박장에서 빚진 이를 찾았다. 도박을 계속하면서 미루는 그에게 속으며 끌려 다녔다. 호기심에 도박을 시작한 그는 곧 빠져들었다. 가게 보상비까지 날리자 괴로움에 마약에 손을 댔다. 아내도 견디다 못해 떠났다. LA 맥아더공원에서 노숙하면서 구걸하고 맥주 깡통을 주워 팔아 마약을 했다. 노인 아파트에 살고 있는 부모님께 돈을 달라 떼를 써 마약을 했다. 부모님이 돈을 주지 않아 아파트 앞에서 불을 지르며 협박하자 형들이 성화선교회로 데리고 왔다. 몇 개월이 안 되어 뛰쳐 나가기를 반복했다.

'상한 감정 치유 프로그램'을 통하여 돈을 빌려간 이에 대한 원망이 풀렸다. 맺혔던 증오와 저주를 십자가 사랑으로 용서하자 치유되었다. 회개의 눈물을 통해, 아내와 부모 형제에 대한 죄책감에서 벗어났다. 교도소 선교를 하면서 집회 때 찬양을 부르면서 눈물을 쏟았다. 교회에 강사로 초대되었을 때에는 어머니의 기도가 떠올라 눈물의 간증을 하였다. 성도들과 우리는 같이 울면서 은혜를 받았다.

생활이 안정되자 미국에 가도 마약을 하지 않을 것이라며 자신만만해 했다. 나는 몇 번 만류했지만 오히려 믿지 못하는 것을 섭섭해 하며 돌아갔다. 얼마 동안은 선교회에서 찬양도 인도하고 사무실 봉사도 하였다. 그러나 마약에 손을 댄 순간, 예전으로 돌아갔다. 1불, 2불을 구걸하며 미치광이처럼 마약을 찾아다녔다. 살롬센터 김 목사님과 형이 다시 한국으로 보내려고 공항까지 어렵게 데리고 와서 탑승구까지 배웅했다. 그러나 나와서 표를 환불하여 마약을 했다. 그러던 어느 날 한국으로 보내 달라고 사정하여 선교회로 왔다. 그는 하나님 앞에 다시 무릎을 꿇었고 처음부터 훈련을 다시 받았다. 옛사람 마약 중독자의 인생과 죄를 예수님과 함께 못 박고 관에 들어가 죽음을 체험하는 십자가 체험 훈련을 했다. 그는 부모님께 쓴 유서를 읽으며 통곡했다. 또 무덤 체험과 부활 체험을 하며 성령 세례를 받았다. 기도 시간이 늘고 QT를 하며 하나님과 인격적으로 만났다. 하나님께 쓰임 받게 해 달라고 기도했다.

어느 날 성남 염광교회의 맹인 목사님과 맹인 성도들이 우리를 방문했다. 그중에는 전철에서 구걸하는 이도 있었다. 그들은 은혜로운 찬양을 드렸고, 진실하게 기도해 주었으며 과일과 떡을 준비하여 나누었다. 밝은 웃음이 끊이지 않는 맹인 성도의 모습은 형제들에게 신선한 충격이었다. 어렵게 살아가는 이들이 후원금을 선뜻 내놓는 것에 형제들은 부끄러움을 느꼈다. 이 마약 중독자 형제가 앞으로 나오더니 울먹이며 소리치듯 말했다.

"나는 내 욕심만 채리고 살아왔는데 부끄러워 몸 둘 바를 모르겠습니다. 여러분의 사랑의 떡을 눈물로 씹으면서 혀를 깨물었습니다. 하나님과 여러분 앞에 맹세합니다. 다시 마약을 한다면 나는 개만도 못한 놈입니다. 여러분의 눈물의 후원금으로 먹고 살았다는 것을 잊지 않겠습니다."

그는 신학교에 들어갔고 믿음 좋은 짝과 결혼했다. 목사가 되었고 하나님께 딸도 선물받았다. 선교회를 자주 찾아오며 미국에서 추방당한 형제들에게 생필품을 사다 주었다. 가끔 데리고 나가 식사도 샀다. 예전에 형제들은 그가 미국 초콜릿을 혼자 먹는다며 흉을 보기도 했는데 이제는 작은 것 하나라도 나누며 좋은 관계를 맺어 갔다.

그는 추방자 둘을 집으로 데리고 가 돌보기 시작했고 미국을 오가며 LA의 여러 교회에서 후원을 받아 몇 명의 추방자를 섬겼다. 한인회 간부인 형의 도움으로 〈라디오 코리아〉에서 추방자를 위한 모금을 하였다. 남양주에 집을 구하여 추방당한 형제들이 생활할 수 있도록 했다. 그러나 추방자 사역에 어려움이 있어 힘든 일을 겪다 사역을 접고 미국에서 성화선교회 후임자로 사역하였다.

우리 선교회에서는 직업 훈련을 받는 청주교도소 장애인들과 집회를 하였고, 후원과 서신 교제도 하였다. 장애인들을 풍성하게 섬기는 큰 교회가 집회와 후원을 맡게 되자 우리는 장기수와 문제를 일으키는 형제들을 맡았다. 그 형제들 중 시각장애가 있는 무기수 형제를 섬기게 되었다. 그는 신원보증만 하면 가석방이 될 수 있었는데 보증을 서는 이가 없어 18년 이상 감옥에서 살았다. 내가 보증을 서서 가석방을 받아 데리고 왔다.

그는 오자마자 큰소리를 치면서 영웅이나 된 것처럼 날뛰었다. 그는 교도소에서 재소자들을 부려 먹고 종 다루듯 했다고 했다. 여기서도 물 떠오라, 속옷 빨아 오라 등 사람들을 괴롭혔다. 내가 선교회를 비우는 때에는 사람들에게 공갈협박을 했다. 내가 타일러도 막무가내였다. 내가 호통을 치면 그가 더 크게 소리를 질렀다. 때로는 내 멱살을 잡고 흔들기도 했다. 나도 너무 화가 나 같이 잡고 뒹굴기도 했다. 감당할 수 없었다. 어느 누구도 그 앞에서 꼼짝을 못했다. 내 말보다 그의 말에 더 굽실거렸다.

나는 그를 위하여 금식했다. 그는 이 와중에도 예배를 드리지 않으면 나가도록 한 규칙은 지켰다. 갈 곳이 마땅치 않았기 때문이다. 그러나 십자가 체험 훈련도 구경만 했고 상한 감정 치유 훈련은 핑계를 대며 빠지려고 했다. 나는 참석하지 않으면 다시 교도소로 가라고 강경하게 말했다. 그리고 무단으로 나가면 신고하겠다고 으름장도 놓았다. 그는 어쩔 수 없이 참여했다. 한 형제가 그 형제의 눈 상태를 귀띔을 해 주었다. 앞이 잘 보이지 않는다고는 하였으나 때로는 잡지를 보기도 한다는 것이었다. 나는 분노의 편지를 쓰도록 했지만 그는 잘 보이지 않으니 못 쓴다고 했다.

나는 그의 자존심을 건드리지 않고 일대 일로 치유하기로 했다. 그의 어린 시절에 대한 이야기를 시작했다. 처음에는 틱틱거리며 그저 단답으로 대답했으나 어릴 때 할머니에게 받은 상처를 툭 건드리자 깊은 아픔이 터져 나왔다. 할머니에 대해 묻자 그의 음성은 분노로 변하였고 욕설이 튀어 나왔다.

그의 어머니는 시집 온 뒤 시어머니로부터 심한 시집살이를 하였고 아들을 낳지 못하여 친정으로 쫓겨났다. 할머니는 아들을 다시 결혼시켰고 어머니는 친정으로 돌아간 후에 임신 사실을 알았다. 그러나 계모도 임신하여 아들을 낳았고 할머니는 어머니에게서 그를 빼앗듯 데리고 왔다. 할머니는 계모의 아들은 학교를 보내면서 그에게는 일을 시켰다. 나무를 하고 소를 먹이고 농사 짓는 일을 머슴처럼 했다. 게다가 할머니에게서 욕을 하며 때렸다. 계모 아들이 좋은 옷 입고 학교 가는 모습이 너무 부러웠다. 할머니에게 학교를 보내 달라고 울며 불며 매달렸지만 소용없었다. 어머니 집으로 도망쳐도 다시 잡혀 가곤 했다. 어느 날 서울로 도망갔다가 돈을 벌어 멋진 모습으로 돌아온 옆 동네 아이를 만났다. 그에게 자초지종을 물어 그도 서울로 도망쳤다. 구걸도 하고 배달도 하며 음식을 훔치다 소년원도 들락거렸다. 곧 범죄에 빠져 교도소를 들락거렸다 서커스를 따라다니다가 범죄 조직에 끌려가 범죄를 저질었다. 교도소를 나와 선박회사 사장 딸을 유괴하여 돈을 뜯어내려다 무기수로 살게 되었다.

그의 울분이 터져 나왔다. 그의 분노는 살인적이었다. 욕을 하면서 죽일 듯이 사정없이 몽둥이질을 했다. 그는 할머니 무덤을 파헤치고 뼈를 가루로 부셔 버리겠다며 맹수처럼 울부짖었다. 얼마쯤 통곡하더니 기절한 것처럼 숨을 몰아쉬고 꼼짝하지 않았다.

“멀리 멀리 갔더니 처량하고 곤하여 슬프고도 외로워 정처없이 다니니. 예수 예수 내 주여 지금 내게 오셔서 떠나가지 마시고 나를 위로하소서.”

형제들과 이 찬양을 몇 번이나 불렀다. 형제들도 울며 흐느꼈다. 어느 새 그도 조용히 따라 부르면서 훌쩍였다. 나는 그의 가슴에 손을 얹고 기도했다.

“예수님, 이 형제를 사랑하시어 십자가에서 형제의 죄를 뒤집어쓰고 잔혹하게 처형당하신 주님. 백프로 죄를 다 사해 주심을 믿습니다. 온몸을 채찍에 맞아 갈기갈기 찢기시고 피투성이가 되셨던 주님, 형제의 깊은 상처를 피 묻은 손으로 싸매시고 치유하여 주옵소서. 이 시간에 죄를 용서받고 할머니를 용서하는 예수님 마음을 갖게 하여 주옵소서. 치유받은 치유자로 할머니를 축복하게 하소서.”

그는 더 통곡하며 울더니 지은 죄를 자복하기 시작했고 할머니를 용서할 수 있게 해 달라고 기도했다. 우리는 부둥켜안고 울며 기도했다.

그는 변하기 시작했다. 재미있는 것은 그가 교도소 성경 암송대회에서 4복음서를 다 암송하여 1등상을 탔던 일이 있었다는 것이었다. 그는 많은 성경을 암송해서 우리를 놀라게 했다. 믿음 없는 상태에서 시간을 때우려고 성경을 외우면서 보냈다고 했다. 그는 이제 기도하면서 믿음으로 성경을 암송했다. 목소리도 부드러워져 형제들과의 사이도 좋아져 갔다. 그는 조용히 나를 찾았고 정중하게 용서를 빌었다. 훈련을 마치고 사회로 나가면 어떻게 빚을 갚겠느냐며, 나갈 때까지 내 빨래를 해 주겠다고 했다. 나는 사양했지만 나에게 해 줄 수 있는 것은 이것뿐이라고 고집하였다. 나를 공손하게 따라 주니 형제들이 놀랐다. 형제들에게는 그동안 미안했다며 화장실을 도맡아 깔끔하게 청소하여 칭찬이 자자했다.

어느 날 할머니 산소를 꼭 다녀오고 싶다며 차비를 빌려 주면 벌어서 갔겠다 했다. 심정을 묻고 싶었지만 은혜로운 그의 기도의 내용을 들은 터라 아무 말 않고 여비를 챙겨 주었다. 돌아온 그에게 간증을 하도록 부탁했다.

그는 무덤 앞에서, 원한을 풀고 할머니를 용서했다. 그리고 할머니를 증오했던 것에 용서를 빌었다.

"용서합니다. 용서해 주세요. 사랑합니다!"

이렇게 외치며 기도했는데 하나님께서 성령으로 오셔서 얼마나 기쁨과 평안을 주시는지, 벅차서 숨 쉴 수 없을 정도였다고 했다. 우리는 죄인을 사랑하시는 우리 하나님이 이렇게 살아계신다고 찬양을 드리면서 기뻐했다. 그는 세례받고 수료한 후 휘경동에서 전철을 다니며 장사를 했다. 사글세를 얻어 살다 전세로 옮긴 후 결혼하여 가정을 이루었다. 우리를 후원하고, 직접 찾아와 형제들을 고기를 대접할 때면, 그를 알지 못하는 형제들은 그를 점잖은 후원자 중 하나로 생각했다.

거리로 쏟아지는 노숙인들 때문에 정부와 지자체 등은 여전히 어려움을 당하고 있었다. 노숙 알코올 중독자를 위해 노숙인 쉼터를 마련했지만 살인과 폭력 등의 사고로 크게 골머리를 앓고 있었다. 공무원들은 우리 선교회에서 쉼터를 운영해야 알코올 노숙인을 감당한다며 쉼터 공모에 신청을 해 달라고 했다. 그때 통신공사 부장으로 퇴직하고 알코올 중독 치유를 받던 한 집사가 있었는데 그는 우리의 보호와 관심으로 회복되어 이대 약물 전문 상담과정을 공부를 하며 LA 연수도 다녀왔다. 그를 통해 서울시 쉼터 공모에 신청을 했고, 삼선교의 한 단독 주택을 1억에 월세 40만 원으로 계약했다.

우리는 이 쉼터를 미국의 하프웨이 하우스처럼 활용하기로 했다. 청평에서 어느 정도 치유받은 중독자를 서울 쉼터에서 지낼 수 있도록 하였다. 직업 알선, 공공근로 등을 통해 일자리를 마련해 주고, 금전 관리 훈련을 시켰다. 돈을 벌어 바르게 쓰는 일, 가족 회복을 준비하는 일, 신학 공부를 할 수 있도록 후원하는 일 등을 했다. 정부의 권유를 받고 시작했지만 하나님께서 중독 치유를 위해 여호와 이레로 준비해 주심을 깨닫게 되었다.

그러나 서울시에서는 8천만 원을 지원하였는데 2천만 원이 부족하여 어려움이 있었다. 선뜻 후원을 해 주거나 빌려줄 사람은 없었다. 하나님의 계획이면 하나님께서 해결해 주시도록 형제들과 기도했다. 이리저리 알아보다 거래 은행인 국민은행 퇴계로 지점에 찾아가 신용대출을 부탁했다. 담당자는 신용대출은 어렵고, 의미 있는 일이니 윗사람과 상의하여 연락하겠다고 했다. 기도하던 중 보증인이 있다면 마이너스 통장을 개설할 수 있다고 연락이 왔다. 보증을 설 이를 찾아야 했다. 인천의 양 형제가 연락을 했다. 그는 작은 아파트를 세를 준 상태이지만 등기부를 떼어서 은행에 직접 가서 사정을 하더니 마이너스 통장을 만들어 왔다.

'십자가 노숙자 쉼터'가 들어서자 동네 사람들이 몰려와 반대 시위를 했다. 그러나 복지국장 등 공무원들이 구에서 꼭 해야 하는 일이라며 며칠을 설득하여 입소할 수 있었다. 1998년 10월 10일 입소 예배는 은혜요 눈물이었다.

1999년 1월 LA에서 딸 혜정이를 돌봐주는 성화선교회 목사에게 연락이 왔다. 미국의 교회 집회와 미주 복음방송 〈새롭게 하소서〉의 스케줄을 잡았다는 것이었다. 필라델피아와 하트포트, 보스턴, 볼티모어 등 한 달 20일 동안 순회 집회를 가게 되었다. 마약, 도박, 알코올 중독자 가족을 만나 상담을 했다. 중독에 빠진 형제들을 한국에서 치유받도록 하고 싶었다. 부모는 자식을 보내고 싶어 하였으나 본인은 대부분 거부했다. 그러나 몇 달 후 한 사람씩 오게 되었다. 그들 중 많은 이들이 회복되어 돌아갔다.

미국 방문에서 가장 큰 기쁨은 남가주 펠로십교회 이근호 목사님과의 만남이었다. 목사님은 우리 부부를 극진하게 대접해 주셨다. 난생처음 고급 호텔에서 묵고 최고의 식탁에서 대접받았다. 별천지에 온 것 같았다. 한국에서는 IMF의 여파로 아직 수제비로 어렵게 끼니를 때우고 있던 중이었다. 우리는 호화로운 대접에 우리 형제들에게 미안했다. 이전 해 미국을 방문할 때는 예전에 출판한 〈지극히 작은 자의 기도〉를 조금 가지고 와 선을 보였다. 그러자 이번에는 많이 가지고 오라고 하여 수백 권을 가지고 왔다. 아내는 4개나 되는 캐리어를 밀고 오느라 구두가 찢어지기도 했지만 불평 한마디 없었다. 나는 아내의 어깨를 짚고 다녀야 해서 더 힘들었을 터인데도 기쁘게 끌고 다녔다. 목사님은 책값도 사례비도 풍성하게 주셨다. 우리는 감사의 눈물을 흘렸다. 목사님은 우리가 방문할 때마다 한결같이 정성을 다해 주셨다. 이뿐만 아니라 우리 형제들을 위해 특별 수련회를 두 번이나 해 주었는데, 각종 악기들을 비행기에 싣고 수십 명이 날아왔다. 형제들은 그 수련회를 통해 큰 은혜를 받았다. 또 신학생에게 장학금을 보내 주었고, 우리를 방문할 때마다 돼지를 잡고 잔치를 베풀어 주었다. 이후에도 우리 선교회의 건축을 위해 끊임없이 큰 도움을 주셨고, 우리를 위해 바자회와 음악회 등을 열어 계속 동역하셨다. 지금도 계속하여 교제를 나누고 있다.

미주 복음방송 〈새롭게 하소서〉 방송 이후 할머니 권사님으로부터 전화가 왔다. 주일 집회를 하는 교회에 오겠다는 것이었다. K타운 교회에서 집회를 마치고 목양실에서 젊은 마약 중독자와 상담을 마치자 그분이 오셨다. 권사님은 미국에서 추방당한 형제들과 마약 중독자를 치유하는 사역을 한다는 방송을 듣고 은혜를 받았다며 인사를 하였다. 그분은 아프리카 선교사에게 선교비도 보내주고 차도 구입하여 보내 주는 등, 기도하며 후원하는 '선한 목자 선교회'의 회장 할머니였다. 회원 중 한 분 권사님의 이야기를 꺼내셨다.

그 권사님 아들이 마약으로 돈을 뜯어 가다 여의치 않자 돈을 훔치고 귀중품을 팔아 마약을 했으며, 아버지는 인연을 끊어 버렸다는 이야기였다. 회장 권사님과 함께 그 권사님을 만났고 후에 어렵게 아들을 만날 수 있었다. 그도 성화선교회에서 얼마간 있었지만 나온 후로 계속 마약을 하였다. 우리는 한국으로 함께 가자고 설득했지만 여자 친구와 의논해 보겠다며 미루다가 연락이 끊기고 말았다.

1년 후 다시 미국에 갔을 때, 그는 마약으로 수감된 상태였다. 나는 교도소 선교를 하는 목사님과 면회를 갔다. 그는 후회하고 있었으며 출소하면 한국의 우리 선교회로 오겠다고 철석같이 약속을 했다. 그러나 출소한 후 얼마 되지 않아 다시 마약에 빠졌다. 우리는 그가 다시 교도소에 가지 않도록 한국에서 치유받기를 권하였다. 미국은 전과가 있는 이민자들에게는 시민권을 주지 않는데, 전과자였으나 시민권을 얻어 선교사가 된 형제의 사연도 이야기해 주었다. (그 선교사 형제는 우리 선교회에서 치유된 후 미국에서 온 추방자들과 마약 중독자를 섬기는 사역을 하면서 시민권을 얻었다.) 그 선교사 형제처럼 될 수 있다고 설득하며 함께 가자고 하였다. 그러나 결국 그는 기회를 붙잡지 않고 한국으로 추방을 당했다.

그는 추방당한 아픔 속에서 가슴을 쥐어 뜯는 회개를 통해 변화되기 시작했다. 교도소 선교를 다니며 선교회 일꾼이 되었다. 교도소 선교를 하던 중 청송교도소 지소장을 만났는데, 소장님은 아프리카 말라이 교도소의 김용진 선교사와 연락을 하고 있다고 말했였다. 그 형제에게 그곳 선교사로 가지 않겠느냐고 권유했고, 그는 기도 후에 가기로 결정했다. 비행기 값도 구하기 어려운 형편이었으나 부족한 대로 필요한 것들을 챙겨 파송예배를 드리고 말라이로 갔다. 그는 그 뜨거운 곳에서 모기와의 전쟁을 하다 말라리아에 걸려 크게 앓았다. 그런 와중에도 선교 사역에 최선을 다했다. 그는 그곳에서 어렵사리 미국 어머니, 누나와 통화했다. 눈물로 용서를 빌었다. 부자간의 정을 끊었던 아버지와도 통화했다. 아버지는 변화된 아들의 참회의 울음소리를 듣고 함께 울었다. 그리고 자기가 아버지 노릇을 제대로 못 했다며 용서를 빌었다. 하나님께서 화해와 회복을 이루어 주신 것이다.

안타깝게도 마약 때문에 면역력이 약했던 그는 말라리아에 자주 걸렸다. 2년을 견디다 귀국했다. 인천에서 영어학원 강사를 했고 고등학교 선생님과 결혼하였다. 결혼식장에서 만난 그의 아버지는 내 손을 꼭 잡고 감격의 눈물을 흘렸다. 하나님의 은혜였다. 다 망한 것 같고 다 끝난 것 같이 절망에 빠졌던 형제와 부모, 누이들이 하나님께 감사와 영광을 드리는 축복의 결혼식이었다.

교도소 수감을 마친 미국 영주권자들은 한국에 연고가 없는 경우가 대부분이었다. 며칠씩 공항 대합실에서 지내다 노숙을 하는 경우도 있었다. 친척들도 처음에는 반기지만 언제까지고 지낼 수는 없으니 친척집에서 나와 떠돌이가 되는 사람도 있었다. 이곳저곳 헤매다 범죄에 빠져 사고를 일으켜 한국 교도소에 가는 경우도 많았다. 이러한 일들에 가슴 아파하며 기도하는 COR 선교회 김운연 목사님 부부와의 만남은 하나님의 인도하심이었다. 이 선교회는 정부에서 운영하는 교도소, 이민국을 다니며 한인 동포들에게 복음을 전하고 필요를 채워주며, 특히 나이가 많아 운전을 할 수 없는 재소자 가족의 면회를 돕고 있었다. 우리는 함께 교도소를 다니며 추방을 앞둔 이들을 만났고 이들을 우리 선교회에서 섬겼다. 가슴 아픈 사연을 지닌 이들이 치유 프로그램을 통하여 회복되어 갔다. 우리는 절망에 빠져 인생을 포기했던 한 자매를 만났다.

그녀는 일본 남자와 결혼을 하여 아이를 낳아 길렀다. 어느 날 남편이 술을 마시고 아이가 칭얼대고 운다고 화를 내었다. 아무리 달래도 오히려 더 크게 우는 울음소리에 남편이 참지 못해 입을 틀어막고 화장실에 넣고 문을 잠갔다. 잠시 후 아무 소리가 들리지 않아 가 보니 아이가 질식사해 버렸다. 남편은 구속되었고 그녀는 졸지에 아이도 잃고 남편도 잃었다. 거리를 다니면서 미친 사람처럼 내 새끼 내가 죽였다고 하면서 울었는데 사람들이 그 소리를 듣고 신고하여 무기징역을 받았다. 동포들은 한국의 정서를 이해해 달라며 탄원서를 제출했지만 소용없었다.

내가 만났을 때에는 22년 형기 중 마지막 해였다. 가석방 대상이 되어 청문회 신청을 할 수 있었다. 우리는 그녀를 미국에서 한국으로 추방해 주면 우리 선교회에서 생활을 책임지고 범죄에 빠지지 않도록 신앙 훈련 등을 시키고 가족을 찾아 주겠다고 탄원서를 냈다. 그리고 우리는 한국에서 그녀의 가족을 찾았다. 친오빠는 이러한 사실을 알게 되어 미국으로 달려가 동생을 만났다. 서로 부둥켜안고 통곡하는 광경은 사람들의 마음을 울렸다. 청문회에서 탄원이 통과되었다. 그녀는 주지사의 사인을 받고 한국으로 추방되어 가족 품으로 돌아갔다.

한국에서 10시 기도회가 끝나고 사무실 방에서 잠자리에 들려고 이부자리를 펴고 있을 때 11시가 넘어 전화가 왔다. 김포공항 외사과였다. 전부터 강서 경찰서 외사과에서 추방당한 자들을 조사하고 내보내는데 갈 곳 없는 사람들은 선교회로 연락하였다. 뉴욕에서 온 여자분이 갈 곳이 없다는 것이었다. 할머니와 함께 기거할 수 있도록 준비하였다.

그녀는 뉴욕에서 미국인과 살다 이혼했다. 마약에 취해 중국집 젓가락으로 택시 운전사 목을 찌르며 돈을 요구하였다. 그러나 바로 운전사에게 잡혀 경찰에 넘겨졌다. 교도소와 이민국을 거쳐 한국으로 왔다.

그녀는 한국에 도착하여 조사를 받으면서, 또 갈 곳이 없는 처지에 시골 마을로 오게 되어 마음이 상해 있었다. 자동차도 별로 다니지 않는 새벽에 시골로 오면서 불안했다고 했다. 그녀는 도착하여 인사를 하자마자 전화를 걸 수 있게 해 달라 하였다. 사무실에 있는 전화를 쓰게 했다. 아들은 열네 살이었는데, 교도소와 이민국 등에서 자주 통화를 해 왔던 터였다. 그녀는 매일 아들과 통화를 했다. 통곡하는 일도 잦았고 두 시간을 넘기는 날이 많았다. 형제들은 매일 그렇게 국제전화를 하니 요금이 얼마나 나오겠느냐며 말이 많았다. 그러자

"내가 뉴욕 퀸스 한인교회 전도사님께 전화를 해 놓았어요. 뉴욕에서 제일 큰 교회니 여기를 후원하면 전화비 정도가 문제가 되지 않죠."

라며 오히려 큰소리 쳤다. 사무에도 지장을 주게 되니 불만이 커졌다. 나는 예배 시간에 "우리는 IMF로 후원이 끊겨 문 닫을 수밖에 없었는데 미주 동포의 후원으로 칠팔십 명이 먹고 치유를 받게 되었습니다. 이는 하나님의 은혜요 미주 동포들의 사랑입니다. 우리는 빚진 자입니다. 사랑의 빚을 갚게 해달라고 기도를 한 후 계속 미국에서 온 이들을 섬겼습니다. 훌륭한 목사님과 좋은 시설이 많지만 이들을 우

리에게 보내심은 사랑의 빚을 갚으라는 것입니다."

그녀는 예배를 마친 후 내게로 오더니 울먹이며 말했다.

"감사합니다. 미국 집회를 가면 꼭 퀸스 한인교회에 전화를 하세요."

하면서 교회 전화번호와 전도사님의 이름을 적어 주었다. 그녀는 회복이 되어 산으로 들로 다니면서 나물을 뜯어 오기도 하고 쑥도 캐 왔다. 어려서 동두천에서 살았던 추억을 더듬으며 자기 인생을 돌아보았다. 아이를 생각하며 눈물로 기도하면서 돈을 벌어 아들에게 보내야 한다며, 아들 걱정뿐이었다. 나는

"아들은 하나님께 맡기고 믿음 훈련 잘 받고 믿음으로 살면 하나님께서 길을 인도해 주시고 아들도 책임져 주십니다."

달래며 기도했다. 그러나 어느 날 아침에 나가더니 늦도록 돌아오지 않았다. 걱정을 하며 기다렸는데 밤늦게 돌아와서 근처 식당에서 일하기로 했다며 좋아했다. 그 자매는 일주일도 되지 않아 그만두었다. 미국에서는 사장과 종업원이 동등한데, 이 식당 주인은 자기를 종 부리듯 하며 자존심을 상하게 하여 싸웠다고 했다. 얼마 후 또 나가더니 며칠 동안 연락이 없어 걱정을 하며 기도를 하였다. 며칠 후, 이태원에서 일자리를 찾았는데 방을 구하기 너무 어렵다고 울며 전화를 했다. 그녀의 사연을 아는 우리는 이태원은 마약하는 이들도 있고 일하기에 좋은 곳이 아니라고 했지만 고집을 꺾지 못했다. 우리가 모른 척한다면 사고를 쳐 교도소로 갈지도 몰랐다. 사모와 함께 짐을 정리하여 이태원에 갔다. 아주 싼 월세를 얻어 주고 이부자리와 살림살이를 준비했다. 우리 어려움을 아는 자매는 어찌할 바를 몰라 했다. 나는 열심히 일해서 아들에게 보내고, 우리에게도 조금씩 후원하면 된다고 했다. 자매가 하나님의 선한 길로 인도함받도록 기도했다.

미국 집회에 간 우리는 퀸스한인교회에 전화를 걸었다. 사무장이 전화를 받았다. 자초지종을 들은 사무장은 너무 감사하다며 한진관 담임목사님께 알리고 연락하겠다고 했다. 얼마 되지 않아 전화가 왔다. 목사님이 지금 모시고 오라고 하신다며 주소를 알려 달라고 했다. 추방당한 형제가 우리 선교회에 왔다고 그 형제 지인에게 연락하면 다시 연락이 없기 일쑤였다. 더구나 큰 교회 목사님이 관심을 가지는 것이 의아했다. 주차장에서 기다리던 사무장은 우리를 목양실로 안내해 주었다. 얼마나 친절하신지 몸 둘 바를 몰랐다. 우리가 들어서자 목사님이 다가와 솥뚜껑 만 한 손으로 나약한 내 손을 덥석 잡으셨다.

"내 딸을 돌봐 주었네. 고맙다, 고맙위!"

투박한 이북 억양에 아버지 같은 다정함이 묻어났다. 목사님은 우리 선교회와 사역에 관심을 보이셨다. 금요 철야예배 시간이 비어 초청을 받았다. 성도들이 참석하여 뜨겁게 기도를 하는 자리였다. 부족한 나의 간증에 함께 은혜를 받았다. 교회에서 내 책을 다 구입해 주셨다. 덕분에 아내도 수고를 크게 덜었다. 사례비와 헌금 등으로 큰 사랑을 받았다. 우리가 자매에게 한 것은 작은 심부름이었는데 받은 사랑은 비교할 수 없이 컸다. 받은 사랑을 갚는다 했지만 더 큰 사랑으로 돌려주시는 하나님의 은혜와 사랑에 감사할 뿐이었다. 그때부터 뉴욕 퀸스한인교회에서 후원을 해 주셨다.

한진관 목사님은 은퇴 후 그동안 후원했던 한국 농어촌 교회 등을 순회하며 자비량으로 집회를 다니셨다. 어느 날 우리 선교회에서 부흥회를 하고 싶다고 전화를 하셨다. 우리는 너무 감사하여 기쁘게 기다렸다. 한국의 큰 교회 부흥집회를 오셨을 때에도 만나기 어려웠는데 이렇게 작은 시골 선교회에 부흥회를 오신다니 어안이 벙벙했다. 우리는 목사님을 몇 년 만에 뵈었다. 목사님은 몸이 예전 같지 못하셨다. 그렇지만 설교할 때 목소리는 쩌렁쩌렁하여 형제들이 크게 은혜를 받았다. 특히 미국에서 온 형제들이 목사님의 설교를 반겼다. 한국말을 잘 알아듣지 못하는 형제들은 영어와 함께 섞어 설교를 해 주시니 너무 좋아했고 은혜도 많이 받았다. 이태원 자매에게 연락을 했다. 친구와 함께 선교회로 달려왔다. 목사님, 사모님 품에서 통곡하며 울부짖는 소리에 우리는 함께 울었다. 이산가족의 만남의 광경 같았다. 아버지, 어머니 같은 목사님과 사모님 품을 떠나지 않고 흐느끼는 그 울음으로 추방자의 삶을 사는 아픔이 터져 나왔다. 목사님과 사모님은 자기 딸을 돌보아 주어 고맙다고 하시면서 미국에서 온 형제들도 자식 바라보듯 가슴 아파하였다. 그리고 그들을 위해 특별한 관심과 후원을 아끼지 않으셨다. 미국에서 온 형제들은 부모님이 찾아온 것처럼 좋아했다. 목사님은 돌아갈 곳 없는 추방자들의 아픔을 위로해 주셨다. 선교회에 웃음이 넘쳤다. 분위기도 한결 좋아졌다. 서울노숙인 쉼터로 옮겨 새벽예배와 저녁예배를 인도하시면서 서울 등 여러 곳에 집회를 다니셨다. 화장실도 불편하고 우리 시설이 너무 열악하였지만 아랑곳하지 않으셨다.

목사님과 사모님이 우리 선교회를 방문하실 때마다 감당하기 어려운 추방자나 마약 중독자가 기다리고 있었다. 죠셉은 20대 초반 미국 시민권자로, 마약중독 금단으로 힘들어했다. 한 목사님이 죠셉에게 똑바로 앉아 예배를 드리라고 호통을 치자 죠셉은 미국으로 가겠다고 중얼거리며 돌아다녔다. 목사님은 죠셉을 영권으로 제압하여 꼼짝 못하게 하셨다. 책상다리를 해 본 적이 없어 불편했을 죠셉은 책상다리로 바르게 앉아 예배를 드렸다.

2011년 10월에는 하트포트에서 마약을 하고 사고를 쳐 교도소에 다녀온 형제가 있었다. 아버지는 미국인, 어머니는 한국인이었다. 어머니는 우리 선교회에서 회복되어 총신대에 다니고 있는 형제 이야기를 들었다. 어머니가 유산을 받으러 가자고 속여 데리고 와 선교회에 맡기고 기도만 했는데 하나님께서 회복시켜 주셨다는 간증이었다. 그 간증을 들은 어머니가 선교회에 전화를 하여 사실이냐고 물었고 우리는 확인을 해 주었다. 어머니는 아들을 살려면 한국에 데리고 가야 한다고 생각했다. 그분도 외할머니가 유산을 남겼으니 가서 찾아 차도 사 주고 통장에 저축을 해 주겠다고 하여 데리고 왔다.

그는 선교회에 오자 미국에서 온 형제들과 영어로 신나게 떠들고 어울렸다. 잠시 후 어머니가 없어진 것을 알았다. 왜 어머니가 이런 곳에 데리고 왔는지 이상하게 생각을 했던 차였다. 그는 자기를 속였다고 욕하며 도로로 뛰어나가 지나가는 자동차를 세웠다. 차마다 세우고 난동을 피웠으므로 경찰에 신고가 되었다. 그 형제는 영어로 떠들고 소리를 질렀다. 공교롭게도 경찰이 영어를 잘 알아듣지 못했고, 따라 나간 형제들이 그가 미국에서 마약을 해서 정신이 온전치 않다고 설명했다. 그는 거의 발광 상태가 되어 소리를 지르고 도로에 누웠다. 겨우 데리고 오자 미대사관, 미국 NBC방송국 등에 전화하였다. 어머니가 자기를 한국에 데리고 와서 감금시켰다며 구해 달라고 했다. 전화를 받은 사람들은 감금되었으면 어떻게 전화를 하는 것이냐 물었고, 다른 사람을 바꾸어 달라고 하자 미국에서 온 형제가 받아서 마약 금단 현상 때문이라고 설명하였다. 그는 점점 더 날뛰었다. 감당할 수 없었다. 우리는 어머니에게 연락하여 가두거나 묶어 놓을 수 없으니 병원에 입원을 하는 수밖에 없다고 했다. 입원해서도 난동을 부리고 물건을 집어 던졌다. 의사도 간호사도 감당할 수 없다 하여 3일 만에 다시 선교회로 데리고 왔다. 그 어머니에게 돌려보내겠다고 했다. 그 어머니는

"우리 아들은 미국에 다시 오면 죽습니다. 죽든지 살는지 책임을 묻지 않겠으니 맡아 주세요."

난감했다. 다음 날은 높은 뜻 숭의교회 의료 선교회에서 오는 날이었다.(대학병원 정신과 과장, 원장 등 30명 이상의 의사가 간호사, 약사와 함께 지금까지 15년 이상을 봉사를 오고 있는 팀이다.) 오전에 함께 예배를 드리는데 그가 선교회 버스 짐칸에 들어갔다. 이 버스를 타고 서울로 가서 미국으로 돌아가겠다며 나오지 않겠다고 버텼다. 선생님들이 달래어도 소용없었다. 버스가 돌아가야 할 시간이 되자 형제들이 강제로 끌어내렸다.

그 이튿날 한진관 목사님과 사모님이 오셨다. 나는 목사님께 그 형제를 설득해 달라고 부탁드렸다. 목사님은 부흥회에 참석하고 상한 감정 치유 프로그램을 잘 마치면 어머니에게 이야기해서 미국으로 보내 주겠다고 설득해 주셨다. 목사님은 말씀을 전하며 기도해 주시고 사모님은 장시간 동안 상담을 하셨다. 그는 예배에 와서 산만하게 돌아다녔으나 부흥회가 끝날 때쯤에는 안정되어 날뛰는 것은 거의 하지 않았다. 목사님과 사모님께 감사했다. 그는 상한 감정 치유 프로그램에 참가하였다.

그의 아버지는 알코올 중독이었다. 술 취한 아버지가 어머니를 구타하는 것을 어려서부터 보고 공포에 시달렸다. 아버지가 보기 싫어 집을 나가 친구들과 어울리면서 마약을 했다. 마약에 취하여 교통사고와 싸움 등으로 목숨을 잃을 뻔한 일이 한두 번이 아니었다.

아버지에게 쓴 분노의 편지를 조용히 읽다가 갑자기 소리치며 아버지에게 욕설을 퍼부었다. 몽둥이질을 하며 쌓였던 분통을 터트렸고 통곡과 울분이 교차하면서 숨을 거칠게 몰아쉬며 울부짖었다. 비바람이 몰아치는 속에서는 그 위로 해가 떠 있음을 생각하기 어렵다. 그러나 먹구름이 사라지면 밝은 해가 보이듯 분노와 울분이 걷혀 가면서 아버지에 대한 그리움과 애절함이 다가왔다. 아버지가 자기를 사랑해 주었던 일들이 기억났다. 아버지에 대한 그리움의 눈물이 흘렀고, "아버지 보고 싶어요. 사랑해요." 하였다. 아버지를 용서하고 아버지를 위해 기도하기로 했다. 자기 때문에 눈물로 사는 어머니에게 용서를 빌었다. 사랑의 관계 맺기 프로그램을 통해서는 감정을 많이 치유받았다. 성령 세례를 받기 위해 기도하는 시간에 하나님께서 성령과 불의 세례를 내려주어 뜨거운 성령 체험을 했다. 그는 새로운 피조물로 변하여 어머니에게 울면서 전화했다.

"엄마 너무 감사해요. 여기서 예수님을 만나게 되었어요. 감사해요. 사랑해요."

그는 변하기 시작했고 남은 프로그램을 끝나고 돌아가겠다고 했다. 3개월 후 높은뜻 숭의교회 의료 선교회가 오는 날이었다. 예배 시간에 그가 간증을 했다. 모인 선생님들 30명과 우리 선교회 70여 명이 함께 눈물 흘리며 살아 계신 하나님께 영광을 돌렸다.

한진관 목사님과 사모님은 우리가 감당할 수 없을 때마다 오셔서 도움을 주셨다. 또 매년 오실 때마다 교회와 함께 1만 불 건축헌금을 해 주시며 여주 건축 현장에 오셔서 기도해 주셨다. 건축이 중단되었을 때에도 눈물로 기도해 주셨고 중단되었던 공사를 재개할 수 있게 건축 헌금을 하셨다. 2013년 한국에 오실 때에는 뉴욕에서 샌프란시스코를 거처 비행기를 갈아타면서 5백 불을 남기셨다. 한 푼이라도 더 후원하고 싶다고 82세의 나이로 24시간을 오신 것이다. 농어촌교회 순회 집회를 하시고 우리 선교회와 쉼터에서 피곤한 몸으로 사역을 하시고 돌아가는 길도 직항 비행기로 가시도록 간청을 해도 괜찮다고 하셨다. 얼마 후 입원 치료를 받는다는 소식을 듣고 죄송한 마음으로 기도할 수밖에 없었다. 우리는 밤 10시 기도회 때와 주보에 기도 부탁을 계속하고 있다. 뉴욕 집회를 가서 찾아뵐 때 내 손을 쥐어 주시고 눈물을 흘리시며 아버지처럼 사랑해 주시는 목사님 사모님께 크게 빚진 자로, 그저 기도로 사랑의 빚을 갚고 있다.

오렌지카운티 한 교회 집회를 마치고 성도들과 식사를 하는데 한 집사님이 찾아왔다. 자기도 ROTC 출신이라며 인사하고 자기가 좋아하는 선배를 소개하겠다고 하여 점심 약속을 했다.

울진 · 삼척 무장공비 침투 때 특전사 소대장으로 수색 중 총상을 입어 하반신 마비가 되었다. 영국 에서 재활 훈련을 받고 한국에 돌아왔으나 장애인으로 살기가 힘들고 국가유공자임에도 멸시받는 아픔에 미국으로 떠나면서 한국에 다시는 돌아오지 않기로 결심했다. 어려서부터 믿음 생활을 했기에 자연스럽게 교회에 다니며 신학을 공부하여 학위도 받았다. 고국 교회나 신학교에서 교수로 쓰임받게 해 달라고 기도했고 신학대와 교회에 서류를 보내고 기다렸지만 한 통의 회신도 받지 못했다. 실망감으로 괴로웠다. 다시 LA의 20군데 미국인 교회에 서류를 보냈고 놀랍게도 17개 교회에서 인터뷰 요청이 왔다. 그가 상상도 못했던 조건으로 사역을 하게 되었다.

그 선배는 운전하고 온 장애인 전용차로 사역하는 교회와 근처 관광지를 다녀 주었다. 자동차 지붕으로 휠체어를 올리고 내리는 것이 자동이었는데, 혼자 휠체어에 타고 내리는 것이 어렵지 않다고 하였다. 우리는 그 후로 관계를 깊게 맺어 그가 한국에 방문할 때에는 형제들이 업기도 하고 안아 태우기도 하며 최선을 다해 섬겼다. 우리가 미국을 방문할 때에는 그분이 여러 교회와 선후배를 소개하였다. 어느 날 그에게서 연락이 왔다. 한국의 큰 교회가 미국의 목사님과 직분자를 한국으로 초청하여 숙소를 근처 모텔로 정해 주었는데, 술 취한 사람들이 드나드는 난잡한 곳이어서 숙소를 옮기고 싶으나 다른 숙소를 잡기 어렵다는 것이었다. 우리는 청평에 전도사가 새로 수리한 조용한 집이 있었다. 그분들을 그곳에 모시기로 했다.

갑자기 침대는 준비하지 못하고 이부자리를 겨우 새로 준비하였다. 한국 사람들처럼 방바닥에서 생활하게 되었다며 좋아했다. 미국에서 온 형제들과 어울리며 주위 관광도 하고 한국 음식도 즐겼다. 이전부터 나는 이따금 형제들의 사진을 찍어 주곤 하였는데, 형제들은 그렇게 몸도 목도 잘린 사진들을 보며 즐거워하였다. 이때에도 미국 목사님과 일행의 사진을 직접 정성껏 찍어 주었다. 그들이 덮고 자던 이불과 베개를 선물로 주겠다고 하니, 좋아하며 압축 포장을 하여 가방에 넣어 갔다.

그 후 미국 순회 집회 때 그 목사님 집에 방문할 기회가 있었다. 거실에 내가 찍은 사진이 확대되어 걸려 있었다. 침대에는 우리가 선물한 이불과 베개가 있었다. 그는 내 손을 잡고 만져 보게 하면서 고맙다고 했다. 그들은 자기 교회를 방문해 달라며 자기들도 한국에서 대접받은 것을 갚고 싶다고 했다. 우리는 기도하고 연락을 주겠다고 했다. 한국에 돌아와 기도하는데, 중독자 자녀들이 미국에서 영어캠프를 하면 가정을 회복하는 데 도움이 되지 않을까 하는 마음이 들었다. 중독자의 아내는 대부분 남편의 전화도 받지 않은 지 오래지만, 자녀들과는 연락하고 지내는 이들이 많았다. 자녀들은 용돈이나 학용품을 보내면 좋아했다.

우리는 먼저 한국에서 영어캠프를 하였다. 미국 목사님과 전도사와 몇몇 성도들이 왔고 미국 출신 형제들이 보조교사로 도왔다. 아이들이 너무 좋아했다. 우리는 선배 목사의 특별한 도움과 미국 교회의 도움으로 미국에서 영어캠프를 하였다. 아이들을 보호할 수 있는 봉사자들도 동행해야 했는데, 우리 출신 사역자들과 서울 보호관찰소에서 상담 봉사하는 분들이 동행했다. 미국에 도착하여 미국 성도들과 유니버설 스튜디오 등을 관광했다. 교회에서 영어를 공부하고 가정에서 홈스테이를 했다. 우리 리더들은 중독 세미나를 참석하고 여러 시설을 탐방했다. 이번 미국 연수를 통해 이 중독자 사역에 새롭게 일을 시작하게 된 분도 있었다. 우리 출신들은 배움과 감동을 얻고 더 열심으로 형제들을 섬겼다. 같이 간 아이들 중 하나는 학교에서 미국에 다녀온 학생은 자기뿐이라며 자기 아버지를 점점 더 좋아하게 되었다. 어머니를 졸라 아버지와 다시 만나게 하여 가정이 회복되어 갔다. 의정부에 살고 있던 한 형제도 아들이 아내를 설득하여 집으로 돌아갈 수 있게 되었다. 이러한 하나님의 은혜로 횡성에서 영어캠프를 하게 되었고 특별히 미국에서 온 오영호 장로님의 후원과 지휘로 기쁨의 캠프가 오래 기억되었다.

미국 순회 집회를 다녀온 나에게 큰 문제가 기다리고 있었다. 십자가 노숙인 쉼터는 시설장은 무보수로 일하고, 상담원, 생활지도사, 조리사는 유급이었다. 상담원으로 새로운 부목사를 청빙하였고 생활지도사는 선교회 출신자 3명, 조리사도 3명으로 함께 근무하고 봉급도 나누었다. 이 돈은 쉼터에서 일하는 이들이 신학교를 다닐 때 지원하고 아이들의 등록금 등 가족 회복을 위한 일들에 쓰도록 했다.

매달 나오던 보조금이 나오지 않는다며 미국으로 계속 전화가 왔다. 그리고 그 동안 내가 그 보조금을 받아 딸에게 주었다는 소문이 쉼터와 후원회 회장에게 퍼졌다. 그 소문은 부목사와 조리사로부터 나왔음을 알게 되었다. 구청에서 감사가 나오자 다들 내가 쫓겨나게 되었다며 수근거렸다. 감사는 생활지도서와 조리사 봉급의 지급 방법을 수정할 것을 권고하는 것으로 끝났다. 후원회에도 사실이 밝혀졌다. 부목사와 조리사는 슬그머니 그만두었다.

그 일은 나를 크게 낙망케 했다. 그 조리사는 유치장과 교도소를 오가며 믿음의 사람으로 변화되도록 노력을 해 왔고 어려운 일이 있을 때마다 지원을 아끼지 않았던 터라 배신감이 컸다. 더욱이 형제들과 후원회에서 그들의 말을 믿는 것에 실망이 컸다. 딸에게 아무것도 보태 주지 못해 딸이 아르바이트를 하며 어렵게 지내고 있던 때라 마음이 더 아팠다. 미국 집회를 다니면서 경비를 아끼려고 고속버스를 14시간을 타고 다니며 고생했던 일, 무거운 책을 몇 백 권씩 싣고 다니며 고생했던 일들이 스쳐 나도 모르게 눈물이 났다.

횡성 세계십자가선교회

청평 선교회를 비워야 할 처지가 되었다. 어디에서든 환영받지 못한 신세였다. 우리는 릴레이 금식을 하며 이곳저곳으로 이사할 곳을 찾아 다녔다. 몇 년 전 의정부 시골에서 유기농 농촌 운동을 하는 방정원 목사님 매제분 교회에 집회를 갔었는데, 그곳에 새로운 아파트가 들어오게 되면 밭을 팔아 농장과 농업기술학교를 세우기 위해 기도 중이라고 했다. 특별히 기도를 부탁하셨는데 그 토지가 팔리게 되었다며 후원회장을 통해 1억 원의 특별 헌금을 보내 왔다. 우리는 그 돈으로 이사 갈 곳을 찾아다니다 음성 어느 곳을 구입했다.

그러나 건축을 하려면 막대한 자금이 드니 기다릴 수밖에 없었다. 우리는 할 수 없이 경매로 나온 양평 인쇄 공장 210평 2층, 그리고 조립식 주택과 창고가 있는 건물을 음성 밭을 팔아 샀다. 그때는 영등포역에서 노숙하던 목수가 오른팔을 다쳐 우리 선교회에 있을 때였다. 그는 치유 훈련을 받으며 회복되었다. 어느 날부터 팔이 움직였고 얼마 되지 않아 쓸 수 있게 되었다. 그는 자진하여 건물을 수리하는 일을 하기로 했다. 열심히 일을 하는데 마을 부녀자들이 누가 이사를 오나 궁금해서 열심히 일을 하는 목수에게 물어 왔다. 목수는 신이 나서, 자기는 중독자였는데 십자가 선교회에 와서 치유받고 술을 마시지 않게 되었고 팔도 하나님이 고쳐 주어 이렇게 봉사를 한다고 하였다. 이튿날 길목에 현수막이 걸렸다. '알콜 중독이 웬말이냐'. '절대 반대 알콜중독자' 등이 적혀 있었다. 마을 회의에 가서 사정했지만 소용없었다.

우리는 또 금식하며 기도로 매달렸다. 그때 한 목사님의 소개로 횡성 서원면 석화리에 있는 폐교를 소개받았다. 전도사 가정이 여름에 수련회 장소를 임대해 주며 운영했지만 적자로 어려움에 있었다. 교실 마룻바닥이 꺼져 내려앉아 엉망이었다. 준공을 받지 않아 사용하지 않는 조립식 건물도 있었다. 우리는 2천만 원을 건축비로 내기로 하고 협동하여 사역하기로 했다. 이사 날짜가 다가와 이사를 하는데 2천만 원이 없었다. 5톤 트럭을 5대나 계약했고 독촉을 받은 터라 더 이상 미룰 수 없었다.

이사를 하고 그 전도사에게 사정을 해 보기로 하고 기도하면서 출발했다. 횡성 가까이 다가오는데 오영호 장로님에게 전화가 왔다. 지금 미국에서 한국에 도착하여 공항이라고 했다. 전화를 하고 싶어서 연락했다며 아무 일 없느냐고 했다. 나는 지금 이사를 하고 있는데 2천만 원이 준비되지 않아 기도하고 있다고 했더니 장로님은 크게 웃었다.

"하나님께서 계속 신호를 보내셨습니다. 통장 번호를 불러 주세요. 한 시간 내로 보내겠습니다."

나도 모르게 "할렐루야, 하나님 감사합니다, 감사합니다" 했다. 오영호 장로님은 1970년에 이민을 가서 부동산 사업으로 크게 성공한 스키 국제 심판으로 KBS 해설위원이었다. 미국에서 사업에 실패하고 귀국길에 오른 적이 있었는데 그때 비행기 안에서 "예수 믿는 자기가 이렇게 망하는 것을 보니 하나님 좋으십니까!" 하며 기도하기도 하였다. 귀국 후 스키 사업으로 일어나 아프리카 선교에 쓰임받았다. LA 김운연 목사님 소개로 만났는데 그때부터 교도소 선교에 관심을 가지고 함께 청송 감호소 선교에 동참하였다. 처음 청송 감호소 집회를 동행하여 청송 진보모텔에서 묵은 후 주차장으로 들어섰을 때였다. 아내가 놀라며 "아니, 이럴 수가!" 소리쳤다. 나는 놀라며 물었다. 장로님의 고급차를 누군가 송곳으로 긁은 것이었다. 나는 차마 무어라 말도 건네지 못하고 어물거렸다. 장로님은 염려하지 마시라며 마귀가 극성을 부려도 마귀에게 지지 않겠다고 웃으며 말하셨다. 그 후로 계속 감호소와 교도소를 함께 다녔다. 2년쯤 지난 후 대전교도소와 공주치료감호소를 직접 선교하셨나. 또 대전교도소 환자 수술비 6백만 원 후원도 하고 출소자 뒷바라지도 했다. 오 장로는 매달 한 번 선교회를 방문하여 간증 등으로 은혜를 나누었다.

선교회가 횡성으로 이사하면서 마을의 반대가 있을까 조심스러워 교문 앞에 현수막을 걸었다. "금연 금주 특별 세미나, 2000. 8. 20~12. 31." 마을 반장들과 이장을 모시고 식사 대접도 하고 마을의 농사를 형제들이 도와주며 마을 어려운 일들은 최선을 다해 섬기겠다고 하니 모두 기대하는 기색이었다. 농촌은 일손이 부족하였다. 특히 무겁고 힘든 일들은 큰 어려움이었다. 우리 형제들은 대부분 술이나 마약에 취해 살면서 게으르게 살아왔던 이들이 많았기 때문에 농사일을 돕는 것은 새로운 훈련도 되었다. 농사를 지은 경험이 있는 형제들 중에서 자원하는 이들을 보냈다. 마을 사람들도 한 사람이 아쉬운 터라 곧 이집 저집에서 요청이 왔다. 그러나 금연, 금주 훈련을 받으러 온 사람들이기 때문에 절대 술을 주지 못하게 하였다. 그러나 형제들에게 술을 주는 분들이 있었다. 소주 한 잔 얻어먹으려고 형제들이 서로 봉사에 나섰다. 중독자들은 일단 한 잔을 마시면 계속 마시기 때문에 문제가 일어났다. 중독이 재발하자 밤중에 몰래 나가 농사일을 도와준 집의 문을 두드리며 술을 달라고 애걸하는가 하면 어떤 형제는 빈집 냉장고를 열어 소주를 몇 병씩 마시고 그 집에서 자다 경찰에 잡혀 가기도 했다. 나는 마을 회의에 불려갔다. 어른들은 흥분하여 당장 나가라고 했다. 심지어 눈을 못 보는 병신이 중독자들을 어떻게 관리하냐며 욕을 하여 가장 가슴 아픈 곳을 찔렀다. 그러나 입이 열 개 라도 할 말이 없다며 빌고 또 빌었다. 교문에 경비실도 만들고 구멍가게를 가지 않도록 통제하기로 했다. 동네분들에게도 농사 봉사 때 절대 술은 한 모금도 주지 않도록 부탁했다.

다시 마을 어른들의 무거운 짐을 차에 실어 주는 일 등 힘쓰는 일이 우리의 몫이 되었다. 동네에 노인 환자가 생기면 태워서 병원에 모시고 갔다. 고추 따는 일, 벼 수확하는 일도 하였다. 하루는 추운 겨울 새벽에 보일러가 고장이 났다고 전화가 와서 우리 형제가 달려가서 고쳐 주었다. 영어 캠프에 마을 학생들을 전원 무료로 참여시켰다. 미국 연수에 따라간 마을 학생도 있었다.

선교회 건물이 공개 입찰을 하게 되었다. 횡성교육청에서 2001년부터 3년 동안 사용한다는 조건이었다. 그동안 1년에 100만 원이었으므로 우리 선교회가 110만 원으로 입찰하면 낙찰될 수 있다고 하였다. 처음 올 때부터 담당 직원이 적극적으로 지원해 주고 5년 이상 사용 후에는 불하받을 수 있다고 하여 기대하고 있던 터였다. 그러나 춘천의 한 단체에서 입찰에 참여했다. 우리는 낙찰을 보지 못하면 큰 문제가 생기니 300만 원을 썼다. 그런데 그 팀은 600만 원이었다. 생각지 못한 일로 우리는 낙망했다. 그런데 담당자가 서류를 검토한 후 그 단체가 서류에 도장을 찍지 않아 무효 처리되어 우리가 낙찰되었다고 하였다. 하나님의 전적인 섭리로 간섭하심을 느끼면서 성령님의 인도하심에 감사하며 찬양을 드렸다.

청평에서는 좁은 공간에 축사까지 사용하여 70여 명이 같이 살았지만 이곳에서는 교실을 3개로 막아 한 방에 16~18명이 생활하면서 조립식 건물 예배당에서도 잠을 잘 수 있었다. 우리는 130명이 넘을 때도 있었다. 노숙인 쉼터의 대표 시설인 자유의 집 소장의 서신을 들고 매주 3회 이상 중독자들이 왔다. 심지어 국회 인권 위원장의 명으로 스리랑카에서 온 노동자 중 알코올 중독자의 치유를 부탁해 오기도 했고, 평택 등 외국인 보호소에서도 키르키스탄, 조선족, 대만, 호주, 브라질 출신 등이 몰려들었다. 감당하기가 어려운 와중에도 3개월 치유 프로그램을 통해 치유 훈련을 시키고 세례를 주었다. 수료를 한 형제들은 십자가 쉼터나 가정으로 돌아갔다. 입원이 필요한 형제들은 국립의료원, 시립동부병원, 서울의료원, 보라매 병원, 횡성 대성병원, 춘천 서인병원, 원주 기독병원, 그린병원, 청송 진보병원 등에 나누어 보냈다. 입원 환자가 60명이 넘을 때도 있었다. 횡성 대성병원은 매주 금요일마다 치료를 받았다. 입원 치료 및 수술을 받은 형제들이 지금까지 수천 명이다. 천사 같은 원장님들은 무료로 치료를 해 주셨으나 약값은 우리가 부담해야 해서 어려웠다.

이 무렵 교육청 담당이 많은 인원을 힘들게 감당하는 것을 보고 횡성 둔내 조양리 폐교를 소개했다. 마을에서 사용하다가 적자로 사용을 하지 않는 학교였다. 남은 기간 2년을 쓰고 계속 이용할 수 있도록 하겠다고 하였다. 장소도 2배나 넓고 교실도 많아 조건은 매우 좋았으나 난방 공사를 해야 했다. 우리는 2년 계약을 하고 화장실도 수세식으로 개조를 하고 교실에 보일러를 설치했다. 수료한 형제들이 감자와 옥수수 농사를 지으며 회복에 도움을 받았다.

COR 선교회를 통하여 그동안 약 150명 이상 우리 선교회에 왔다. 믿음 훈련을 받아 한국에서 사업도 하고 직장도 다니며 결혼하여 잘 살아가는 이들이 많았다. 다음은 그들 중 한 형제의 이야기이다.

그는 심한 마약 중독으로 사고를 많이 저질렀다. 어느 날 경찰에 추격을 당하면서 고속도로에서 전속력으로 도망쳤다. 헬리콥터가 추격해 오는 것을 보고 달리는 자동차에서 뛰어내려 크게 다쳤다. 167 바늘이나 꿰매는 대수술을 받고 눈을 떠 보니 미국인 간호사가 반갑게 웃으며 예수님이 살려 주셨다고 기도를 해 주었다. 그 기도에 감사의 눈물이 났다.

그는 추방되어 횡성에서 치유 훈련을 받다가 서울 십자가 쉼터에서 지내며 아르바이트로 영어 학원에서 영어를 가르쳤다. 월급을 받아 신용카드도 만들고, 미국에서 온 친구들과 어울려 다녔다. 나를 피해 영등포 노숙인 쉼터로 갔고 술 취해 싸우다 파출소에서 전화가 왔다. 거의 강제로 횡성으로 다시 데리고 온 어느 날 '상한 감정 치유 프로그램'을 통해 어머니로 인한 아픈 상처를 치유받았다.

미국 교도소에 있었을 때의 일이다. 다른 사람들은 어머니가 면회도 오고 편지도 보내는데 형제의 어머니는 몇 년 동안 소식이 없었다. 그러던 어느 날 어머니에게 편지가 왔다. 편지에 '사랑하는 내 아들아. 어머니는 새벽마다 교회에서 너를 위해 기도하고 있다.'라고 쓰여 있었다. 그는 그 편지를 들고 만나는 사람마다 "우리 엄마가 날 사랑한대!"라고 울면서 소리 쳤다. 사람들은 돌았다고 수근거렸지만 그는 어머니의 사랑한다는 한마디를 처음 들은 것이었다. 그러나 그가 추방을 당해 전화를 했을 때에는 어머니가 자기를 멀리하는 것을 느끼자 상처가 재발했다. 감정에 다시 병이 들었다.

미움과 분노가 살아나 술과 친구들로 인하여 사고가 많았던 것이었다. 그러던 중 '상한 감정 치유 훈련'을 통해 용서와 회복으로 돌아왔다. 그는 이후에 미국에서 마약으로 망가져서 온 형제들을 잘 섬겼다. 한국말을 알지 못하는 어린 청년들을 친동생처럼 돌보았고 나이 많은 형제도 친형처럼 챙겼다. 미국에서 온 형제들은 많을 때 20명 정도였는데, 이를 우리는 '햄버거팀'이라고 했다. 이 형제는 팀장으로서 팀원들을 세심하게 챙겨 주었다. 특히 이들과 찜질방을 같이 가면서 많이 친해졌다. 낯선 목욕탕 문화에 주춤거리며 속옷을 입고 탕에 들어가던 형제들도 이내 서로 등을 밀어 주기도 하고 허물없이 친해졌다. 이는 빠져서는 안 될 '목욕탕 치유 프로그램'이었다. 햄버거, 피자 등을 먹으며 외식을 할 때마다 경비는 들었지만, 열악한 선교회에서 기분을 전환하니 예배와 프로그램에 참여하는 태도가 좋아졌다.

커네트에 마약으로 몇 번이나 사고를 쳐 교도소에 갔다 온 아들을 둔 어머니가 있었다. 어머니는 한국에서 치유받아 미국으로 돌아온 한 형제의 가족과 통화하면서 우리 선교회 이야기를 들었다. 아들을 한국으로 데리고 가고 싶은데, 아들을 데려갈 방법이 없었다. 아들이 나와 같은 '안' 씨 성을 가졌다는 것에 기대어 거짓말을 했다. 한국에 가면 안일권이라는 큰아버지가 있는데 할아버지가 남긴 유산을 같이 가서 받아 오자는 것이었다.

눈이 많이 쌓여 차가 다니기 어려운 어느 날이었다. 우리는 공항에서 안 씨 청년과 어머니를 만났다. 어머니는 아들에게는 친척을 만나고 오겠다면서 우리에게는 아들 몰래 사정 이야기를 했다. 어머니는 미국으로 돌아갔다. 미국에서 태어난 안은 부모가 이혼하여 미국인 새아버지와 살았기 때문에 한국말은 거의 못 했다. 햄버거 팀장은 옆자리에 침대를 정리해 주고 섬겼다. 나는 처음 며칠 동안은 바쁘다며 만나 주지 않았다. 그는 예배가 끝나면 나에게 달려왔다. "큰아버지 이만 불! 큰아버지 이만 불!"하였다. 햄버거 팀장이 나에게 왔다. 안이 자기에게 유산 2만 불을 언제 줄지 물어 봐 달라고 했다는 것이다. 안은 며칠이 지나면서 어머니에게 속은 것을 눈치챘다. 그는 비행기를 타기 직전까지 마약을 하여 정신이 온전치 않았고 금단으로 환시와 환청이 심해지면서 행동이 거칠어졌다. 점점 미치광이처럼 날뛰었다. 어머니에게 전화하여 죽이겠다고 소리치며 물건을 던졌다. 화장실에서 면도칼로 혈관을 자른다고 난동을 피우는 것을 팀장이 지혜롭게 몇 번이나 해결했다.

금단으로 고통을 당하면서도 주위 형제들과 팀장의 도움으로 회복이 되어 갔다. 치유 프로그램을 받고 복음이 들어가면서 예배로 은혜를 받았다. 훈련을 마치고 서울 십자가 쉼터에서 한국말을 배워 총신대 신학과 3학년에 편입하여 공부하였다. 어머니는 한국으로 와서 총신대 가까운 곳에 방을 얻어 함께 살면서 아들을 도왔다. 교회와 기도로 서로 회복되어 갔다.

김운연 목사님 소개로 LA에서 온 형제도 있었다.

그는 큰 교회 부목사의 아들이었다. 자동차 딜러로 최고 연봉을 받아 사람들의 부러움을 샀으나 마약에 빠져 폐인이 되었다. 집을 나가면 몇 달씩 들어오지 않았고, 온몸이 냄새와 쓰레기로 뒤범벅이었다. 맨발로 걸어 다녀 발은 형편없었고 심지어 새 벤츠를 뽑아 망치로 때리며 얼마나 멋있느냐며 웃어대던 일도 있었다.

공항에서 데리고 오는 것부터 어려웠으나 팀장의 헌신으로 잡아 놓았다. 그는 맨발로 도로를 따라 걸으면서 차에 타는 것을 거부했다. 경찰차가 타라고 해도 완강했다. 우리는 한없이 그의 뒤를 따라 차를 몰았다. 그가 지쳐서 주저앉으면 달래어 태워 오는 일을 반복하였다.

식당에서는 서서 식사를 했다. 운동장 밤나무 밑에서 하루 종일 성경책이나 가방을 들고 서 있었다. 잠자리에 가랑잎을 쓰레기와 함께 침대 위에 쌓아 놓고 그 위에서 잤다. 냄새가 온 방에 가득해도 팀장은 자고 일어난 후 청소를 깨끗하게 해 주었다. 가랑잎과 쓰레기를 침대 위에 깔고 자는 것을 반복했다. 타일러서 겨우 씻기기도 했지만 막무가내로 며칠이고 씻지 않았다. 교회에서 예배를 드렸던 습관이 있어 밖으로 나가지 않는 날은 쿨쿨 자면서도 예배에 참석했다.

'십자가 체험'과 '상한 감정 치유 프로그램', '전인치유 프로그램'을 몇 차례 반복하여 받으면서 아주 조금씩 변화가 일어났다. 기도를 시키면 곧잘 했고, 팀원들이 같이 성경을 읽는 자리에 참석했다. 어느 날 동네 농사 봉사를 가는 팀을 따라 가겠다고 했다. 잘하지는 못 하지만 열심이었다. 선교회 근처 교회의 목사님이 형제 두서너 명에게 관심과 사랑을 주면서 농사치유 훈련을 하고 있었는데 이 형제도 그 목사님께 부탁했다. 하루 일을 마치면 2천 원씩 수고비로 받았다. 이 형제는 그 돈을 알뜰하게 모아 간식을 사 먹기도 했다. 어느 날 면사무소에 공공근로를 신청을 했고, 일을 할 수 있게 되었다. 일을 시작하면서 기적이 시작되었다. 얼굴도 몸도 좋아졌다. 예배에 빠지지 않고 참석했고, 거르지 않고 십일조를 했다. 돈을 모아 중고차를 사서 출퇴근했고 횡성에 방을 얻어 독립하였다. 지금은 자활센터에서 성실하게 근무하고 있다.

햄버거 팀장이 미국, 브라질, 호주 등에서 온 중독자들을 섬겨 주고 중요한 일을 맡아 하던 어느 날이었다. 그는 원래 두통이 좀 있었는데 그날은 머리가 송곳으로 찌르는 듯 아프다고 호소하여 병원에 입원을 했다. 검사를 해 보니 머리에 작은 탄피가 박힌 것이 발견되었다. 간단한 수술로 탄피를 꺼내고 난 후 머리가 아주 시원해졌다. 도로를 따라 산책을 나가 상쾌하게 걷고 있는데 고급 세단이 옆에 섰다. 나이가 지긋한 미국인 신사가 영어로 길을 물었다. 팀장은 유창한 영어로 길을 친절하게 가르쳐 주었다. 그 신사는 그에게 몇 가지를 물어본 후 명함을 주며 연락을 하라고 했다. 명함에는 코스트코 한국 지사장이라고 쓰여 있었다.

퇴원 후에 우리는 햄버거 팀장을 위해 하나님의 인도함을 기도했다. 그는 지난날 영어학원 강사를 했을 때 술과 친구들로 망가졌던 것을 떠올리며 같은 잘못을 저지르지 않게 해 달라고 기도했다. 그는 여러 가지 상상을 하면서 기대에 부풀어 전화를 걸었고 회장을 찾아가 만났다. 정식 직원이 되려면 인턴 과정을 2년 이상 거쳐야 하지만 그는 특채로 정직원 채용이 되었다. 한국 지사에서 기본 교육을 마친 후 상봉동 지점에서 근무를 시작했다. 그는 철저하게 말씀과 기도생활을 했다. 서울 십자가 쉼터에서 출퇴근하면서 새벽과 저녁 예배에 참석했다. 선교회의 '금전 관리 훈련'을 통해 수입을 관리했다. 카드빚도 다 갚고 신용불량에서도 벗어났다. 성실하게 근무하여 모범 사원으로 뽑혔다. 사내에서도 인기가 많았는데 '예수쟁이'라는 별명이 붙었다. 사원들과 카톡으로 성경말씀을 나누던 중 신우회가 조직되어 거기서 쓰임받는 종으로 섬겼다. 미국에 있는 어머니에게 모든 얘기를 하였지만 믿지 않았다. 거짓말을 하여 무엇을 뜯어 가려는 수작이 아니냐고 나에게 전화가 왔다. 이후 미국 집회 때 LA에서 어머니를 만났을 때 크게 울며 기뻐하며 감사했다.

학교 건물의 임대 만료가 되었다. 계속하여 이용할 수 있다고 하였으니 가벼운 마음으로 기다렸다. 그러나 마을에서 수의 계약을 하기로 했다는 연락이 왔다. 온당치 못한 처사라고 항의했으나 계약서에는 임대기간이 끝나면 원상복귀하여 교육청에 반납하기로 되었다며 공사를 하여 들어간 공사비도 건질 수 없었다. 우리는 다시 화장실도 재래식으로 바꾸고 보일러도 들어내라는 말이냐며 억울함을 호소했으나, 우리 때문에 나무가 죽어서 다시 나무를 심었다며 영수증을 보내기까지 했다. 갑의 횡포가 극에 달한 것이었다. 우리는 다 놓고 그대로 쫓겨날 날만 기다렸다.

2003년, 횡성 교육청에서 연말까지 비워 달라는 공문이 왔다. 마을에서 농산물 집하장으로 사용하겠다고 하였다. 교실 리모델링 경비 등 1억 몇 천만 원이 들어갔는데 아무 대책 없는 우리 형편은 아랑곳하지 않았다. 무조건 법이 그러니 나가라고 했다. 교육청에서도 나와 죄인 다루듯 큰소리치다가 돌아가곤 했다. 이장 등이 찾아와 시달렸다. 그러나 농사일을 함께하며 감자, 옥수수를 서울 교회에 팔아 주던 것을 부탁했던 이웃들은 절대 나가서는 안 된다며 김치, 반찬 등을 몰래 가져다주었다. 알아본 결과 마을에 골프장이 들어오게 되었는데 땅을 판 유지와 골프장 건설사가 교실 방은 노동자 숙소로, 운동장은 장비 보관 장소로 점찍은 것이었다. 마을에도 골프장이 생기면 여러 혜택을 받을 수 있다고 하며 일을 진행한 것이다. 교육청 담당자들과도 은밀하게 연결되어 있었다.

한 형제가 술에 취해 교육청을 찾아가 시민단체와 함께 끝까지 투쟁하겠다고 으름장을 놓았다. 나는 그를 불러서 마음은 고맙지만 술을 마시고 찾아가는 것은 하나님께서 기뻐하시지 않으며, 우리는 하나님께 기도하며 문제를 해결해야 한다고 하였다. 그는 울부짖으며

“우리가 간첩입니까! 우리가 매국놉니까! 우리도 데모하며 본때를 보여 주어야 합니다.”

사실 그동안 형제들이 울분을 토하며 교육청으로 가자고 했지만 나는 그것은 하나님이 기뻐하시지 않다고 설득해 왔다. 교육청 담당은 불법점유로 강제해산을 하게 되면 문제가 생겨 어려움이 많으니 법적으로 해결하자며 약식재판을 받을 것을 권했다. 철수하기 전 입찰을

통해 학교를 낙찰받을 수 있도록 해 주겠다고도 하였다. 그러나 결국 아무 조치 없이 철수하는 것으로 결론이 났다.

여주 생명의교회

우리는 새로운 곳을 찾아 이곳저곳을 헤맸다. 땀을 뻘뻘 흘리며 산을 올라갔다 내려왔다 하며 지쳐 돌아온 어느 날이었다. 사랑의 교회의 안수 집사님이 조카를 보러 왔다. 그 조카는 삼성에서 근무하다가 알코올 중독이 되어 우리 선교회에 들어왔다. 집사님은 우리 딱한 사정을 듣고 우리 부부를 여주로 데리고 갔다. 그는 12만 평의 땅을 보여 주며 이 중에서 3300평을 고르라며, 선교회 건축을 할 수 있도록 헌납하겠다고 했다. 평지에 밭도 있고, 주변엔 마을인데 유난히 무덤이 많았다. 잠시 기도를 하는 데 며칠 전 꿈이 떠올랐다. 꿈에는 '여주'라는 글자가 선명하게 나타나더니 뒷산에 소나무가 울창한 마을이 보였다. 우물과 무덤들이 있었다. 아내에게 물어 가며 다니다가 꿈에서 본 그 산과 마을이 있는 장소를 만났다. 집사님께는 기도한 후 장소를 정하겠다고 했다. 이튿날부터 그 산에 올라갔다. 끌어주고 밀어주어야 올라갈 수 있는 고바위였다. 무덤 가에 앉아 며칠 동안 기도했다. 우리는 평지가 아닌 그 고바위를 택했다. 집사님도, 형제들도 이곳에 어떻게 교회를 짓느냐고 했다.

산지전용 허가를 받기 위해서는 자금이 필요했다. 우리는 시간만 있으면 산에 올라가 기도했다. 당시 LA 남가주 펠로십 교회에서 사역하던 이근호 목사님이 워싱톤 온누리드림교회에서 임시 설교를 맡아 사역하던 중 우리 건축을 위해 기도하다가 목사님의 퇴직금과 40명의 개척교회 성도들이 1만 6천 불을 보내 주었다. 산지 전용 허가를 받기 위해 측량과 계약을 하였다. 포클레인으로 임시 진입 도로를 닦았다.

형제들이 나무도 베고 도로공사도 도와 가며 측량과 부지 등을 정비했다.

2007년 2월에 마침 한국 방문 집회를 하게 된 이근호 목사님과 함께 기공예배를 드렸다. 도로가 얼었다 녹아 진흙탕이 되었다. 300m 정도 차가 올라가지 못했고 산비탈을 걸어야 했다. 그러나 쌀쌀한 날씨에 모닥불을 피워놓고 드리는 예배는 감동과 은혜였다. 예배 후 뜨거운 어묵 국물과 간단한 식사를 하는 동안, 옆 식탁에 준비한 떡과 과일을 우리 형제들이 우루루 몰려가서 다 집어 먹었다. 대부분의 손님들은 이곳에 건축을 어떻게 하겠냐며 걱정들을 하였다.

시카고에서 추방당한 형제가 신앙 훈련과 봉사를 열심히 했다. 여주 산지 정리 공사에도 나무를 자르고 고바위를 옮기는 등 땀 흘려 봉사했다. 미국 교도소에서 답답하게 살았는데 고국의 산에서 시원하게 가슴을 펴고 소리 높여 찬양하는 것이 좋다고 했다. 어느 날 시카고에서 전화가 왔다. 그 형제의 친척이었다. 그 아들을 부탁하려는 것이었다.

20살 청년인 그는 명문 일리노이드 공대를 다니다가 마약으로 망가졌다. 여러 교회를 다니며 기도를 받았지만 소용없었고 하루에 500불이나 하는 치유재활병원도 전전했지만 병원을 나오면 사라지곤 했다. 그는 한때 유도 미국 챔피언이었으나 뼈만 남아 앙상했다.

아무 조건 없이 누구나 환영한다는 말을 듣고 어머니는 아들과 선교회를 찾아왔다. 아들은 한국에 관광을 온다고 생각하며 좋은 음식을 먹고 여행을 다닐 것을 기대하다 남루한 옷과 거친 인상의 형제들을 보며 크게 실망하여 불만을 표했다. 바로 미국으로 빨리 돌아가자고 졸랐다. 미국 젊은이가 몇 명 안 되어 대화할 사람도 별로 없었다. 이 젊은이는 한국어를 20% 정도만 알아들을 수 있어서 예배를 참석해도 답답해했다. 바닥에 책상다리로 앉아 있을 수밖에 없어서 벌을 서는 것 같다고 했다. 어머니와 계속 다투었다. 설상가상으로 점심 수제비에 파리가 빠져 있었다. 그는 영어로 소리를 지르며 당장 가겠다고 했다. 그의 어머니는 정색하며 그 파리를 건져 입에 넣었다. 너를 살린다면 이까짓 파리가 문제냐며 울었다. 열흘이 지난 후 그는 3개월 훈련을 받기로 약속했고 그 어머니는 돌아갔다. 그는 열심히 신앙 훈련을 받으며 예배와 기도와 성경 읽기에 순종했다. 그러나 그는 나름대로 머리를 굴린 것이었다. 한 달이 되자 이만큼 열심히 했으니 미국으로 돌아가도 절대 마약을 하지 않겠다며 어머니를 설득했다. 어머니는 그를 LA에 목사님 가정으로 보내어 그곳에서 생활하도록 했다. 나는 마약 중독이 그렇게 간단하게 치유되지 않는다고 만류하였지만 그의 애걸복걸에 어머니가 꺾였다. 그는 절대 마약은 안 할 것이며 복학도 하겠다며 떠났다. 열흘 후에 열심히 기도하고 있으며 영어 성경공부가 재미있다며 전화가 왔다.

그러나 한 달이 지난 후 다시 어머니에게서 전화가 왔다. 아들에게는 선교회의 안 목사님이 위독하여 그를 보고 싶어 한다고 거짓말을 하였다며, 그를 다시 보낼 테니 회복시켜 달라는 것이었다. 그가 다시 왔다. 속은 줄을 알게 되었으나 차분하였다. 다시 치유 훈련을 받는 것을 거부감 없이 받아들였다. 어머니의 간절한 금식기도를 하나님께서 응답해 주셨음을 알았다. 그는 찬양과 기도에 열심이었고 성경 읽기에 열중했다. 이번에는 찬양할 때 한글 가사를 읽으며 한글을 스스로 깨우쳤다.

십자가 체험 프로그램을 하는 날이었다. 마약으로 비롯된 추한 죄악을 예수님과 십자가에 못 박고 관에 들어가 죽음의 순간을 체험했다.

천국와 지옥, 부활을 생각하면서 성령 체험의 은혜를 받았다. 전인 치유 프로그램을 마치면서 인생의 목표와 방향을 새롭게 정했다. 예수님의 제자의 길로 가도록 기도했다. 이사야 41장 9절 너를 종으로 불러 세우기 위하여 땅 끝에서 부르셨다는 말씀을 듣고 기도하다 나를 찾아왔다.

"나같이 형편없이 더러운 죄인을 주의 종으로 부를 수 있습니까? 이미 끝났는데요. 앞이 캄캄하고 모든 것이 다 막혀 있습니다. 내가 무엇을 할 수 있습니까?"

나는 그에게 10절을 읽어 보라고 했다. **두려워 말라 나는 너의 하나님이니라. 놀라지 말라 나는 너의 하나님이 됨이니라. 참으로 내가 너를 도와주리라.** 그에게 총신대 편입을 하여 공부하는 것이 좋을 것 같다며 기도하고 다시 오도록 했다. 총신대 편입 신청 마감이 2일 남아 있었다. 그는 쭈뼛거리며 당황했지만 나는 밀어붙였다. 미국에서 서울 쉼터로 필요한 서류를 받았다. 공증을 하여 원서를 내는 데 재정 보증인이 필요했다. 통장 잔액이 1만 불 이상 있어야 했다. 마감 날 서광교회 송영식 목사에게 부탁하여 가까스로 접수했다. 일이 일사불란하게 이루어지는 것을 보면서 하나님의 인도하심을 실감했다. 너는 하나님이 쓰시려고 시카고에서 부르셨다고 하면서 그를 꼭 껴안고 눈물로 기도했다. 한글을 제대로 알지도 못해 어려움이 있었지만 합격하였고 그가 걱정하던 등록금도 전적인 하나님의 은혜로 마감 날에 낼 수 있었다. 서울 쉼터에서 학교를 다니며 예배를 착실히 드렸다. 교수님들로부터도 칭찬받는 모범 학생이 되었다. 4학년 때에는 교수님 중에서 성복중앙교회 담임 목사님이 계셨는데, 그 교회는 7명 정도 드리는 영어 예배가 있어 큰 기대 없이 전도사로 사역을 시켰다. 대학원 졸업 때까지 사역을 했는데 점점 부흥이 되어 동남아 노동자들, 고대 외국인 학생들 등 100명을 넘어섰다. 총신대에서 아름다운 짝을 만나 결혼도 하였다. 신대원 졸업 후에는 보스턴 도든코넬신학대에서 THM 학위를 받고 보스톤장로교회에서 청년부를 맡았는데 부흥하였다. 그 후 청주 상당교회에 청빙을 받아 청주로 왔다. 우리는 매달 청주교도소 등의 집회를 다니며 같이 동역했다. 청주상당교회도 30명에서 150명으로 부흥했다. 그는 설교 때에 자기는 마약 중독자였으며 강원도 횡성 산속에서 매일 수제비로 점심을 먹으면서 예수님을 만나 목사가 되었다고 간증했다. 성도들이 가보고 싶다 하여 방문하였다. 함께 예배도 드리고, 특히 미국에서 온 형제들과 성도들이 좋은 교제를 했다. 그가 묵었던 작은 방에 들어가 본 그들은 살아 계신 하나님을 찬양하며 눈물지었다.

그때는 여주교회 공사 인부들에게 임금을 지급해야 하는데 독촉을 받으면서 대책이 없어 피를 말리는 중이었다. 놀랍게도 외국인 성도를 중심으로 헌금을 하였는데 907만 원이었다. 1000만 원 중 900만 원이 모자랐었는데 정확하게 맞추어 지급하게 된 것이다. 그는 곧 워싱턴 중앙장로교회로 청빙을 받았다. 청주에서는 붙잡았지만 나는 하나님께서 더 공부하기를 원하시고 지금 전쟁보다 무서운 중독을 예방하고 치유하는 일에 하나님께 쓰임받는 사역자가 되라며 미국으로 가기를 권했다. 권 목사는 그 지역에서 가장 큰 교회의 청년부를 맡았고 약 70여 명이 출석하였는데 현재는 250명이 출석하고 했다. 나는 초청을 받아 그곳에서 집회도 하였고 중독으로 어려움당하는 형제도 우리 선교회로 왔다. 나는 미국 집회를 갈 때마다 그의 집에서 묵었다. 마약으로 폐인이 된 이가 아름다운 가정을 세워 아들딸을 선물로 받고 교회의 중독자 가정을 돌보며 쓰임받게 되어 얼마나 기쁜지 모른다. 담임목사뿐만 아니라 많은 사역자들이 자기들이 감당하기 어려운 중독자와 가정의 문제를 도맡아 하는 것에 감사와 칭찬을 하고 있었다.

딸 혜정이의 미국 생활은 고생길이었다. 딸을 데리고 온 목사가 목회의 많은 어려움을 당하게 되었다. 딸을 전적으로 가르치고 도우려고 했지만 만만치 않았다. 교회의 문제 때문에 딸은 성도의 집으로 이사를 했고 여러 아르바이트를 해야 했다. 그렇게 일을 하며 공부하는 딸은 꼬박꼬박 후원금을 보냈다. 딸에게 아무것도 해 주지 못하는 부모로서 마음이 아팠다. 딸의 결혼을 위해 매달리며 기도했다. 그러던 중 딸이 아르바이트를 하던 비디오가게에서 성일교회 목사를 알게 되어 그 교회에 나갔다. 청년부를 섬기며 교사로 봉사하면서 상담원으로 활동했다. 아내가 전화로 결혼을 하라고 성화를 하던 중 같은 교회 청년과 결혼을 하게 되었다. 아내는 결혼 준비를 위해 딸에게 갔다. 돈을 보내 달라고 했지만 우리는 매일이 어려웠다. 청첩장도 보내지 못했고, 친척들과 몇몇 후원자, 사역자들이 준 축의금은 3백만 원이 되지 못했다. 그때는 제대한 아들이 복학해야 하는 시기였다. 등록금을 못 내면 1년을 더 쉬어야 했으므로 딸의 축의금을 아들 등록금으로 냈다. 결혼 날짜가 다가와 가야 했는데 아내의 전화를 받을 때마다 가슴이 아팠고 그때마다 오직 기도했다.

가는 날, 공항에 사무실 봉사자가 배웅을 하며 "목사님, 그래도 어떻게 한 푼도 없이 가십니까?" 하였다. 자기 쌈짓돈 2만 원을 달러로 바꾸어 주었다. LA공항에 가면 짐을 챙겨 주고 휠체어로 안내해 주는 이에게 팁을 주어야 하는 것이 생각나 감사히 받았다. LA 공항에서 마중 나온 아내와 딸을 만났다. 아내는 얼마를 가지고 왔느냐며 귓속말로 물었다. 대답을 못하는 나에게 계속 쿡쿡 찌르며 물었다. 손가락으로 찌르는데 마치 비수로 찌르는 것 같이 아팠다. 딸의 집에 도착했다. 가방을 뒤지던 아내는 울음을 터뜨렸다. 어쩜 이럴 수가 있느냐, 교도소에는 그렇게 퍼 부어 주면서 자식에게는 이렇게 인색할 수 있느냐며 퍼부었다. 딸 등록금을 해 준일이 있느냐, 명절에 과일도 없이 지낸 건 아느냐고. 제대로 옷 한 벌, 운동화 한 번 사준 적이 있느냐, 도대체 아버지로서 방 한 칸이라도 제대로 해 준 일이 있느냐, 빈손으로 딸 결혼식에 오는 아버지가 어디 있느냐 하였다. 미국에서는 결혼식이 끝나면 결혼식에 경비를 신랑 집과 반반씩 그 자리에서 계산을 한다는데, 불쌍한 내 딸이 평생 무시당하고 살 텐데. 하며 아내는 통곡하며 흐느꼈다. 나는 아무 말 못하고 눈물만 흘렸다. 아내는 쌓였던 것들을 더 토해 냈다. 미국 집회를 다닐 때 앞 못 보는 남편 목사 시중드는 것이 고생이 많다며 주머니에 넣어 주는 얼마 되지 않는 돈까지 다 가지고 가고, 샌티에고의 외삼촌 오빠가 아이들에게 준 돈도, 뉴욕 언니가 준 5백 불도 다 빼앗아 가지 않았나며, 애들 옷이라도 사 주고 싶어 면세점을 기웃거리면 손을 꼬집으며 끌어가는 당신이 아버지가 맞냐며 울부짖었다.

결혼식 날이 다가오고 있었다. 일기 예보에서는 소낙비가 계속 쏟아지는 날씨라고 했다. 교회 잔디밭에 피로연을 준비했기에 비가 오면 큰 낭패였다. 둘 다 유학생이라 하객이 너무 적을 것도 걱정되었다. 가장 큰 문제는 결혼식 경비였다. 아내는 걱정이 태산이었다. 나는 기도하면 하나님께서 틀림없이 해결해 주실 것이라고 말했다. 아내는 기도를 하면서도 비가 올 때의 준비를 하자고 교회 목사님과 만나기도 했다. 그러나 다른 장소를 빌리면 경비가 만만치 않았다. 나는 교도소 사역을 하면서도 가는 곳마다 비 한 방울 맞지 않고 선교를 했던 체험이 여러 번이었기 때문에 우리 하나님을 믿고 기도하자고 하였다.

결혼식 아침 비가 무섭게 쏟아졌다. 아내는 한숨을 쉬며 대책을 마련하지 않은 것에 걱정했다. 그러나 11시가 되자 비가 그치고 햇빛이 눈부셨다. 잔디도 비 덕분에 깨끗하게 씻기고 한 시간도 되지 않아 물기도 말끔히 말랐다. 하객들이 오기 시작했다. 집회에 참석했던 교회의 성도들, 중독자 세미나에 참석했던 가족, 한국에서 영어캠프를 하셨던 미국 교회 목사님, 전도사님, 성도들, 김운연 목사님 부부, 이근호 목사님과 사모님 등 자리가 부족할 지경이었다. 감사했다. 축의금으로 경비를 신랑과 반반씩 내고도 300불이 남았다. 이 돈은 신혼여행을 가는 딸에게 아내가 쥐여 주었다.

지금은 손자가 셋이다. 아내는 딸이 어려울 때 달려가 손자들을 돌보아 주며 아직 영주권을 받지 못한 딸에게 항상 미안한 마음으로 엄마 노릇을 하려고 하고 있다. 딸은 유학 생활로 힘들어 하는 가정들에게 위로와 기도로 힘이 되어 주고 있어 감사하다.

여주 선교회의 설계를 위해 우리 출신 집사가 유명 교수님을 소개해 주었다. 또 우리 출신 장로가 친구 설계사를 소개했다. 약 7천만 원이 설계비로 소요될 것이었다. 형편상 건축 준공 후에 대출을 받아 지급하기로 했다. 파격적인 조건이어서 감사했다. 그런데 후원을 계속하던 선교회 1등 공신 집사님의 소개로 설계를 무상으로 헌금하겠다는 설계사가 나타났다. 처음에는 한 동씩 차례로 자금이 되는 대로 건축하려고 했으나, 중독자 치유를 겸한 교회를 건축하는 것이니 인원 관리에 용이하도록 한 동으로 크게 설계했다. 더욱이 교회당이나 치유실에 자동 칸막이를 할 수 있도록 설계하면 효율적이라고 하여 새로운 설계사에게 설계를 부탁했다. 그러나 몇 달이 지나 설계비를 요구했다. 게다가 감리비와 출장비도 요구하였다. 처음에 설계 헌금을 하겠다는 말도, 자동 칸막이 설계도 지켜지지 않았다. 우리 형편으로 당장 설계비를 줄 수 있는 형편이 못 되어 포기했다. 다시 박 장로의 친구를 소개받아 계약하고 설계하고 건축허가를 받는 데 2년 이상 걸렸다. 1차로 약 1500평만 산지 전용 허가가 나왔다. 남은 1100평 산지도 허가를 받기 위해 사택과 게스트 하우스로 설계하여 허가를 신청했다. 그러나 환경부 환경평가에서 고바위 급경사 때문에 허가가 나지 않았다. 우리는 간절히 기도했고 그날 밤 기적이 일어났다. 밤에 폭우가 쏟아져 급경사의 토사가 흘러내려 경사가 완만하게 된 것이다. 고바위는 작은 동산으로 변했다. 아무 어려움 없이 허가가 나왔다. 남은 1100평 산지의 허가를 받을 때는 우리 형편에 꼭 받아야 하느냐는 사람도 많았다. 그러나 여주군의 종교시설 면적이 얼마 남지 않아 앞으로 허가받기 어려워진다는 측량회사의 말을 들었던 터였다. 허가를 받으면 후임자가 건축하여 사용하도록 하는 것이 내 할 일이라고 생각하여 고집스럽게 밀어붙여서 부담스러웠는데, 하나님의 은혜로 허가가 나서 얼마나 감사했는지 모른다.

2009년 건축허가가 나왔다. 건축을 하기 위해 도로공사와 토목공사를 해야 했다. 마침 여주군에서는 입구에 하수종말처리장 시설을 하면서 7평을 기부하면 200m 공사를 해 주겠다고 했다. 너무나 좋은 제안이었다. 억 단위로 도움받을 수 있는 금액인 것이다. 땅을 기증한 집사님에게 이야기했지만 하수종말처리장을 처리하는 것에 거절하였다. 그러자 여주군 하수과에서는 약 5평의 우리 땅 사용 허가를 해 주면 200m 공사를 해 주겠다고 했다. 더 좋은 조건이었다. 집사님이 소개한 강 사장과 조 사장에게 사용 허가를 내도록 했다. 그러나 그들은 자기들이 직접 하수과에 들어가 약 400m 공사를 하기를 원했다. 그래서 담당 공무원에게 가서 도로 전체를 공사해 주어야 사용허가서를 주겠다고 했다. 하수과 과장 등 담당자들이 거부하자 사용 허가서를 그냥 들고 왔다. 나는 공무원들이 마음대로 할 수 있는 것이 아니므로 200m 공사를 다시 부탁해 보자 했지만, 그들은 우리가 가만히 있으면 그들이 찾아와 사정할 것이라고 버텼다. 그러나 담당 과장은 설계를 변경하여 입구를 다른 곳에 내기로 했다. 우리가 빌어도 이미 결정 났으니 되돌릴 수 없다고 차갑게 말했다. 너무나 아쉬웠다. 몇 억

공사 대금을 절약할 수 있고 진입로의 난공사도 해결할 수 있는 기회를 놓친 것이다. 그 후로 진입로 도로공사가 제대로 되지 않아 폭우가 쏟아질 때마다 토사가 논을 덮치고 하수종말처리장과 하수구가 막혀 어려움을 겪었다. 복구 작업을 위해 경비가 많이 들었다. 어려움이 몇 년 동안 반복되었다. 폭우가 내리면 산 위에서 토사가 밀려 왔다. 우리 형제들이 밤을 새워 전쟁을 치렀다. 몸을 던져 물과 사투를 벌이며 모래주머니로 토사를 막아 하수종말처리장으로 들어가는 것을 막았다. 만약 2~30억 원이 넘는 기계를 덮치면 그 손해를 감당할 수 없으니 사력을 다했다.

이런 어려움을 겪고 있을 때였다. 춘천에서 알코올 중독으로 죽기 직전에 우리 선교회에 와서 회복된 형제가 나섰다. 하나님께 생명을 살려 준 은혜를 갚겠다며, 자기가 손수 토목공사를 일부라도 봉사하겠다며 컨테이너 생활을 하면서 건축을 준비했다.

그는 알코올 중독으로 병을 얻어 몸의 반을 쓰지 못했다. 왼쪽 다리를 절며 걸었고, 혀가 굳어 말도 못했다. 병원에서도 더 이상 치료할 수 없다며 퇴원을 시켰다. 부인은 식당에서 일을 했는데 누워 있는 남편 곁에 소주 몇 병을 사다 놓고 출근을 했다. 수시로 집에 와 남편이 숨을 쉬는지 아닌지 확인했다. 그러다 어느 목사님의 소개로 횡성에 왔다.

그는 팀장과 같은 방 형제의 도움으로 칡물과 죽 등을 먹으며 조금씩 회복했다. 처음에는 전혀 적응하지 못했다. 술 생각이 나자, 집에 수십 번 전화를 하여 알아듣지 못할 말로 소리를 쳤다. 빨리 여기서 데리고 가 달라는 것이었다. 어느 날은 택시를 타고 집으로 가려고 절뚝거리며 나갔다. 그때 양평치유센터로 상한 감정 치유 프로그램을 떠나기 위해 준비하는 팀장에게 이끌려 차에 타고 양평으로 갔다.

그는 어머니와 누나 등 온 가족이 알코올 중독이었다. 아내는 시집와서 식구들이 이 방 저 방 술 취해 있는 모습에 너무 황당하였다. 그는 어려서부터 너무 가난하여 제대로 공부하지 못했다. 이곳저곳을 다니며 어렵게 공부를 하여서 학벌에 대한 열등감이 상처가 되었다. 건설 중장비 임대 사업을 하다 사기를 당했고, 친구 은행 보증으로 재산을 다 탕진하여 마음에 큰 상처를 받아 알코올 중독에 빠져들었다. 가난과 제대로 배우지 못한 열등감, 배신당한 분노가 그를 병들게 하였다.

그는 치유 과정에서 말을 하지 못하니 글로 써 내려가다가 몸을 제대로 가누지 못할 정도로 오열했다. 치유를 받은 그는 원한에 사무친 한 사람 한 사람을 진심으로 용서하였다. 자기가 상처를 준 부인과 자녀에게 참회할 때에는 눈물콧물 침까지 뒤범벅되어 보는 이의 가슴을 찢었다. 그는 자기 자신을 정죄하던 일을 사람들에게 고백했다. 예전에 그는 싸움을 하다 쇠파이프로 상대방을 때려 다리에 크게 상처를 주었는데 이로써 상대방은 장애인이 되어 버렸다. 그는 이 일을 참회하며 몸부림쳤다. 그의 흐느낌과 울음이 그치지 않았다. 이 고백으로 그는 죄책감에서 해방되었다. 성령 체험의 밤에 그에게 성령이 임하셨다. 그 이후 놀랍게도 찬양을 조금씩 따라 부를 수 있게 되었다. 걷는 것이 점점 좋아졌다.

그는 놀랍게도 혀가 점점 풀려 갔다. 몸도 치유되어 정상적으로 걷게 되었다. 그는 세례를 받고 수료하여 춘천으로 돌아갔다. 며칠 후 그가 전화를 했다. 좋은 직장에 들어가 일을 하게 되었다는 것이었다. 그러나 또 며칠 후 전화가 왔다. 새 직장은 주일에 두 번 출근을 해야 하는데, 주일 성수를 위해 직장을 포기했다고 했다. 주일에 쉬는 직장을 찾을 수 없으니 당분간 막노동을 하겠다는 것이었다. 그 어머니는 미신을 믿고 우상을 섬기던 가정이었는데, 진실한 믿음의 가정으로 아름답게 세워졌다. 그는 새 교회에서 매일 새벽기도를 드리고 교회 화장실을 청소하며 교회 건물을 수리했다. 교회버스 운전 봉사도 했다. 하나님과 목사님, 성도 모두에게 칭찬받는 집사가 되었고, 몇 년 후에는 남전도회 회장으로, 전도왕으로 성장했다. 나는 너무나 기뻤다. 그는 수시로 우리 형제들이 먹을 떡을 해 오고 빵과 음료를 사 왔다. 헌금도 항상 준비해 왔다.

형제들을 위해 떡을 해 온 어느 날 그는 건축헌금 봉투를 건넸다. 우리는 감사기도를 하고 부목사에게 건축헌금 통장에 입금하도록 했다. 부목사는 봉투에서 돈을 꺼내면서 "아, 목사님, 수표가 여러 장이네요." 했다. 나는 빚을 갚아 가고 있어 어려운 그가 십만 원짜리를 여러 장 넣은 것이라 생각하고 '너무 많이 헌금을 했네.' 하고 생각했다. 그런데 부목사가 깜짝 놀라며 "백만 원짜리 열 장이에요. 천만 원이에요." 했다. 너무 놀라서 "아니 이럴 수가, 아냐 아무리 우리가 어렵지만 그 형편을 아는데 어떻게 받을 수 있겠어." 했다. 그리고 그에게 하나님께서 그 마음을 아시니 100만 원만 헌금하고 남은 금액은 가지고 가라고 했다. 그러나 그는 나를 살려주신 하나님께 너무 적고 부족하여 죄송스러울 뿐이라며 뿌리치고 돌아갔다. 그 후로도 어렵게 모아 100만 원씩 자주 건축헌금을 통장으로 보내기도 하고 직접 가지고 오기도 하며 아낌없이 몸도 물질도 하나님께 바쳤다.

어느 날 나는 그의 전화를 받았다. 그는 흥분하여 소리쳤다. "목사님 금을 찾았어요!" 나는 어안이벙벙했다. 장롱을 정리하다가 금이 20량이 나왔다고 했다. 건축의 어려운 사정을 알고 있는 그는 나의 피 말리는 어려움을 지켜보면서 항상 눈물로 기도했다. 목사를 욕하는 소리를 들으면서 그는 가슴 아파했던 그였다. 그는 당장 보석 가게로 달려가 230여 만 원을 그대로 통장으로 송금했다. 그렇게 자동차 기름값이 없어 주유소 아줌마에게 구박받고 몇 천 원이 없어 심지어 우리 형제들에게도 업신여김을 당하던 나는 나도 모르게 울컥 눈물이 쏟아졌다.

여주 생명의 교회 건축

2015년 완공된 여주 생명의 교회에서는 세계십자가선교회의 목회 철학에 따라 치유 공동체로서 지극히 작은 자들을 대상으로 신앙 교육과 훈련을 계속 이어 갈 것이며 새롭게 치유 사역자 훈련을 위한 사랑치유학교와 교도관 등 출소자 중독자 사역에 부름받은 지도자들을 위한 훈련 프로그램을 계획하고 있다.

"너희가 그 은혜로 인하여 믿음으로 말미암아 구원을 얻었나니 이것이 너희에게서 난 것이 아니요 하나님의 선물이라 행위에서 난 것이 아니니 이는 누구든지 자랑치 못하게 함 이니라"(엡 2:8~9)

이처럼 여주 생명의 교회 건축은 전적인 하나님의 은혜요, 사랑이요, 선물이요, 축복이다.

삼성에서 근무하다가 알코올 중독으로 폐인이 된 형제가 선교회에서 치유 회복이 되어 그 문중 친척이 하나님께 감사로 삼천삼백 평의 절대 산지를 헌납해 주었다.

횡성 교육청과 마을의 수의 계약으로 횡성선교회가 자리한 폐교에서 떠나라는 독촉에 시달리던 우리는 하나님께 감사의 눈물과 소망의 기도로 속히 건축이 이뤄지기를 기도하였다. 점심은 수제비나 라면으로 그날그날 일용할 양식으로 살아가던 우리에게는 공사를 위해 기도밖에는 아무것도 할 게 없었다.

그러던 중 놀랍게도 워싱턴 온누리 드림교회 이근호 목사님과 40명의 성도들이 일만 오천 불을 헌금함으로 갖가지 허가를 받아가며 도로 공사 등을 할 수 있었다. 미국 집회를 통하여 뉴욕 퀸스한인교회 등 미주 교회와 성도들이 눈물어린 헌금을 모아주었고, 우리 선교회 출신 형제들이 자원하여 토목공사에 참여해 주고 헌금을 모아 와 자금이 허용하는 범위 안에서 조금씩 진행할 수 있었다. 무료로 건축 설계를 해 주겠다는 어느 집사님의 어려움 때문에 건축 설계가 세 번이나 바뀌는 과정을 거치며 드디어 2009년 9월에 건축공사가 시작되었다. 그러나 2개월이면 끝낼 수 있는 골조공사는 자금의 어려움과 건설회사의 문제로 2층에서 공사가 멈추고 말았다. 그리고 매서운 바람과 함께 겨울이 찾아왔다.

우리 형제들은 순번을 정해 금식하는 가운데 3층 옥상과 골조공사만이라도 마무리 되게 해 달라고 하나님께 부르짖었고, 그러던 중 마약 중독과 조직 깡패로 악명 높았던 형제가 일천만 원을 헌금해 왔고, 우리 출신 형제들도 눈물 어린 헌금을 보내왔다. 또한 이름을 밝히기 꺼리는 분의 헌금까지 모아져 옥상까지 공사를 끝마칠 수 있었다. 그렇지만 노동자들의 노임을 제대로 주지 못해 기물 파손과 견딜 수 없는 협박과 공갈 등에 수개월 동안 시달렸다. 그때, 어느 대형 교회 목사님이 건축을 하면서 그 중압감으로 골조 옥상에서 떨어져 자살을 하려고 몇 번이나 골조 난간에 올랐는지 모르며, 밤중에 팬티 바람으로 한강변으로 도망을 친 경우도 있다는 간증이 얼마나 피부로 다가왔는지 모른다. 그럴 때마다 하나님께 한걸음씩 더 가까이 나아갈 수 있었고 하나님께서는 오히려 이러한 상황에 감사하는 마음을 갖도록 은혜를 주었다.

그러던 차에 여러 건설 회사로부터 달콤한 유혹들이 밀려들어 왔지만 그중 오천만 원의 노임을 해결해 주며 4개월 내로 남은 잔여 공사를 완공하고 준공을 받아 은행대출로 공사대금을 받아 가겠다는 건설회사와 계약을 하고, 겨우 인건비 미지급으로 인한 시달림에서 벗어날 수 있었다. 공사비를 지급하지 못한 거래처와는 공사가 준공된 후에 은행대출로 우선 지급하기로 서면으로 약속을 하게 되면서 감사와 기대 속에 공사는 다시 진행되었다. 그러나 이 건설회사도 처음에는 활발하게 공사를 진행하는 것 같았지만 한 달이 채 되지 않아 지지부진해졌고 소방, 설비, 전기, 내부, 조적 등 벌여 놓았던 공사도 제대로 마무리하지 못하고 공사를 중단하고 말았다. 또 다른 토목공사와 도로공사도 땅을 파헤쳐만 놓고 제대로 정리가 되지 않은 상태로 있다가 게릴라성 폭우로 인하여 주변 논을 덮치고 하수종말처리장 공사에 피해를 주면서 또다시 큰 어려움을 겪을 수밖에 없었다. 몇 년 동안 여름 폭우는 계속되었고, 최고 8백mm의 강수량에 그때마다 우리 형제들이 육탄으로 고생고생하며 홍수를 막아내야 하였다.

건설 회사는 여전히 공사의 시작을 다음 달 다음 달로 미뤄 가며 번번이 약속을 어겼으며 나도 덩달아 미지급한 거래처에게 한 약속을 지키지 못하게 되자 거래처로부터 가압류가 들어오기 시작하였다. 심지어 경매까지 들어왔고, 이러한 상황을 알게 된 은행에서는 은행대출금을 연장해 주지 않아 장기연체와 은행경매라는 압박에 시달리며 그야말로 사면초가에 놓였다. 엎친 데 덮친 격으로 여주군청에서도 산지전용 허가기간이 만료가 되어 이를 위해 보증보험을 끌어와야 했는데 서울보증보험으로부터 경매와 연체 등, 신용이 좋지 않다는 이유로 거절당할 수밖에 없었다. 이젠 모든 것이 끝났다고 주위에 많은 사람들이 비아냥거렸다.

공사를 위해 수차례 있었던 우리 형제들의 릴레이 금식이 또다시 시작되었다. 형제들 중에는 일주일, 열흘, 보름 동안 금식하는 형제들도 있었고, 더구나 교도소에 있는 재소자 형제들도 함께 금식에 동참하였다. 하나님께서는 이 세상 사람들로부터 버림받고 가족으로부터 외면당하는 우리 형제들을 사랑해 주시며 이들의 기도를 외면하지 않았다.

목사가 돈을 빌려 달라는 것처럼 어려운 일은 없을 것이다. 여기저기 어렵게 돈을 빌리기 시작했고, 많게는 이천만 원, 천만 원, 몇 백만 원 등을 빌렸고, 김종일 장로님은 그 자리에서 천만 원을 헌금하기도 하였다. 이미 삼백만 원을 헌금하신 나권사님은 전화로 기도를 하는데 갑자기 하나님께서 삼백만 원만 헌금했다고 꾸중하여 나머지 이천 칠백만 원을 보내주었다. 이를 통해 하나님의 역사하심을 절실히 깨달았으며 눈물로 하나님께 감사를 드리며 헌금을 보내온 열 분을 위해 기도하였다.

특별히 감사한 것은 선한목자교회의 철야집회에 초청받아 우리 형제들이 찬양을 하고 나는 간증을 하였는데, 놀랍게도 철야예배 헌금이 일천 칠백만 원이 모이게 되었다. 그때그때마다 경매를 들어온 거래처와 가등기를 한 거래처를 찾아가며 지급할 금액 전부와 일부를 지급하였고 경매 등 모든 가압류를 깨끗이 정리한 후에 은행 연체이자와 원금 일부를 갚게 되면서 은행거래도 정상화되었다. 우려했던 문제가 풀리자 서울보증보험을 통하여 여주군청에서 산지전용 허가를 취소하는 결재서류가 올라가게 되었으나 보증서가 해결되어 기적적으로 하나님께서 해결해 주셨다.

강력한 태풍은 지나갔지만, 결혼 준비 자금을 빌려 제 날짜에 갚지 못해 마음 졸이며 애타다가도 갚을 수 있게 되어 큰 한숨을 돌릴 때가 있는가 하면, 빌렸던 여러 자금들을 우리 출신들이 헌금으로 여겨 달라는 고마움에 눈물을 흘리기도 했다. 너무 오랫동안 갚지 못하다가 겨우 갚을 수 있어 감사하면서도 미안했다.

건설회사는 계속해서 공사를 미뤄가며 세월만 보내고 있는데, 뉴욕 퀸스 한인교회 한진관 목사님 부부가 매년 방문하시며 횡성과 쉼터에 머무시면서 건축헌금을 만 불씩 해 주었다. 그 자금으로 도로공사를 하며 돌을 쌓고 있는데, 효성돌 회사에서 돌을 납품하던 배상무가 우리 돌공사하는 모습을 보고 어처구니가 없었는지 차라리 자기들에게 공사를 맡기면 준공 후 은행대출로 결재로 받겠다고 하여 보광토 공사와 흉관 공사를 이미 했던 부분을 제외하고 공사를 맡겼지만 부실공사로 2013년 7월 5일, 2백mm 폭우에 돌 쌓은 것이 무너지고 보광토가 무너졌다. 그들은 일방적으로 공사를 중단하였고 오히려 우리에게 가압류를 해오는 어처구니없는 일이 벌어졌다. 다시 공사는 중단되었다. 신진엔지어링에서 공사를 계약하여 윤소장이 현장으로 들어와 숙식을 하며 공사를 재개하려 했지만 자금 사정으로 연기되었고 또다른 정사장이 공사를 하겠다고 하여 계약을 했지만 창호 등 경계석 공사를 조금 하다가 또 다시 중단되어 공사는 계속 지연되는 어려움을 겪어야만 했다.

그러나 하나님은 우리 인간의 생각과는 전혀 다른 생각과 계획을 가지고 있으셨다. 본인 스스로 하나님께서 우리 교회를 건축하도록 보냈다고 하는 윤소장이 모든 건축을 주도하며 공사를 우리 형제들과 함께 시작한 것이다. 우리 형제들과는 공사를 할 수 없다던 윤소장을 밀어붙여서 레미콘으로 도로를 포장해야 했는데 포클레인과 우리 형제들의 손으로 공사를 해나갔다. 감사하게도 북내면 한국철물에서 모든 자재를 외상으로 공급을 받을 수 있어 공사가 급진전되었다. 또한 우리 출신인 이레 김인홍 목사로부터 황토 벽돌을 공급받아 우리 형제들의 땀과 수고로 황토방을 만들게 되었다.

그러던 중 옥시스톤 윤영식 사장님으로 부터 몇 년 만에 전화가 왔다. 우리 형제들이 서원교회 교육관 건축 봉사를 하던 차에 그 공사를 주관했던 장집사님의 소개로 몇 년 전 횡성으로 찾아와 함께 예배를 드리고 이백만 원을 헌금하신 분이다. 우리도 예쁜 돌로 건축하게 해달라고 기도했는데 전화가 와서 너무 반가웠다. 사장님은 기도하며 때를 기다려 왔고 이제야 헌금을 하게 되었다면서 매달 백만 원을 헌금해 주겠다고 했다. 나는 사장님께 여주공사를 말씀드리고 은행대출로 지급해 주는 조건으로 돌공사를 부탁드렸더니 기도해 보고 연구해 보겠다고 했다. 며칠 후 사장님은 본인이 사용하려고 준비해 놓은 돌이 있는데 우리 교회에 헌납하겠다고 하며 다만 인건비는 우리가 부담해야 한다고 전해왔다. 너무 감사하고 감사해서 괴산 회사로 찾아가 인사를 드렸다. 윤사장님은 대형 트럭을 불러 손수 차량 경비를 모두 지급하며 돌공사를 할 수 있게 해주었다. 외벽 돌 붙이는 인건비는 3천만 원 정도가 들어가야 하는데 자금이 막막하였다.

출신자 중에 권단열 목사는 시카고에서 마약으로 폐인이 되어 미국에서 하루에 5백 불 병원비를 주는 병원에서도, 어느 곳에서도 중독에서 해결받지 못해 우리 선교회로 오게 되어 치유 회복되었는데, 미국 유명 공과대학 3학년을 다니다가 중퇴하여 한국총신대학으로 편입하여 학업을 마쳤고 이어 총신 신대원을 졸업한 후 보스톤 고든 코넬 신학교에서 Th. M 학위를 받은 후 청주 상당교회 영어 예배 목사로 부임을 받아 사역을 잘하여 부흥시켰으며 성도들에게 자신이 마약중독자 출신으로, 십자가선교회에서 훈련을 받고 목사가 되었다고 간증하며 횡성 교육장을 교인들과 방문하여 은혜를 나눴으며 외국인 성도들은 9백 9만 원의 헌금을 모아 주었다.

지구촌교회 이성미 전도사님은 교회 성도분 중 여성 알코올 중독자를 데리고 와서 직접 함께 상한 감정 치유 프로그램에 동참하며 알코올 치유에 크게 관심을 가졌다. 감사하게도 여성 알코올 성도는 회복이 되었고 자녀들과의 관계도 회복된 가운데 하나님의 큰 은혜로 딸들이 다 결혼을 하여 손자 손녀를 보며 식당을 잘 운영하게 되었다. 놀랍게도 이 전도사님은 퇴직금을 직접 교회에서 선교회로 보내도록 하셨고 이처럼 퇴직금 일천 오백만 원을 건축 헌금으로 보내주며 중독자 한 사람이 살면 가정이 산다며 기뻐했다.

오찬석 권사님은 성남 지역 알코올 노숙자들을 횡성까지 직접 데리고 오기도 하며 선한목자교회 봉사국장을 지내면서 많은 도움을 주었다. 타일공사를 선한목자교회 봉사부에서 해주었고 권사님은 모금을 하여 자재 대금을 보내 주시며 공인회계사들을 통하여 각종 한국철물에서 구할 수 없는 자재 구입과 정화조 공사비 등을 보내주었다. 더욱이 대우증권으로부터 많은 후원을 받도록 주선해 주었으며 LG로부터 장판, 벽지, 바닥재 등을 풍부하게 공급받도록 해주었다.

김종일 장로님은 여주교회 건축 현장을 방문하여 예배를 드린 후에 이천만 원으로 정화조 공사 대금 일부를 해결해 주기도 하였다.

하나님께 더욱 감사할 일들은 교도소에서 출소한 우리 형제들이 훈련을 받으면서 실내 인테리어 각 분야별로 봉사를 해 주었고, 3개월 훈련을 마친 후에 사회로 한 사람씩 돌아가게 되었다. 세상에서 손가락질받고 가족들에게 쓰레기처럼 버림받은 우리 형제들을 하나님께서는 사랑해 주시며 구원해 주시며 하나님 나라 세우는 일, 교회 건축에 써 주시는 것이다. 더욱 놀라운 일들은 술 취하여 망가지고 소주 한잔을 위해 너무나 추하고 형편없는 인생을 살아온 형제들을 그래도 하나님은 사랑해 주시고 회복시켜 주신 것이다. 더욱이 그 형제들이 하나님 앞에 몸이라도 바쳐 건축에 한몫을 하는 모습은 너무 아름다웠다.

누가 이들에게 돌을 던질 수 있겠는가? 알코올성 간질이 있는 형제가 천장 택스 작업을 하고 실내 장식을 하며 토목공사도 했다. 알코올성 치매로 화장실도, 자기 방도 찾지 못하는 형제가 이리저리 헤매면서 잔심부름에 동참하며 치유되어 가는 모습은 참으로 아름다웠다. 전자발찌를 찬 형제들이 비지땀을 흘리며 질통을 지고 위험한 외벽 아시바에서 수고하는 모습을 우리 하나님 보시기에 좋았더라고 말하고 싶다.

마지막 마감 공사는 전문 기술이 필요한데 술에 넘어져 왔다가 모든 사업을 접고 지붕 등 마감 공사를 돕는 형제가 있는가 하면, 또 다른 형제는 술에 실족해 왔다가 부장으로 일하는 회사에도 출근하지 않고 돌계단 공사를 해주었다. 사업하는 형제는 헌금 등으로 재물을 드리는 모습이 너무나 감사할 뿐이다. 때를 따라 돕는 하나님의 손길에 감격하고 눈물 흘렸다.

지독한 알코올 중독으로 폐인이 다 되었던 박광봉 장로는 23기로 치유 훈련을 받고 소방 사업을 맨발로 뛰며 사업을 시작하여 이제는 어엿한 주식회사로 삼천포 화력 발전소뿐만 아니라 대단위 아파트까지 소방 점검을 하는 사업으로 발전하였으며, 하나님께서는 이처럼 박 장로를 인도해 주었다. 작년 8월 9일에 생명의 교회에서 장로로 안수받은 후 건축에 적극 가담하여 건축 헌금과 필요한 자금을 빌려 하나님께 아름답게 쓰임받고 있다.

알코올 중독으로 혀가 굳어 말을 할 수 없게 되었고 반신불수가 되어 제대로 걷지도 못했던 윤영호 장로는 지난 2월 생명의교회 두 번째 장로로 임직하였다. 주님의 은혜로 고침받아 좋은 직장에 다닐 수 있게 되었지만 주일성수를 제대로 하지 못하는 직장이라 포기하고, 철저한 주일성수를 하면서 일용직 노동을 하며 중장비 면허를 하나하나 취득한 후에 여주교회 건축을 시작하면서부터 현장으로 달려와 노동 등으로 봉사를 하였다. 1년 6개월 동안 봉사를 하면서 빚을 갚으면서 어려운 형편에도 천만 원을 건축 헌금으로 선뜻 내놓는가 하면, 장롱 깊은 곳에 두었던 금 열 냥을 어느 날 우연히 발견하여 기쁨으로 팔아 이백 삼십만 원을 건축헌금으로 드렸다. 한전 중장비 기사로 계약되어 그때그때마다 백만 원, 이백만 원 등 계속하여 헌금을 할 뿐 아니라 마지막 공사에 필요한 기술 등으로 건축공사에 동참해 주었다.

감사하게도 경기노회 교회들도 여주 생명의교회를 위해 건축헌금을 모아 보내오셨고, 일원동교회와 의왕 본교회, 서광교회가 일천만 원과 일천 칠백만 원 등을 헌금해주었다. 도로 아스팔트 공사를 위하여 몇 개월 동안 기도하며 자금을 차용해 보려고 애썼지만 우리 힘으로는 도저히 할 수가 없었는데, 감사하게도 동원건설 사장님이 금년부터 우리 교회로 출석하면서 이렇게 아름답게 아스팔트 도로공사가 완공되었다. 본당에 필요한 집기들을 마련할 일들이 있었는데 하나님의 은혜로 토목 준공을 받았고 마지막 건축 준공심사도 통과시켜 주셨다. 우리가 기도했던 것보다 하나님께서는 훨씬 아름답게 교회 건축을 해 주시며 생명의교회를 인도해 주셨던 것이다.

모든 영광을 하나님께서 홀로 받으시며 찬양을 받아 주시기를 소원한다.

선교회의 오늘 뉴욕 타임즈 기자가 다녀갔다

최근 뉴욕타임즈 기자가 다녀갔다. 입양된 추방자 중 한 형제가 며칠 전 14층 아파트에서 투신자살을 하여 크게 사회 문제가 되었다. 바로 그는 2012년 봄에 우리 선교회에 왔었다. 그는 추방되어 인천공항에 떨구어졌으나 입양되었던 그를 맞이해 주는 사람은 없었다. 강남, 지하철역, 공원 등을 이리저리 헤매면서 떠돌아다니다가 영등포역에 있는 노숙인 쉼터에서 생활하게 되었다. 한국말을 모르는 데다 정신

질환이 있어 쉼터에서 감당할 수 없게 되자 우리 선교회로 연락이 왔다. 그러던 어느 날 밤중에 사라졌다. 우리는 밤새 찾았지만 찾을 수 없어서 경찰서에 신고하였다. 며칠 후 그를 찾았고, 그 이후에 미국에서 온 형제들이 가까이에서 그를 지켰다. 한국어를 하지 못하는 그는 종일 영어로 이 사람, 저 사람에게 말을 걸었다. 점차 찬양을 따라 했고, 예배 시간에는 형제가 통역을 해주어 조금씩 좋아지는 것 같았다.

그러나 한 달 남짓 되었을 때 죽고 싶다고 이야기하며 상태가 나빠졌다. 신분이 보장되지 않아 의료보험이 없어 어려움을 겪다가 그를 받아 주는 천사와 같은 병원에 입원할 수 있었다. 그러나 병원에서도 애로사항이 많았다. 병원도 뛰쳐나가 몇 번이나 찾아오곤 하였고 약도 거부하였으나 겨우 먹일 수 있었다. 그때 문경에서 왔다는 목사가 찾아와 그를 데리고 가겠다고 했다. 나는 그 목사에게 이제 겨우 약을 먹으며 안정을 취해가며 치료가 시작되었으니 어느 정도 치료가 된 후, 데리고 가는 것을 의사가 권하고 있으므로 그렇게 해 달라고 사정했다. 그는 병원보다 더 좋은 시설로 가자고 하는 그 목사를 따라 가겠다고 했다. 나는 그 목사에게 화가 나서 그를 책임지겠다는 각서를 쓰고 가라고 했다. 그는 자신이 책임지겠다고 하며 데리고 갔다.

나는 마음이 괴로움을 느꼈다. 그 후 입양 단체에서 아파트를 얻어주어 서너 명이 함께 생활을 한다는 소식이 들려왔다. 안심이 되어 잊어버리고 있었다. 그러나 교도소에서 출소하여 병원에 입원했다는 소식을 들었다. 가슴 아픈 것은 입양단체에서 얻어 준 원룸에는 음료수 한 병과 물 한 병, 빈 가스통만 덩그러니 있었다고 했다. 그가 생활할 수 있도록 가구 등은 아무것도 준비해 주지 않았고 더욱이 그를 돌보는 사람은 아무도 없었다.

입양은 되었지만 입양 가족으로부터 영주권을 받지 못해 불법 체류자로 불이익을 당하는 사람들, 겨우 영주권은 얻었지만 시민권을 받도록 해주지 않아서 사고가 나면 이렇게 추방을 당하는 사람들, 한국 부모로부터 버림받고 입양한 부모로부터 버림받은 이들의 눈물을 누가 닦아 줄 수 있을까?

그를 그때 잡지 못했던, 그를 위해 기도하지 못했던 죄책감, 한 번이라도 찾아갔어야 했는데, 좋은 데 갔다며 외면했던 내 자신이 하나님 앞에 너무 죄송하고 그에게 큰 죄를 지은 것 같아서 마음이 무거워 몸 둘 바를 모르겠다.

이런저런 아픔으로 눈물로, 가슴이 멍들어 버린 그들을 오직 예수님의 십자가의 사랑을 통하여 치유되는 일들을 많이 경험하면서 이 책에 기록하지 못한 예수님의 사랑 이야기를 하나님께서 허락하시면 계속 써서 하나님께 영광을 올리고 많은 사람들과 하나님의 사랑을 나누고 싶다.

십자가선교회 출신 사역자들

정동진 제일교회(정철화 목사), 양평 쉼터 사무국장(최종혁 목사), 전남 진주 예수로교회(한진관 목사), 양평 이레전원교회(김인홍 목사), 인천 하늘문교회(이본 목사), 사랑과 축복교회(오기열 목사), 여주 생명의 교회(김창섭 부목사), 세계십사가신교회(백성기 부목사), 권동근 전도사), 청주 복된길교회(왕진찬 목사), 중국 염성교회(조선족 허원식 전도사), 좋은교회(김희철 목사, 진교창 목사), 필리핀 선교사(조찬근 목사, 한정표 목사), L.A. 로뎀선교교회(전은찬 목사), 워싱턴 중앙장로교회 E.M.교회(권단열 목사), 영국 런던 중독자 선교사(박범준 목사), 남서울비전교회 축구선교회(조인수 목사), 아프리카 말라위교도서 선교 사역 후 귀국(찰스 허 선교사), 총신대학 신학원(안치영, 션 사일럿), 총신대학 학사과정(박문환, 박용욱, 최원석, 에릭김)

인간적으로 보면 부족하고 형편없는 부끄러운 모습이 많다. 주님의 은혜에 감사하여, 부족하고 부끄럽지만 추방자와 중독자를 섬겼던 모든 것들을 받아 주시고 축복의 길로 인도해 주신 하나님께 찬양과 영광을 드린다. 하나님의 인도하심 따라 계속 하나님께 찬양과 영광을 간증으로 드리기를 기도한다.

안일권 담임목사

- 한국외국어대학교 졸업
- 총신대학교 신학대학원 졸업
- 대한예수교장로회(합동) 목사안수
- 현) 세계십자가선교회 담임목사
- 현) 대한예수교장로회
  생명의교회 담임목사

지극히 작은 자의 기도

영적재산

발행일 | 2017년 6월 3일
인쇄일 | 2017년 6월 3일

지은이 | 안일권
펴낸곳 | 도서출판 조은
발행인 | 김화인
편집인 | 박범준, 김정민
디자인 | 김진순
주소 | 서울시 중구 을지로20길 12 대성빌딩 405호
전화 | (02)2273-2408
팩스 | (02)2272-1391
출판등록 | 1995년 7월 5일 등록번호 제2-1999호
ISBN | 979-11-88146-04-8 (03230)
정가 | 15,000원

저자연락처 : 생명의교회 / 세계십자가선교회
TEL : 070-4285-1172, (031)885-1172
H.P : 010-6371-9191